挺起共产党人的精神脊梁

毛泽东延安题词的故事

中共陕西省委党史研究室 编

陕西新华出版传媒集团
陕西人民出版社

图书在版编目（CIP）数据

挺起共产党人的精神脊梁 / 中共陕西省委党史研究室编. — 西安：陕西人民出版社，2020.4（2021.6 重印）
ISBN 978-7-224-13546-6

Ⅰ.①挺… Ⅱ.①中… Ⅲ.① 毛泽东（1893-1976）– 生平事迹 ②中国共产党 – 党史 – 史料 – 1935-1948 Ⅳ.①A752 ②D231

中国版本图书馆CIP数据核字（2020）第045554号

总　策　划：宋亚萍
责任编辑：王亚嘉　文博
封面设计：周国宁

挺起共产党人的精神脊梁
——毛泽东延安题词的故事

编　　者	中共陕西省委党史研究室
出版发行	陕西新华出版传媒集团　陕西人民出版社
	（西安市北大街147号　邮编：710003）
印　　刷	陕西中实艺术印务有限公司
开　　本	787毫米×1092毫米　1/16
印　　张	23.5
字　　数	400千字
版　　次	2020年4月第1版
印　　次	2021年6月第4次印刷
书　　号	ISBN 978-7-224-13546-6
定　　价	78.00元

如有印装质量问题，请与本社联系调换。电话：029-87205094

前　言

　　中国共产党领袖的题词是党的初心在革命、建设和改革开放不同发展时期的生动展示，也是落实党中央在不同领域中重大决策部署的战略性指导，更是凝聚力量、同心同德、同向同行的旗帜性引领。中国共产党领袖的题词生动体现了伟人的战略思维和远见卓识，生动体现了中华民族最深层的精神追求，生动体现了全体共产党人的价值引领，是中国共产党人的宝贵精神财富，也是增强全体党员党性修养的生动教材。了解题词的背景和经过，体味题词的本来和缘由，对于我们深刻理解题词的重大意义、战略指向和价值指引，更好地不忘初心、汲取营养，更好地践行新的历史使命、谱写新的时代篇章，具有重要而深远的意义。

　　延安十三年是中国共产党局部执政的十三年，也是党由小到大、中国革命力量由弱到强的十三年，更是党实现马克思主义基本原理与中国革命实际相结合历史性飞跃的十三年。在毛泽东一生的众多题词中，延安时期的题词数量最多。这些题词既集中体现了党在那一个时期的战略、方针和政策，也生动诠释了中国共产党人的核心价值观。

　　当前，中国特色社会主义进入新时代，凝聚全党智慧力量，团结带领人民有效应对重大挑战、抵御重大风险、克服重大阻力、解

▶挺起共产党人的精神脊梁
　　——毛泽东延安题词的故事

决重大矛盾，实现"两个一百年"的奋斗目标，需要共产党人的价值引领。学懂弄通做实党的十九大精神，坚定不移地全面从严治党，用习近平新时代中国特色社会主义思想武装全党，旗帜鲜明讲政治，积极践行忠诚老实、公道正派、实事求是、清正廉洁等价值观，需要深刻体悟毛泽东延安题词的丰富内涵，领略老一辈革命家的高尚情操，汲取源源不断的前进动力。

　　一是为民族谋复兴，彰显共产党人的担当观。"九一八事变"后，日本帝国主义企图吞并全中国，中华民族面临空前严重危机，蒋介石极力推行"攘外必先安内"方针，给国家和民族带来巨大损失。在这生死存亡的紧急关头，中国共产党以民族大义为重，毅然决然的放下阶级仇恨，大力呼吁和积极推动建立以国共合作为基础的抗日民族统一战线，集中体现了中国共产党人拯救国家危难、挽救民族存亡的历史担当。在艰苦的延安岁月，中国共产党人以国家独立和民族解放为先，发出"起来，为中华民族的独立自由而奋斗到底"① 的号召。在日本侵略者的狂妄叫嚣面前，中国共产党人吃着小米、扛着步枪，怀揣必胜信念，牢记"为人民而死　虽死犹荣"②，"同日本帝国主义坚决打到底"③，担起了救亡图存的大任。延安时期的中国共产党人把"提高党性"④ 和"忠实于党，忠实于人民"⑤ 有机结合，在救亡图存中践行共产党人的价值追求，展示共产党人的政治主张，提高完成历史任务的知识本领，谱写了中华

---

① 为《美洲华侨日报》创刊题词（1940年7月）。
② 为"四八"遇难烈士题词（1946年4月20日）。
③ 为动员全民族抗击日本侵略者题词（1937年7月13日）。
④ 在党的七大代表记录本上题词（1945年）。
⑤ 为陈昌奉题词（1946年5月17日）。

民族发展史上浓墨重彩的一页。

今天,我们比历史上任何时期都更接近中华民族伟大复兴的目标,比历史上任何时期都更有信心、有能力实现这个目标。但是,中华民族伟大复兴不是轻轻松松、敲锣打鼓就能实现的,党面临的执政环境复杂,面临的执政、改革开放、市场经济和外部环境考验长期而复杂。要做历史的坚定者、奋进者、搏击者,就必须时时回顾初心、体味初心,坚定理想信念、担当时代责任,勇于直面矛盾、努力解决问题,创造出经得起实践、人民、历史检验的实绩。

二是自力更生,彰显共产党人的奋斗观。抗日战争进入相持阶段后,由于国民党顽固派的包围封锁,再加上严重的风、旱、虫等自然灾害,陕甘宁边区遭遇了严重的经济困难,到了几乎没有衣穿、没有油吃,没有纸、没有菜,战士没有鞋穿,工作人员冬季没有被子盖的境地。中国共产党人没有怨天尤人,没有寄希望于域外力量,而是号召全体部队、机关、学校"自己动手、自力更生",用自己的双手开展了轰轰烈烈的大生产运动,体现了中国共产党带领人民不惧困难、吃苦耐劳、坚韧不拔的不懈奋斗精神。在艰难的延安时期,毛泽东既重视困难又蔑视困难,提醒青年人"困难二字是我们所不知道的"①,"碰了钉子时,就向钉子学习,问题就解决了"②,号召广大青年在战术上重视困难,不单凭一腔热血和一身蛮劲,而是要靠深层次分析困难、认识困难。毛泽东指出"没有什么困难可以阻碍人的前进的,只要奋斗,加以坚持,困难就赶跑了"③,勉励大家坚强面对困难,继续干好革命工作。面对资源匮乏和技术落后等现

---

① 为青年运动成就展览会题词(1940年5月1日)。
② 为抗大学员于江题词(1938年)。
③ 为缪敏题词(1938年6月)。

▶挺起共产党人的精神脊梁
——毛泽东延安题词的故事

实,毛泽东提出要"一面学习,一面生产,克服困难,敌人丧胆。"① "发展创造力,任何困难可以克服 通讯材料的自制,就是证明。"② 激励广大群众要"自己动手"③,"坚持到底"④,"在共产党与红军面前,一切普通所谓困难是不存在的,最严重的困难也能克服,红军在世界上是无敌的。"⑤ 正是在艰苦面前不退缩、在困难面前不动摇,党团结带领人民群众依靠自己的力量,依靠不屈的精神和顽强的意志,战胜了困难,走出了困境,创造了奇迹。

今天,中国共产党依然执着地坚守奋斗精神,解决了许多长期想解决而没有解决的难题,办成了许多过去想办而没有办成的大事,推动党和国家事业发生了历史性变革。但是,带领14亿人民创造幸福美好生活绝非易事,国际环境依然严峻复杂,逆全球化趋势日益明显,改革进入攻坚期和深水区,可以预料和难以预料的矛盾问题可能叠加释放,要征服前行道路上的"娄山关""腊子口",必须以壮士断腕的勇气、凤凰涅槃的决心,以逢山开路、遇水架桥的闯劲,以滴水穿石、绳锯木断的韧劲,在发展和改革的过程中永葆奋斗精神,不断赋予奋斗精神新的时代内涵。

三是实事求是,彰显共产党人的实践观。抗日战争时期,全国各地的青年学生如潮水般来到延安,党员人数从4万增加到了80万,为革命队伍注入了新鲜血液和有生力量。但党员队伍结构也出现了新的变化,随之产生了许多新的问题。比如,没有经历艰苦环境锻炼和马克思主义教育,一些青年干部存在着严重的个人主义、

---

① 为抗日军政大学开展大生产运动题词(1939年3月)。
② 为延安通信材料厂成立两周年题词(1940年7月7日)。
③ 为纪录影片《南泥湾》题词(1942年)。
④ 为李强题词(1944年5月)。
⑤ 为抗大三期修建校舍题词(1937年10月23日)。

小资产阶级思想和空谈懈怠之风,为教条主义错误思想的滋生和蔓延提供了温床。中国共产党人没有因革命力量的迅速壮大而沾沾自喜,始终保持着清醒头脑和理性思考,直面突出问题,坚持实事求是、求真务实,在全党深入系统学习和研究马克思主义实践观教育,及时将不良风气扼杀在萌芽状态,以敢于实践的双手和勇于跋涉的双腿营造出一片风清气正的环境。在复杂的延安时期,毛泽东先后提出"深入群众 不尚空谈"①,"实事求是 不尚空谈"②,"实事求是 力戒空谈"③,反复号召全党同志和广大群众贯彻"实事求是"④的思想路线,要求一切从实际出发、理论联系实际,大力消除"左"的错误和主观主义、教条主义、宗派主义的影响。同时,毛泽东提倡"坚定不移('不移'1939年改为'正确')的政治方向,艰苦朴素的工作作风,灵活机动的战略战术。"⑤"学习八路军的精神与作风"⑥,"不但要有革命热忱,而且要有实际精神"⑦,要求共产党员发扬务实精神,"埋头苦干"⑧,"热心创造"⑨,不断提高运用马克思主义实践观分析和解决实际问题的能力。

今天,中国特色社会主义是改革开放以来党的全部理论和实践的主题,坚持和发展中国特色社会主义是一篇大文章,需要当代中国共产党人在已有的基本思路、基本原则和精彩篇章的基础上,继续把这

---

① 为《解放日报》题词(1942年3月8日)。
② 为惠中权题词(1943年)。
③ 在七大纪念册上题词(1945年)。
④ 为中央党校题词(1943年)。
⑤ 为抗大题写教育方针(1937年3月5日)。
⑥ 为抗大题词(1938年10月1日)。
⑦ 为抗大题词(1938年)。
⑧ 为陈振夏题词(1944年5月)。
⑨ 为钱志道题词(1944年5月)。

▶ 挺起共产党人的精神脊梁
——毛泽东延安题词的故事

篇大文章写下去、写得更好。在新的时空坐标中，要从理论和实践的结合上一以贯之地坚持和发展中国特色社会主义，就必须有历史视角、世界视野和革命精神，领导人民进行伟大的社会革命，领导全党进行伟大的自我革命，紧扣"八个明确"和"十四个坚持"，统筹推进"五位一体"总体布局，协调推进"四个全面"战略布局；就必须坚定中国特色社会主义道路自信、理论自信、制度自信和文化自信，紧扣人民日益增长的美好生活需要和不平衡、不充分的发展之间的矛盾，敢于实践、勇于实践、科学实践，不断拓展道路、创新道路、完善制度、发展文化，体现中国风格，提供中国方案。

四是为人民谋幸福，彰显共产党人的群众观。红军长征到达陕北时，陕甘根据地成了"硕果仅存"的革命根据地，在国统区的党组织几乎丧失殆尽。延安时期，中国共产党坚定不移地依靠和相信广大人民群众，不仅在延安站住了脚、立稳了足，而且在延安的迅速发展中与人民群众建立了深厚的鱼水情，生动展示了中国共产党除了民族复兴和人民幸福之外没有任何私利。毛泽东为动员和组织广大群众积极投身革命事业，提出"没有他们，革命队伍就不能发展，革命就不能胜利"①，要求"必须把妇女群众组织起来，必须有大批的妇女干部领导妇女工作"②，"男女并驾，如日方东"③。毛泽东把党员干部是否"热爱人民，真诚地为人民服务"④、是否"站在最大多数劳动人民的一面"⑤、是否注重"群众生产，群众利益，群

---

① 为纪念安吴青训班二周年题词（1939年10月5日）。
② 为陕甘宁边区妇女联合会第一次代表大会题词（1938年3月15日）。
③ 为《中国妇女》杂志创刊题词（1939年6月1日）。
④ 为邹韬奋题挽词（1944年11月15日）。
⑤ 为葭县县委题词（1947年10月18日）。

众经验，群众情绪"①作为衡量干部能力的重要标准，不断引导党员干部从群众中来、到群众中去，夯实共产党人肩负使命、扎根群众的基础。

今天，党的事业能够从胜利走向胜利，党的力量能够久经考验而不衰，就是因为党代表了人民的利益，紧紧与人民群众站在一起，得到了人民群众的拥护和支持。但是，在新时代党面临的"四大危险"依然尖锐严峻，"赶考"永远在路上，而脱离群众的危险是党执政后的最大危险，我们必须牢牢把握人民群众对美好生活的向往，把为人民服务作为出发点和落脚点，永远与人民同呼吸、共命运、心连心，与群众一块苦、一起干，在群众的认可和支持中永不懈怠地奋斗，在汲取群众营养和智慧中实现中华民族的伟大复兴。

五是崇尚英雄，彰显共产党人的英雄观。 84年前，中国共产党领导中国工农红军战胜恶劣环境、粉碎国民党军队的围追堵截，在敌强我弱的形势下胜利完成长征，各路红军以奋不顾身、一往无前的英雄气概顽强战斗，创造了一个个战争奇迹；在抵御外侮的抗日战争时期，英雄们抛头颅、洒热血，谱写了一曲曲惊天地、泣鬼神的历史壮歌，生动体现了中国共产党人"尽忠报国"②、"砍头不要紧、只要主义真"的精神信仰。透过延安时期的革命先烈，我们惊叹于刘胡兰"怕死不当共产党！"的无畏气概，体会到了什么才是"生的伟大 死的光荣"③；我们感佩于白求恩"也许我会和你们永别了……我唯一的希望就是能够多做贡献"的高尚人格，体会到了如何"学习白求恩

---

① 为中直、军直第二届生产展览会开幕题词（1943年11月13日）。
② 为张自忠题挽词（1940年8月15日）。
③ 为刘胡兰题挽词（1947年3月26日）。

▶挺起共产党人的精神脊梁
　　——毛泽东延安题词的故事

同志的国际精神"①;我们触动于关向应"把左手锯掉了,不还有右手嘛!照样能为党工作"的坚定信念,体会到了什么才是"忠心耿耿为党为国"②。毛泽东以题词的形式讴歌了人民英雄的丰功伟绩,也道出了崇尚英雄的深深情结,赞扬无数英雄烈士以顽强抗争推动了历史进步,以英雄气概供奉了民族的精神殿堂。

　　今天,和平与发展仍是时代主题,但世界正处于百年未有之大变局,世界充满着希望,也充满了挑战,我们仍然需要英雄,也需要英雄精神。罗阳、兰辉、邹碧华、李保国、廖俊波、张富清等一大批先进典型,就是民族最闪亮的坐标。面对各种思想文化更加频繁的交流交融交锋,面对意识形态领域斗争更加尖锐复杂的现实,特别是人民英雄频繁被历史虚无主义抹黑攻击和侮辱诽谤,我们必须清醒地看到污蔑英雄的深层本质,认真落实《中华人民共和国英雄烈士保护法》,捍卫人民英雄的尊严,传承英雄的精神,不断从英雄精神中汲取优秀品质和精神,凝聚中华民族战斗力的精神力量,承载起14亿中国人的伟大梦想。

　　六是服务大局,彰显共产党人的人才观。延安时期,陕甘宁边区的工业、医疗、民族资本主义都处于起步阶段,急需培养和吸引各方面人才。我党团结各党派各阶级和广大民主爱国人士,建立了抗日民族统一战线,并在边区创办多所学校和工厂,锻炼了一大批优秀的革命事业建设者,以敢闯敢试的勇气和无穷无尽的智慧破解了一个又一个难题,充分展示了中国共产党人重视人才、培育人才的态度和决心。毛泽东倡导各行各业行动起来"为全体军民服

---

① 为白求恩题挽词(1939年12月1日)。
② 为关向应题挽词(1946年7月28日)。

务"①,"为革命服务"②,"为人民服务"③,引导大家"做事情要分轻重缓急……要让懒人学勤快,让勤快人学巧干",只要"肯学肯干,又是革命的,必定是有益的,必定是有前途的"④。毛泽东要求文艺创作发扬"抗日的现实主义,革命的浪漫主义"⑤,"发展抗战文艺 振奋军民,争取最后胜利"⑥,医疗卫生要"救死扶伤,实行革命的人道主义"⑦,"努力救人事业"⑧,号召各类人才投身于工厂、学校、医院和各个机关,为抗日事业提供源源不断的技术支持和物质保障。

今天,我国科学技术迅猛发展,出现了一大批重大创新成果,形成了一大批前沿技术领跑态势,组建了一大批高精尖的科研团队,更多人才把自己的智慧和力量投入到实现"中国梦"的伟大实践中。但是,越是接近中华民族伟大复兴的目标,越是需要科技和人才支撑,我国面临的人才结构失衡、视野格局不大、创新能力不足、尖端人才匮乏、人才机制不完善等诸多问题仍然制约着人才发展。我们必须坚持党管人才原则,完善人才发展体制机制,激发人才创新创造活力,培养高精尖人才团队,瞄准基础短板、技术前沿、产业瓶颈,加强人才建设、汇聚发展优势,为落实党的新任务新要求提供支撑。

---

① 为延安卫生展览会题词(1944年)。
② 为魏一斋题词(1940年)。
③ 为大公报社职工题词(1945年9月)。
④ 为王仲方题词(1941年)。
⑤ 为鲁迅艺术学院题词(1939年5月10日)。
⑥ 为战地文化资料展览会题词(1938年8月21日)。
⑦ 为中国医科大学题词(1941年)。
⑧ 为金茂岳题词(1941年)。

目　录

一、为机构、场所、活动题词

同日本帝国主义坚决打到底
　　——为动员全民族抗击日本侵略者题词　/ 3
必须把妇女群众组织起来
　　——为陕甘宁边区妇女联合会第一次代表大会题词　/ 7
努力前进　打日本　救中国
　　——为西北青年救国联合会题词　/ 11
不达目的，决不停止
　　——为纪念中国共产党成立十七周年和全民族抗战一周年题词　/ 16
发展抗战文艺　振奋军民
　　——为战地文化资料展览会题词　/ 18
为消灭文盲而斗争
　　——为"消灭文盲三万"活动题词　/ 20
无产阶级是抗日的先锋队，应为坚持抗战到底建设新中国而斗争
　　——为陕甘宁边区工业展览会题词　/ 23
新华书店　/ 26
以世界语为形式，而载之以真正国际主义之道，真正革命之道
　　——为延安世界语者协会题词　/ 27
困难二字是我们所不知道的
　　——为青年运动成就展览会题词　/ 29

1

巩固扩大抗日民族统一战线
　　——为美国纽约华侨衣馆联合会题词　/31
发展创造力,任何困难可以克服
　　——为延安通信材料厂成立两周年题词　/33
清真寺　/35
正义战争必然要战胜侵略战争
　　——为国际反侵略运动大会中国分会成立两周年题词　/37
推陈出新
　　——为延安平剧研究院成立题词　/40
群众生产,群众利益,群众经验,群众情绪
　　——为中直、军直第二届生产展览会开幕题词　/42
一切为着战胜日本帝国主义
　　——为八路军留守部队生产展览会题词　/44
为全体军民服务
　　——为延安卫生展览会题词　/46
实事求是　力戒空谈
　　——在党的七大上题词　/47
站在最大多数劳动人民的一面
　　——为葭县县委题词　/50

二、为学校题词

为民族解放事业随时准备牺牲自己的一切
　　——为抗大二期教职员和二期毕业证书题词　/55
要学习朱总司令:度量大如海,意志坚如钢
　　——为抗大第二期学员题词　/58
为抗大题写教育方针和校训　/59

我们的伟大事业
　　——为抗大三期修建校舍题词　／62
为陕北公学成立题词　／65
为"抗大同学会"题词　／69
学好本领　好上前线去
　　——为抗大四期开学题词　／71
一面学习，一面生产，克服困难，敌人丧胆
　　——为抗大开展大生产运动题词　／75
抗日的现实主义，革命的浪漫主义
　　——为鲁迅艺术学院题词　／78
全国妇女起来之日，就是抗战胜利之时
　　——在中国女子大学开学典礼上题词　／81
没有他们，革命队伍就不能发展，革命就不能胜利
　　——为纪念安吴青训班二周年题词　／84
救死扶伤，实行革命的人道主义
　　——为中国医科大学题词　／86
实事求是
　　——为中央党校题词　／88

三、为报刊题词

为自由的中国而斗争
　　——为《自由中国》杂志题词　／93
为《五日时事》题写报名　／95
停止敌人的进攻，准备我们的反攻
　　——为《八路军军政杂志》题词　／97

边区是民主的抗日根据地,是实施三民主义最彻底的地方
　　——为《陕甘宁边区实录》题词　/ 101
把新中华报造成抗战的一支生力军
　　——为《新中华报》题词　/ 102
男女并驾,如日方东
　　——为《中国妇女》杂志创刊题词　/ 105
为《共产党人》题写刊头　/ 107
坚持游击战争
　　——为《拂晓报》出版百期题词　/ 109
为《抗日模范根据地晋冀察边区》题写书名　/ 112
动员一切可能力量
　　——为纪念《大众日报》创刊一周年题词　/ 114
为建设新民主主义的中华民国而斗争
　　——为《中国工人》题词　/ 117
起来,为中华民族的独立自由而奋斗到底
　　——为《美洲华侨日报》创刊题词　/ 119
为《边区群众报》《大众习作》题写刊名　/ 121
为《抗战日报》题写报名　/ 124
你们是科学的千里眼顺风耳
　　——为《通信战士》创刊一周年题词　/ 125
为《解放日报》题写报名　/ 127
为《三边报》题写报名　/ 129
西行漫画
　　——为陈叔亮《解放区速写》画册题签　/ 130
深入群众　不尚空谈
　　——为《解放日报》题词　/ 132

为《陇东报》题写报名　／135
自己动手　丰衣足食
　　——为纪录影片《南泥湾》题词　／136
庆祝抗日胜利　中华民族解放万岁
　　——为《新华日报》题词　／140
为人民服务
　　——为大公报社职工题词　／143
为《柳诗尹画联展特刊》题写刊名　／146
为《人民日报》题写报名　／150
为《东北日报》题写报名　／152

四、人物题词

全体华侨同志应该好好团结起来，援助祖国，战胜日寇
　　——为马来亚华侨各界抗敌后援会代表辜俊英题词　／157
两个革命都要坚持统一战线政策
　　——为施方白题写赠言　／159
没有什么困难可以阻碍人的前进的
　　——为缪敏题词　／162
我们是战无不胜的
　　——为宁都起义部分同志合影题词　／165
碰了钉子时，就向钉子学习
　　——为抗大学员于江题词　／168
努力奋斗
　　——为吴伯箫题词　／171
坚定的政治方向，艰苦的工作作风
　　——为吕炎题词　／172

在奋斗面前没有什么困难
　　——为王永浚题词　/ 174
希望继续努力
　　——为刘岘题词　/ 176
胜利是我们的
　　——为马进题词　/ 178
为革命服务
　　——为魏一斋题词　/ 180
肯学肯干,又是革命的,必定是有益的,必定是有前途的
　　——为王仲方题词　/ 183
既来之,则安之
　　——为王观澜题词　/ 185
努力救人事业
　　——为金茂岳题词　/ 190
又学习,又玩耍
　　——为金德崇题词　/ 192
老当益壮
　　——为瞿宪文题词　/ 195
埋头工作,努力学习
　　——为严炳武题词　/ 196
为西北局受奖生产英雄的一组题词　/ 198
埋头苦干
　　——为陈振夏题词　/ 208
坚持到底
　　——为李强题词　/ 210
热心创造
　　——为钱志道题词　/ 212

革命老战士
——为林伯渠六十寿辰题写祝词 / 215
努力向前
——为刘书林题词 / 217
为和平、民主、团结而奋斗
——为卢国琦题词 / 219
诗言志
——为徐迟题词 / 221
努力工作,忠实于党
——为陈昌奉题词 / 224
人民的光荣
——为祝贺朱德六十寿辰题词 / 227
坚强的老战士
——为祝贺徐特立七十寿辰题词 / 230
光明在前
——为任远志题词 / 232
光明在前,努力奋斗
——为蒋英题词 / 233

五、挽词、挽联、挽诗

共产主义是三民主义的好朋友
——为纪念孙中山先生逝世十三周年及追悼抗敌阵亡将士大会题挽联 / 237
抗战到底,浩气长存
——为延安各界举行的追悼抗日阵亡将士及死难同胞大会题挽联 / 238

哀悼我们教育战线上的勇士
　　——为杨兰史题挽词　/239
为杨十三题挽词　/242
既坚决又灵活
　　——为延安各界追悼"平江惨案"死难烈士大会题挽联　/244
民族英雄　虽死犹生
　　——为谢子长题挽词　/246
学习白求恩同志的国际精神
　　——为白求恩题挽词　/250
学界泰斗，人世楷模
　　——为蔡元培题挽词　/255
尽忠报国
　　——为张自忠题挽词　/259
为张冲题挽词　/263
忠心为国，虽死犹荣
　　——为张浩题挽词　/264
为戴安澜题挽诗　/267
办事认真，有责任心
　　——为杨松题挽词　/268
全军失一臂助，民族失一友人
　　——为印度友人柯棣华题挽词　/273
老妇人，新妇道；儿英烈，女英雄
　　——为葛健豪题挽词　/278
群众领袖　民族英雄
　　——为刘志丹题挽词　/281

领导抗战,功在国家
　　——为中共中央起草致林森治丧机关的唁电　/ 285
马本斋同志不死
　　——为马本斋题挽词　/ 288
为母当学民族英雄贤母
　　——为朱德母亲献挽词　/ 290
向为人民利益而牺牲的张思德同志致敬
　　——为张思德题挽词　/ 291
真诚地为人民服务,鞠躬尽瘁,死而后已
　　——为邹韬奋题挽词　/ 294
学习雪枫同志的英勇精神
　　——为彭雪枫题挽词　/ 299
为中国革命死难烈士题挽词　/ 301
李少石同志是个好共产党员
　　——为李少石题挽词　/ 302
工业先导,功在中华
　　——为范旭东题挽词　/ 304
为人民的音乐家冼星海同志致哀
　　——为冼星海题挽词　/ 306
英勇牺牲的烈士们千古,无上光荣
　　——为建立晋冀鲁豫烈士陵园题挽联　/ 310
为人民而死　虽死犹荣
　　——为"四八"遇难烈士题词　/ 312
汇万众悲愤,一心一德反独裁
　　——为李公朴和闻一多题挽词　/ 315
忠心耿耿　为党为国
　　——为关向应题挽词　/ 316

痛悼伟大的人民教育家
　　——为陶行知题挽词　／320
工人阶级的英雄
　　——为朱宝庭题挽词　／324
生的伟大　死的光荣
　　——为刘胡兰题挽词　／327
有云水襟怀,有松柏气节
　　——为续范亭题挽词　／330
真正爱国的民主的开明绅士
　　——为李鼎铭题挽词　／332

六、节庆题词

全国工人阶级团结起来
　　——为"五一"劳动节题词　／339
儿童节题词　／341
天天向上
　　——为"四四"儿童节题词　／344
目前中国青年的唯一任务就是打胜日本帝国主义
　　——为"五四"青年节题词　／347
尊重护士　爱护护士
　　——为护士节题词　／349
锻炼体魄　好打日本
　　——为体育节题词　／351
中华民族解放万岁
　　——为记者节题词　／353
后　记　／355

一、为机构、场所、活动题词

- ☆ 同日本帝国主义坚决打到底
- ☆ 不达目的,决不停止
- ☆ 困难二字是我们所不知道的
- ☆ 正义战争必然要战胜侵略战争
- ☆ 实事求是 力戒空谈
- ☆ 站在最大多数劳动人民的一面
- ☆ ……

一、
为机构、场所、活动题词

同日本帝国主义坚决打到底

——为动员全民族抗击日本侵略者题词

保卫平津、保卫华北、保卫全国，同日本帝国主义坚决打到底。这是今日对日作战的总方针。各方面的动员努力，这是达到此总方针的方法。一切动摇游移和消极不努力都是要不得的。

1937 年 7 月 13 日

1937 年 7 月 7 日夜，日本帝国主义经过充分准备后，悍然发动了"卢沟桥事变"，把 6 年前在中国东北挑起的局部战争升级为全面侵华战争，率先在世界的东方点燃了第二次世界大战的战火。

"卢沟桥事变"也称"七七事变"，是日本帝国主义为了独占中国发动的蓄谋已久的全面侵华战争的开始。

日本早在明治维新时期，在确立近代天皇制的同时，就迅速走上了扩张侵略的军国主义道路，并制定了以中国、朝鲜为主要侵略对象的所谓"大陆政策"。20 世纪初叶，日本于日俄战争后取代俄国，在中国东北扩大殖民势力，屯驻关东军，设立殖民机构"南满铁路公司"，把东北作为对中国殖民扩张的基地。

第一次世界大战期间，日本利用西方列强无暇东顾之机，极力扩大对华侵略，出兵山东，胁迫袁世凯接受日本妄图侵吞中国的"二十一条"，把侵略魔掌伸向中国内地。第一次世界大战后，日本企图通过加紧掠夺中国、朝鲜和其他亚洲国家摆脱政治、经济危机，

挺起共产党人的精神脊梁
——毛泽东延安题词的故事

在1927年的"东方会议"上对侵略中国问题进行了精心策划。1931年9月18日,日本对我国东北发动突然袭击,3个多月就占领东北全境。翌年,日军进攻上海,并攻占大片华北土地,威逼平津,又在东北建立伪满洲国、在华北搞所谓"自治运动",妄图长期占领这些地区。1936年,日本制定的总体战略计划——"国策基准"出笼后,举行了一次"将官"演习,向参加演习的将官交代了全面发动侵华战争的部署。

此后,日本增兵中国东北,抽调精锐部队关东军进驻平津一带,频繁举行军事演习进行挑衅,伺机挑起战争。1937年7月3日,关东军参谋长东条英机向日本政府提议立即给中国以打击,随即于7月7日发动了"七七事变"。7月8日晨5时左右,日军突然发动炮击,中国第二十九军司令部立即命令前线官兵:"确保卢沟桥和宛平城"。中国驻军奋起抗击,从而开始了全民族的抗日战争。7月9日,中日双方交战部队曾达成口头停火协议,但同时,日本趁机从中国东北和朝鲜抽调2万多军队和百余架飞机投入华北地

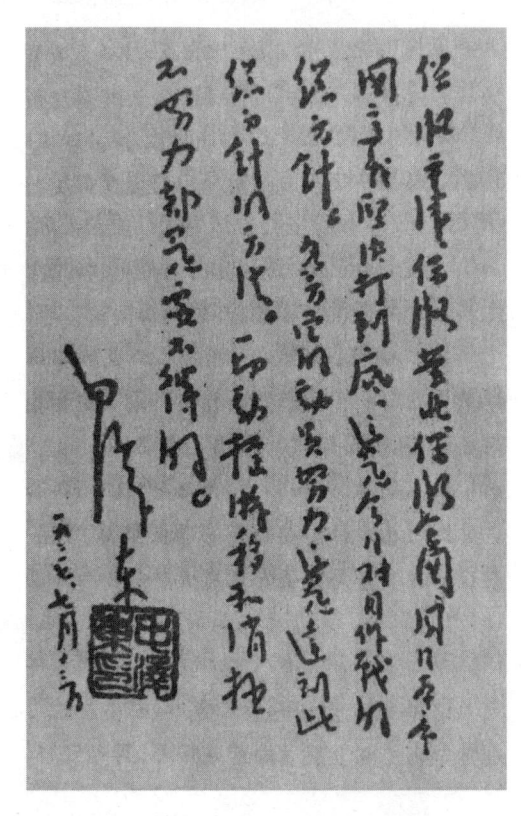

为动员全民族抗击日本侵略者题词

区。7月17日,日本陆军参谋本部制定了《在华北行使兵力时对华战争指导纲要》,日本政府决定动员40万兵力,妄图用武力灭亡中国。

一、
为机构、场所、活动题词 /

日军挑起"七七事变"后，在全国引起强烈反响。1937年7月8日，即"七七事变"的第二天，中国共产党就通电全国，呼吁："平津危急！华北危急！中华民族危急！只有全民族实行抗战，才是我们的出路！"并且提出了"不让日本帝国主义占领中国寸土！""为保卫国土流最后一滴血！"的响亮口号。通电号召全力援助抗日自卫战争，组织巩固的民族统一战线，号召国共两党亲密合作抵抗日军的进攻。

7月13日，在延安的共产党员和革命机关工作人员紧急会议上，毛泽东号召每一个共产党员和抗日的革命者应该沉着地完成一切必需的准备，随时出动，到抗日前线，并挥笔题词：

保卫平津、保卫华北、保卫全国，同日本帝国主义坚决打到底。这是今日对日作战的总方针。各方面的动员努力，这是达到此总方针的方法。一切动摇游移和消极不努力都是要不得的。

毛泽东

一九三七年七月十三日

与此同时，红军也立即集中，准备奔赴民族解放的前线。党中央指示抗日军政大学第二期学员立即结束学习，奔赴抗日战争的各条战线。毛泽东亲临抗大送行，并在毕业证书上题词，要求毕业学员"勇敢、坚定、沉着。向斗争中学习。为民族解放事业随时准备牺牲自己的一切！"鼓励抗大学员在斗争中努力学习，增长本领，把一切献给抗日战争的伟大事业，争取抗战的最后胜利。

为了进一步促进抗日民族统一战线的建立，7月15日，党中央派由周恩来等人组成的中共代表团赴庐山，再次就国共合作事宜同国民党顽固派进行会谈。

8月22日，南京国民政府宣布将红军主力部队改编为国民革命军第八路军，并任命朱德为八路军总指挥，彭德怀为副总指挥。

9月22日，国民党中央通讯社发表了《中国共产党为公布国共合作宣言》，9月23日，发表了蒋介石关于团结御侮的谈话。至此，国共实现第二次合作，抗日民族统一战线正式形成。

(《毛泽东题词题字珍闻》　李新芝)

一、
为机构、场所、活动题词 /

必须把妇女群众组织起来

——为陕甘宁边区妇女联合会第一次代表大会题词

妇女在抗战中担负了重大的责任，必须把妇女群众组织起来，必须有大批的妇女干部领导妇女工作。

1938 年 3 月 15 日

川陕根据地建立后，为了改善广大妇女的生活状况和发动她们参加革命斗争，川陕省委重视发动和组织妇女，其中包括建立妇女会组织。当时妇女组织工作的任务主要是"发动和组织妇女群众支援红军作战，发展苏区经济"。在女工农妇会的动员下，成千上万的妇女参加到生产战线上来。当时"全根据地已有34万人组成的548个互助组，有2万妇女参加生产学习小组"。但由于政权不稳定，无法开展大规模的妇女运动。

1935年9月和10月，红二十五军和中央红军先后到达陕北，大大加强了陕北的革命力量，妇女运动也出现了一个新的局面。1935年9月14日，中共西北工委、少共陕北团委制定了《关于妇女工作的决议》。此外，妇女在参政、支前、文化教育等方面，都起到了重要作用。为了更加广泛的发动妇女群众，统一对妇女运动的领导，中共西北工委、少共陕北团委决定建立全省妇女代表大会筹备会，经过逐级选举，于1936年1月召开了陕甘全省妇女代表大会。大会的召开和《妇女代表大会组织大纲》的颁布，标志着陕甘地区妇女运动从零星

> 挺起共产党人的精神脊梁
> ——毛泽东延安题词的故事

分散状态逐步趋向统一。

全民族抗战爆发以前,陕甘边和陕北两个根据地的妇女工作有了一定的发展。但是这一"妇女组织在乡以上直接受党的机关领导,无单独上层组织",并且"妇女生活改善委员会只是乡和村才有组织,只有劳动妇女才能参加"。全民族抗战爆发以后,随着国内主要矛盾和革命任务的转变,这种组织形式已经不适应抗战时期妇女工作的要求,根据当时的革命形势,迫切需要建立不分阶级、不分党派的妇女抗日统一战线。陕甘宁边区党委也指出,"为使广大的妇女群众参加抗日战争的工作,为便利团结广大的妇女群众力量,和教育妇女群众、改善妇女群众的生活,要有妇女抗日救国联合会的组织。这是目前组织妇女参加抗日的有力武器"。

全民族抗战爆发以后,根据中共中央的指示,1937年7月,陕甘宁边区党委发布了《关于妇女组织的决定》,号召边区妇女建立各级妇女抗日救国联合会,指出:"一、在老苏区内仍旧建立妇女代表会的组织;二、在没有组织起代表会的地方按照下列组织起。最好以乡村为单位,以妇女集中的地方组织妇女救国联合会的小组。""这是目前组织妇女参加抗日的有力武器。"1937年8月,中共中央在陕北洛川召开政治局扩大会议,公布了《中国共产党抗日救国十大纲领》,制定了一条全面的抗战路线。指出:中国有力量进行抗战并最后取得胜利,这种力量的最深厚的根源是在广大人民中,只有动员和组织人民,才能抵抗强敌。根据洛川会议的精神,1937年9月,中共中央组织部制定了《妇女工作大纲》,陕甘宁边区党委作出《关于边区妇女群众组织的新决定》,决定成立陕甘宁边区各界妇女联合会,并进一步阐明了建立各界联合会的必要性,确定了联合会的性质、方针、任务和组织原则。进一步提出"新成立的各界妇女联合会,他是不分阶级、不分党派的妇女抗日战线的组织"。这一决定直接推动了边区各级妇女组织的建立和妇女运动的发展。经毛泽东、洛甫①、张国焘、罗迈②、李富春等边区各界人士发起与赞助，1937年9月12日，在延安成立妇女联合会筹备委员会，筹委会由15人组成，李坚真为主任，史秀芸为副主任。筹备委员会负责督促与领导基层妇女代表的改选，民主选举各级妇女代表，成立区县妇女联合会，负责做好召开边区第一次妇女代表大会的准备工作。

在筹委会的领导下，经过半年的时间，陕甘宁边区先后召开了延安、延长、延川、安定③、安塞、甘泉、鄜县④、保安⑤、固林等十几个县的分区、县各级妇女代表会，成立了各级委员会，并按照民主原则推选了参加边区妇女代表大会的代表。在此基础上，1938年3月8日，边区第一次妇女代表大会在延安师范召开，130多名妇女代表出席了大会。妇联筹委会主任史秀芸作了《边区妇女运动的任务》的报告，大会通过了《陕甘宁边区妇女第一次代表大会宣言》和《陕甘宁边区各界妇女联合会章程》，选出了15位执行委员，宣布陕甘宁边区各界妇女联合会成立。1938年3月15日，毛泽东为陕甘宁边区妇女联合会第一次代表大会题词：

妇女在抗战中担负了重大的责任，必须把妇女群众组织起来，必须有大批的妇女干部领导妇女工作。

在第一次妇女代表大会召开后，根据《陕甘宁边区各界妇女联合会章程》的原则，边区各级妇女组织得到了建立和健全。全区建立了5个分区办事处、19个县妇联、2个市妇联、179个区妇联、1065个

---

① 即张闻天，时任中共中央政治局常委、党中央负责人。
② 即李维汉，时任中共中央群众工作委员会书记。
③ 今子长市。
④ 今富县。
⑤ 今志丹县。

乡妇联，会员约27万。乡妇联下设妇女小组、生产组、识字组、放足宣传队。各级妇女组织特别是农村基层妇女组织的建立，使边区大多数妇女团结在妇联周围，为妇女工作的开展奠定了良好的基础。

（华中师范大学　张小云）

一、
为机构、场所、活动题词 /

努力前进　打日本　救中国

——为西北青年救国联合会题词

青年是抗日战争的生力军，目前青年团体的任务是团结全国一切阶层的青年男女，大批地走上抗日战争的战场去，充实正规军的战斗力，发展广泛的游击战争。在后方的青年人，也是一切为着战争胜利而工作。中国的解放主要依靠青年人。

1938 年 4 月 15 日

努力前进　打日本　救中国

1938 年 11 月

西北青年救国联合会，是中国共产党领导下的西北青年群众组织，成立于1937年，其宗旨是广泛团结青年积极参加抗战。西北青年救国联合会从成立那天起就开始组织青年积极参加抗日救亡斗争。

1935年，国际形势出现剧烈变化，法西斯反动势力迅速兴起，全世界面临更加严重的战争危机。7月，共产国际七大召开，决定建立世界人民反法西斯统一战线。在随后举行的青年共产国际六大上，要求改造各国共青团，使之成为广大青年群众的组织。

1936年年初，在"一二·九"运动的推动下，全国各地建立了不同形式的抗日救亡群众团体。为了适应抗日救亡的新形势和实现党的抗日民族统一战线政策，广泛地团结全国青年积极参加抗日救亡运动，1936年11月1日，中共中央决定改造共青团的组织和工作方法，使它

11

▶挺起共产党人的精神脊梁
——毛泽东延安题词的故事

变为广大群众的非党的青年组织,吸收广大青年参加抗日救国的民族统一战线。

11月上旬,共青团中央成立了西北青年救国联合会筹备委员会,公布了《西北青年救国联合会组织法(草案)》,西北苏区省级以下的共青团组织自下而上陆续建立了各级青救会。1937年2月,国民党五届三中全会以后,国内抗日民族统一战线初步形成。在第二次国共合作的新形势下,为了总结青年抗日救亡运动的经验教训,帮助全国青年统一思想认识和担负起民族解放的任务,中共中央在延安召开了西北青年第一次救国代表大会。

西北青年第一次救国代表大会作为中共中央进驻延安之后的第一次全国性的大会,备受党中央及其领导人的关怀和重视。会前,中央各党、政、军机关纷纷慷慨捐助会议经费及代表们的生活用品,延安青少年开展了卫生运动周。焕然一新的延安城里,大街小巷布满了拥护代表大会的标语口号,中央大礼堂布置得庄严辉煌,会场门外红布白字的会标从高耸的礼堂钟楼上垂直而下。会场四周挂满了毛泽东、朱德等领导人和中央各机关、全国学联等单位的赠言和题词的条幅,还有关于中国人民反抗日本侵略者的大幅图标。

4月12日下午1点,团中央书记、西北青救会筹委会主任冯文彬宣布大会开始并致开幕词。他说:"在民族危机日益严重的关头,为团结全国青年起来抗日,我们发起组织青救会,得到了有血气的铁的救国意志与热情的爱国青年的热烈拥护,会员迅速发展到20万人,今天在这里举行代表大会,总结青年运动的经验,研究青年运动的方针,对于唤起全国青年抗日、推动青年救亡运动的发展具有重要意义。"

毛泽东针对青年们对国共合作、联蒋抗日的新政策尚有一些不理解的认识,着重向代表们阐述了中国共产党从国内战争、土地革命转入国共合作、和平民主、团结抗日的新政策的根本原因及重大意义。

一、为机构、场所、活动题词

他说,过去若干年国民党和资产阶级背叛革命,屠杀革命人民,我们唯一的办法和出路就是进行两个阶级、两个政权的武装斗争,而到了"华北事变"以后,在国家处于危亡面前,国内资产阶级和国民党内部都发生了分化,于是我们提出了"停止内战,一致抗日"的抗日民族统一战线政策。接着,毛泽东深刻地指出,没有民主自由与和平统一,抗日只是一句空话,现在全国除了苏区以外,仍没有民主,爱国有罪、反日示威被捉、报刊讲爱国话被封,所以巩固和平、争取民主是实现抗日的必要条件,是今天的中心任务。现在国民党开始转变到抗日方面来,我们就主张国共合作,这都是为了团结抗日。最后毛泽东充满信任和期望地号召青年代表,向全国青年宣传解释共产党的新政策、新口号,推动全国青年团结起来,跟成年、幼年、老年一道结成几万万人的大团结,打败日本帝国主义。

在会上,张闻天、周恩来、朱德等人也都讲了话。

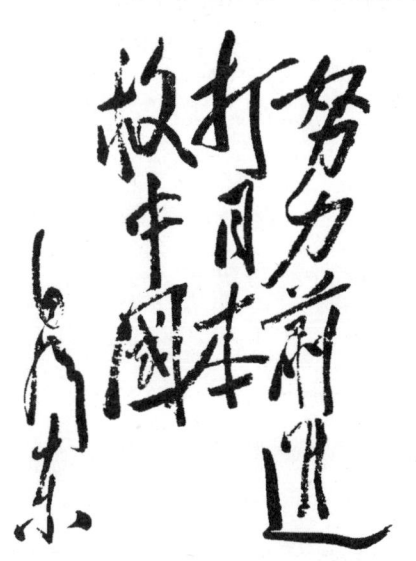

为西北青年救国联合会第二次
代表大会题词

张闻天以简洁凝练的语言作了讲演,他希望苏区的青救会和青年运动成为全国的模范团体和模范救国运动,他希望这次代表大会能够提出一个全国青年运动的共同纲领和目标,并且要求即将成立的西北青救会积极吸收各党派、各阶层爱国青年加入各种抗日青年组织,发扬中国青年运动的革命精神和优良作风,加强青年文化教育工作,实现工作的青年化和民主化。

周恩来在讲演中期望代表们想一想东北青年所过的奴隶生活及其进行

挺起共产党人的精神脊梁
——毛泽东延安题词的故事

的英勇反抗，想一想全国各地特别是华北青年的救亡运动，想一想上海青年工人的反日斗争，想一想绥远抗战中的青年军人，想一想"西安事变"中西安青年拥护和平的奋斗，然后定出全国青年的共同纲领。

朱德号召中国的青年们，在抗日救亡运动中组织起来，在争取民主、自由和青年切身利益的斗争中组织起来，在巩固和平统一中组织起来。他希望各青年抗日团体在充实、普及、统一的基础上，加强与红军的密切联系，加强与日本劳动青年的合作。博古①、林伯渠、徐特立也发表了讲话，勉励西北青年成为团结全国青年的核心。

大会根据毛泽东等领导人的讲话精神，经过讨论之后，制定和通过了《目前政治形势与青年救亡运动任务的决议》。大会号召全国青年：立即要求实现抗日的民主自由，不分党派、不分信仰、不分性别地在抗日救国目标下大联合，放弃派别成见和相互攻击，在民主原则下选举产生全国及各地的统一的青年组织，由多处青年互推代表，召开全国青年救国代表大会，决定抗日救国的共同纲领，争取青年生活上、经济上、政治上的一切改善。

大会一致决定成立"西北青年救国联合会"，在全国青年救国会成立之前，"西救会"作为各地青年团体的最高领导机关。会后，共青团中央正式取消，在中共中央组织部下设立了青年部，以指导全国的青年运动。

1938年4月15日，为纪念西北青年救国联合会成立一周年，毛泽东为会议题词：

青年是抗日战争的生力军，目前青年团体的任务是团结全国一切

---

① 即秦邦宪，时任中共中央政治局常委、中共中央组织部长。

阶层的青年男女，大批地走上抗日战争的战场去，充实正规军的战斗力，发展广泛的游击战争。在后方的青年人，也是一切为着战争胜利而工作。中国的解放主要依靠青年人。

1938年11月，毛泽东又为西北青年救国联合会第二次代表大会题词：

努力前进　打日本　救中国

毛泽东

（《毛泽东题词题字珍闻》　李新芝）

▶挺起共产党人的精神脊梁
　　　　——毛泽东延安题词的故事

不达目的，决不停止

——为纪念中国共产党成立十七周年和全民族抗战一周年题词

共产党员，应与各党各派各界人民一道坚持抗战，为驱逐日寇建设新中国而奋斗，并在斗争中起模范作用，不达目的，决不停止！

1938年6月30日

坚持抗战，坚持统一战线，坚持持久战，最后胜利必然是中国的。

1938年7月

1938年6月30日，为纪念"七一"和"七七"，即在中国共产党成立十七周年和全民族抗战一周年前夕，毛泽东题词：

共产党员，应与各党各派各界人民一道坚持抗战，为驱逐日寇建设新中国而奋斗，并在斗争中起模范作用，不达目的，决不停止！

7月1日，延安《解放》周刊发行为纪念中国共产党成立十七周年和全民族抗战一周年题词：

坚持抗战，坚持统一战线，坚持持久战，最后胜利必然是中国的。

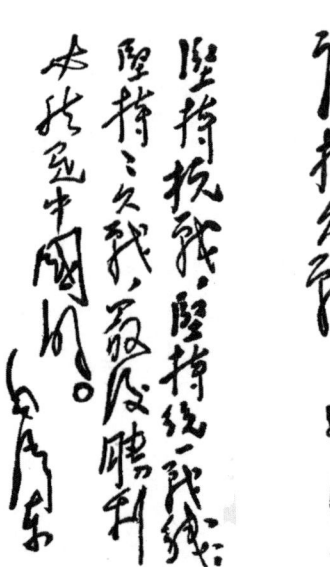

为纪念中国共产党成立十七周年和全民族抗战一周年题词及发表《论持久战》题词

专刊还发表毛泽东在 1938 年 5 月 26 日至 6 月 3 日在延安抗日战争研究会的演讲,即《论持久战》,论述了抗日战争为什么是持久战与最后胜利为什么是中国的,还论述了怎样进行持久战与怎样争取胜利。毛泽东还亲笔题词"论持久战",刊载在《解放》周刊第四十三、四十四期(合刊)。

▶挺起共产党人的精神脊梁
　　——毛泽东延安题词的故事

发展抗战文艺　振奋军民

——为战地文化资料展览会题词

发展抗战文艺　振奋军民，争取最后胜利。

1938 年 8 月 21 日

全民族抗战爆发以后，抗日根据地的抗战文艺社团快速发展起来。1937 年 11 月，陕甘宁边区文化界抗日救亡协会在延安成立，这是全民族抗战爆发后延安成立的第一个以文学团体为骨干的抗日文化组织。协会设诗歌总会、文艺突击社、戏剧救亡协会、文艺战线社、讲演文学研究会、大众读物社、文艺顾问委员会、抗战文艺工作团等。1938 年 9 月，延安第一个类似文艺联合性质的文艺团体——陕甘宁边区文化界抗战联合会在延安成立，后改名为中华全国文艺界抗敌协会延安分会。这些协会都是中共抗日民族统一战线政策在文艺上的具体体现，这些文艺组织对边区的文艺活动有着深远的影响。而其他一些规模较小的团体和文艺刊物如文艺突击社的《文艺突击》，文艺战线社在延安编辑在外地出版的《文艺战线》，文化界抗敌协会萧军、舒群等编辑的《文艺月报》，鲁艺文学院创办的文学刊物《草叶》《谷雨》《中国文艺》《诗刊》等也极大地丰富了这一时期延安的文艺活动。

1938 年春，22 岁的刘白羽到达延安。他给毛泽东写信，要求上前线搜集材料和写作。1938 年 4 月下旬，毛泽东约见了刘白羽与金肇野等人，同意他们组成一个团体到前方工作，并将这个团体命名为抗战

一、
为机构、场所、活动题词

文艺工作团。抗战文艺工作团先后派出六批工作人员，搜集到大量宝贵资料，创作了一批以抗战为主题的艺术作品。

1938年8月21日，抗战文艺工作团在延安举办"战地文化资料展览"，展览内容有摄影、书籍、报纸、刊物及实物。毛泽东前往参观并题词："发展抗战文艺，振奋军民，争取最后胜利。"，刊载于《文艺突击》1939年新1卷第1期。《文艺突击》是由陕甘宁边区文化界抗日救亡协会主办的延安时期最早的综合性文艺刊物，刘白羽任主编。

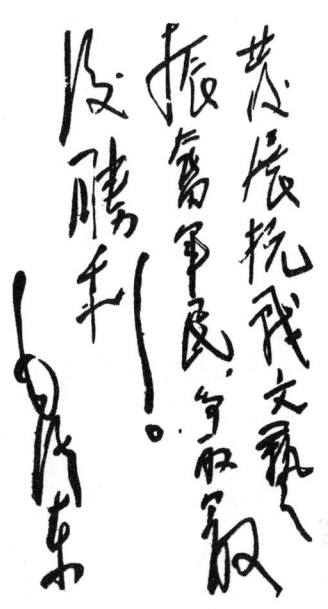

为《文艺突击》题词

（中国国家博物馆资料）

▶挺起共产党人的精神脊梁
———毛泽东延安题词的故事

为消灭文盲而斗争

——为"消灭文盲三万"活动题词（1939年4月）

陕甘宁边区地处中国西北，在中央红军到达陕北之前，是全国最贫瘠、落后的区域之一，人民群众在政治上、经济上受着残酷的封建剥削、压迫和奴役，因而在文化上也是十分落后。据统计，当时，陕北全区识字人口只占1%，小学仅有120多处，而社会教育则根本没有。

为"消灭文盲三万"活动题词

毛泽东在从事农民运动、创建革命根据地的过程中，深刻认识到在阶级社会中，文化带有阶级的烙印，即"中国历来只是地主有文化，农民没有文化"。中国过去社会的文化是剥削阶级的文化，占中国大多数人口的农民未受过文化教育。但是，"农村里地主势力一倒，农民的文化运动便开始了"。早在土地革命过程中，毛泽东就提出了创建新的工农苏维埃文化的号召。1934年1月，他在《中华苏维埃共和国中央执行委员会与人民委员会对第二次全国苏维埃代表大会的报告》中指出："为着创造革命的新时代，苏维埃必需实行文化教育的改革，解除反动统治阶级所加在工农群众精神上的桎梏，而创造新的工农的苏维埃文化。"而创建工农大众的文化，首先要从提高农民的文化素质做起。这样，努力扫除文盲成为"苏维埃文化教育建设的中心任务"之一。

在这一精神指导下，苏维埃政府先后制订了《夜学校及半日学校办法》《识字班办法》《消灭文盲协会章程》《关于儿童入校与消灭文盲运动的指示》《消灭文盲决议案》等文件，提出了"要结束百分之八九十的劳动群众不识字的历史"的奋斗目标及"不识字的是瞎子""开展消灭文盲运动"的鲜明口号，把发展识字和文化教育事业当成是争取革命战争胜利、完成苏维埃各方面建设的锐利武器，广泛深入地开展苏区的扫盲运动。

1935年，中共中央率中央红军到达陕北之后，在中国共产党的领导下，陕甘宁边区广大人民群众的政治经济生活有了明显的改善，在文化生活方面也有了一定的进步。据统计，截至1939年，小学教育基本普及，小学校增至700所，识字人数达到10%，社会教育更是普及于各个农村，还有遍及城乡的具有教育意义的救亡室、俱乐部、民众剧团等。所有这一切，大大提高了边区人民的政治文化水平，培养了许多抗战干部，增强了边区人民的民族自尊心与自信心，使人民更加自觉地为抗战而努力。

但是，仅有这些是远远不够的，只有做进一步的努力，彻底消除文盲，才能使全体人民觉悟起来，才能培养更多的优秀的抗日救亡战士。因此，在中共中央和毛泽东的支持下，陕甘宁边区决定更加广泛地开展民众的文化教育工作，所以于1936年至1938年年初、1940年至1943年春，先后开展了"消灭文盲三万"的活动。

毛泽东十分重视文化如何更好地被人民群众所利用，所以对扫盲运动十分赞赏，给予其极大的支持和鼓励。在1939年4月，应邀为该活动题词：

▶挺起共产党人的精神脊梁
　　——毛泽东延安题词的故事

为消灭文盲而斗争

毛泽东

在当时的陕甘宁边区开展扫除文盲活动，不仅有利于提高广大人民群众的文化知识水平，同时也是宣传抗战、进行国防教育的重要环节，对于增强人民对抗战救国事业的深刻认识，对于激发人民群众为争取民族独立、民主自由、民生幸福而奋斗的决心和勇气，具有极其重要的意义。

（《毛泽东题词题字珍闻》　李新芝）

无产阶级是抗日的先锋队，
应为坚持抗战到底建设新中国而斗争

——为陕甘宁边区工业展览会题词

无产阶级是抗日的先锋队，应为坚持抗战到底建设新中国而斗争。

1939年5月1日

生产战线上的英雄

1939年

    1938年1月1日至3日，延安市工会和工人合作社举办了延安工人制造品竞赛展览会。这是陕甘宁边区举办展览会的第一次尝试。在展览会之前，组织方发了《缘起书》，阐明了办展览会的宗旨是："为着更广泛地动员和鼓励战时生产，提高工人的热忱和纪律性，奖励改良生产技术和生产工具，促进国防经济建设，完成工人阶级在国防经济建设中、在民族自卫战争中的任务。通过这一竞赛运动，在国防生产战线上，将有千万个劳动英雄产生出来。"为了办好展览会，毛泽东带头捐款捐物赞助。

    展览会展示的工业品有迫击炮、高射机关枪、手榴弹，有延长油厂的原油，自造的油墨、甲油、汽油，有定边盐场生产的盐，矿场的石炭、木炭、石灰，妇女学习商店女工织的布、手巾、裹腿，工人合作社鞋厂生产的鞋子，有铁器、木器、铜器、瓷器、窑器以及衣服和糖果。展品有115种420件。参加这次展览会的人数，仅据签名的统

挺起共产党人的精神脊梁
——毛泽东延安题词的故事

计为3527人。展览会结束后，组委会给获奖单位和个人发了奖，毛泽东在奖状上题词"国防经济建设的先锋"。

1939年的陕甘宁边区工业展览会，是由中共中央提议、陕甘宁边区政府建设厅等机关共同筹备，规模最大的一次展览会，成绩斐然，受到延安各界群众的热烈欢迎。

展览大厅原是一个旧的天主教堂。进门迎面摆着一幅会场展览布置图，四周挂满了各方送来的贺词。正中的一块红色横幅上是中共中央的贺词"劳动创造一切"

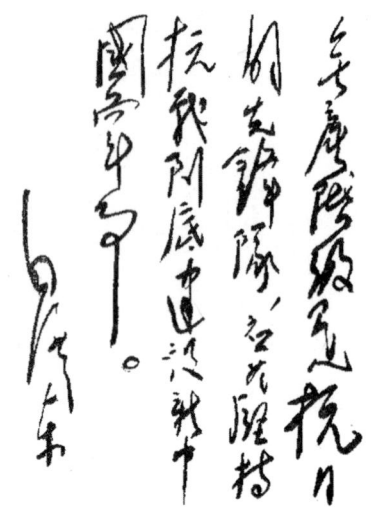

为陕甘宁边区工业展览会题词

几个大字。毛泽东的贺词是："无产阶级是抗日的先锋队，应为坚持抗战到底建设新中国而斗争。"还有陈云等领导人和许多单位的贺词。

1939年5月1日下午，陕甘宁边区工业展览会开幕典礼隆重举行。毛泽东来到会场，李富春、张浩、高自立、刘景范、王明等中央和边区的领导同志陪同参观。毛泽东在会上作了重要讲话。会后，毛泽东在边区政府领导同志的陪同下，参观了工业展品。

各参展单位都有各自的产品说明，以及各种图表，边区机器厂（茶坊兵工厂）还有"工人生活一瞥"等照片和墙报，充分展现了全边区的工业建设新面貌。展品近千种2460余件，分为原料、成品、机械、模型等几个部分，包括机床、石油、煤、盐、化工原料、织布机、弹花机、棉布、农具、各种日用品及轻工产品等。

在这次边区工业展览会上，最吸引参观者的展品是军工产品，如步枪、机关枪、高射机枪、迫击炮、手榴弹、地雷、复装子弹等武器弹药，它们大多是边区机器厂及后方修械所制造的。其中最令人赞不绝口的是一支新颖、美观、短小轻巧的步枪，口径7.9毫米，一把折叠式的三棱形枪刺连接在枪管下方。这是由刘贵福和孙云龙等人设计、制造的。新枪尚未命名,展览会因其短小,就标了个"无名式马步枪"。

毛泽东走到崭新的马步枪前,仔细地看着,拿起来拉拉枪栓,瞄瞄准星,高兴地对身旁的军委军工局局长李强说:"使上我们自己造的枪啦!枪造得很好嘛,也很漂亮啊,要创造条件多生产,狠狠打击日寇。"展览大厅里熙熙攘攘,挤满了参观的人群,尤其是那新式的马步枪和高射机枪,被许多八路军的首长和战士围得水泄不通,他们舍不得离开,纷纷议论:"咱们边区也能造枪啦!真不简单!"十几天里,参观者络绎不绝,达数万之众,屡有观众要求延长展期。

5月12日晚,在中央大礼堂举行了隆重的工业展览会闭幕大会。"无名式马步枪"获甲等产品奖,制造步枪的边区机器厂获特等奖单位,"无名式马步枪"的主要设计者刘贵福被评为特等劳动英雄。在大会上,刘贵福作为劳动英雄的代表与毛泽东等中央领导坐在一起,并被邀请在大会上讲了话。当晚,毛泽东宴请刘贵福等有功人员。

这次工业展览会的目的是促进边区的工业建设,对我军建设初步的国防工业起了重大作用。毛泽东为刘贵福题词,称他为"生产战线上的英雄"。1939年10月,刘贵福进一步改进"无名氏马步枪",试制出了一种新枪。这年是朱德55周岁,工兵战士为表达对首长的敬仰,将新枪命名为"五五式"步枪,以后正式定名为"新七九"步枪。

(信阳师范学院 张晏端)

▶挺起共产党人的精神脊梁
　　——毛泽东延安题词的故事

新华书店

　　1939年3月22日，中共中央书记处作出《关于加强对出版发行工作领导的决定》。同年6月建立中央出版发行部。由中共中央组织部副部长李富春兼任部长，王林任副部长。9月正式宣布成立中央出版发行部，设立出版处、发行处、秘书处、总务处等，并先后从中央党校、中央组织部训练班、抗日军政大学和陕北公学抽调一批具有出版发行工作经验的干部，充实了出版发行机构。

　　那时新华书店由中央出版发行部发行处直接领导，处长是向叔保。全民族抗战前在邹韬奋创办的生活书店工作过的王矛（王锦荣）、卜明（卜北麟）、周保昌、叶文（殷益文）、吴彬（范广桢）被分配到新华书店工作。王矛被任命为第一任经理，一个多月后被调到党校学习，由张道吾继任经理。

　　9月1日，新华书店门市部在延安北门外凤凰山麓的平房里正式开业。张闻天、朱德和中央有关领导同志，中宣部、边区政府领导人和部队及各界同志前来祝贺。毛泽东得知新华书店在新址开业的消息，非常高兴地说：这好呀！这是人民群众政治生活中的一件大事，是党的大事，国家的大事。他随即挥笔题写了"新华书店"四个大字，派秘书柴沫送到新华书店。王矛经理和同志们接到毛泽东亲笔题写的"新华书店"店名，感到非常光荣和莫大鼓励。他们立即挂在大门上，广大读者见到也感到无比亲切。这就是毛泽东第一次为新华书店题写店名的经过。

（原新华书店东北总店经理　李文）

以世界语为形式，
而载之以真正国际主义之道，真正革命之道
——为延安世界语者协会题词

我还是这一句话：如果以世界语为形式，而载之以真正国际主义之道，真正革命之道，那末，世界语是可以学的，是应该学的。

1939年12月9日

全民族抗战爆发后，黄乃、庄栋、徐敬五、李又然等一批青年世界语者怀着一颗报国之心，纷纷从海内外来到了延安。他们用世界语进行抗日宣传，利用他们所创办的《延安世界语者》，向全世界人民介绍中国人民英勇艰苦抗战的真实情景，揭露日本法西斯在中国犯下的侵略罪行，并报道了国际反法西斯的战况。他们还在鲁迅艺术学院举办了世界语学习班。延安世界语进步活动有力地推动着边区的抗日救亡的工作，在边区政府及边区文化界抗日救亡协会的支持下，延安世界语者协会于1938年5月6日宣告成立，这是中国红色边区第一个世界语组织。

1939年12月9日，毛泽东收到了延安世界语者协会的同志给他的一封信函。信中向他汇报了延安世界语者协会所开展的工作和即将在12月15日举办的世界语展览会的筹备情况，并希望他为展览会写几句话。毛泽东对延安世界语者开展的进步活动及所要举办的世界语展览会表示出极大的热情和支持，并为延安世界语者协会写下了题词：

▶ 挺起共产党人的精神脊梁
　　——毛泽东延安题词的故事

　　我还是这一句话：如果以世界语为形式，而载之以真正国际主义之道，真正革命之道，那末，世界语是可以学的，是应该学的。

毛泽东
十二月九日

　　12月15日，在延安杨家岭举办的世界语展览会上，毛泽东的题词格外醒目。

　　1940年，延安世界语者协会更名为"中国世界语者协会延安分会"。1941年，中国世界语者协会延安分会在延安文化沟边区文协所在地建立了延安"世界语俱乐部"，当时在延安的世界语者会员有300多人，在延安的20多所学校开设了世界语课程，其中抗日军政大学、鲁迅艺术学院、马列学院、军事学院、中央党校、女子大学、边区新文字干部学校等，都有世界语活动。

为延安世界语者协会题词

　　1951年3月11日，中华全国世界语协会在北京成立。

　　1985年，延安地区世界语协会筹备组成立。1986年4月7日，延安地区世界语协会由中共延安地委及宣传部宣告成立。1988年，中共延安地委决定延安地区世界语协会挂靠到延安教育学院，并调吕应利专职从事延安地区世界语协会的工作。1989年，延安地区世界语协会在民政局申请进行了社会团体登记，当时有会员123人。

（人民网 2011年11月10日　付晓峰）
（http：//dangshi.people.com.cn/GB/16201261.html）

▶ 一、
为机构、场所、活动题词 /

困难二字是我们所不知道的

——为青年运动成就展览会题词（1940年5月1日）

  1940年的"五四"青年节正值国民党反动派发动反共高潮，停发八路军、新四军军饷。延安和各个抗日根据地处于非常困难的时期。为了反对国民党反动派破坏抗日民族统一战线、消极抵抗、策划投降的阴谋，中央青委决定隆重纪念"五四"青年节，组织延安的青年学生游行示威，举办青年运动成就展览会，召开青年大会奖励在抗日救亡运动中做出贡献的青年为"模范青年"。

  在筹备展览会的过程中，任延安中央青委联络处处长的武衡想请中央的领导同志为青年运动成就展览会题词，给广大青年以鼓励。武衡请冯文彬介绍他去见毛泽东。不久，冯文彬告诉武衡，已和毛泽东约好了，可以去见他。武衡当即跑到杨家岭，在一孔窑洞里见到毛泽东。武衡向毛泽东汇报了为纪念"五四"青年节进行的筹备工作情况，请毛泽东题字。毛泽东当即就挥笔写了"困难二字是我们

为青年运动成就展览会题词

29

> 挺起共产党人的精神脊梁
> ——毛泽东延安题词的故事

所不知道的"十二个字,下面又签上了他的名。

在"五四"青年节纪念大会上,西北青年救国会决定奖励模范青年。获奖的人数约有二三十人,武衡是其中之一。在授奖大会上,毛泽东到会发奖,亲自给每个获奖者戴上奖章。奖章是专门在西安定制的。

(《毛泽东题词题字珍闻》 李新芝)

一、为机构、场所、活动题词

巩固扩大抗日民族统一战线

——为美国纽约华侨衣馆联合会题词

巩固扩大抗日民族统一战线

1940年7月

起来,为中华民族的独立自由而奋斗到底

1940年7月

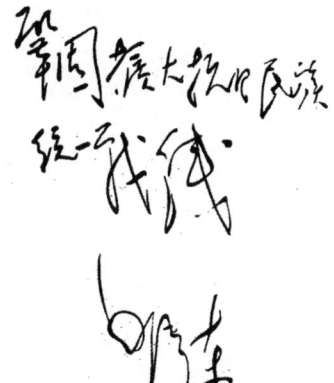 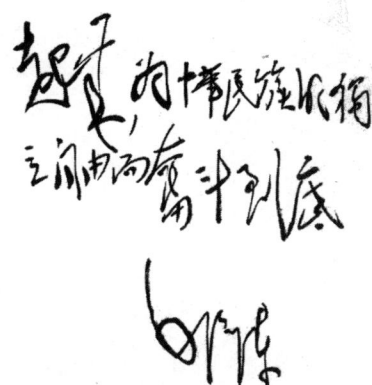

为"衣联会"题词　　　　　　为《美洲华侨日报》创刊题词

中华民族同仇敌忾的抗日战争牵动了海外华侨的爱国之心。美国纽约华侨衣馆联合会(简称"衣联会")发起抗日示威游行,踊跃参加由宋庆龄主持的医药援助中国抗战运动,募捐购买了四辆战地救护车,车身上写着:"献给忠勇守土将士"。延安收到捐赠的战地救护车时,叶剑英代表八路军给纽约华侨写了致谢信。毛泽东亲笔题写"野

▶挺起共产党人的精神脊梁
　　　　——毛泽东延安题词的故事

战医院""纽约华人洗衣工民族救亡协会赠"两行大字,印漆在车身上。1940年7月,毛泽东为"衣联会"题词"巩固扩大抗日民族统一战线"。同时,又为《美洲华侨日报》创刊题词"起来,为中华民族的独立自由而奋斗到底"。

(《毛泽东题词题字珍闻》 李铁民)

一、为机构、场所、活动题词 /

发展创造力,任何困难可以克服

——为延安通信材料厂成立两周年题词

发展创造力,任何困难可以克服 通讯材料的自制,就是证明。

1940年7月7日

1938年年初,为了对付国民党顽固派对边区的封锁,适应八路军和新四军在敌后广泛和深入开展武装斗争的需要,党中央、中央军委责成军委三局成立延安通信材料厂,自制通信器材。1940年7月,通信材料厂建厂两周年。为了检阅成绩,总结经验,军委三局举办了通信器材展览会。展览会会场设在三局大礼堂,展出了通信材料厂自制的生产设备、无线电收发报机以及各种元器件等等。朱德、张闻天和王稼祥等中央领导同志参观了展览。

7月7日,王诤局长携带自制的无线电收发报机前往杨家岭向毛泽东和朱德汇报。就在那一天,毛泽东、朱德挥笔题词。

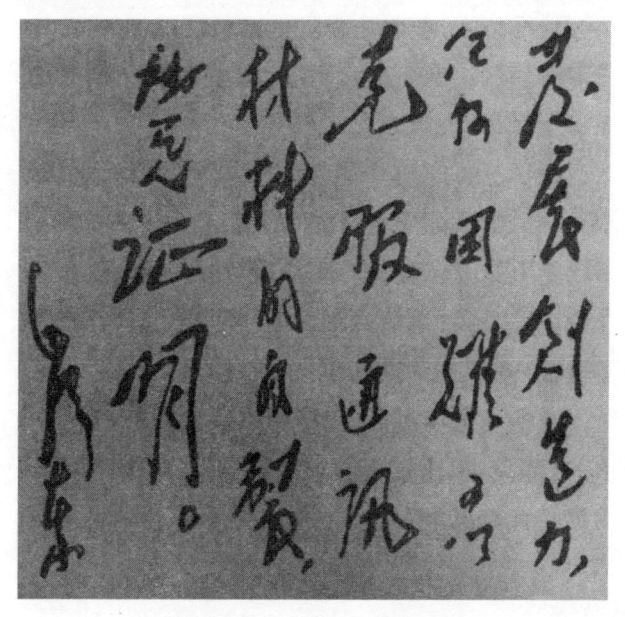

为延安通信材料厂成立两周年题词

▶挺起共产党人的精神脊梁
　　——毛泽东延安题词的故事

　　毛泽东的题词是:"发展创造力,任何困难可以克服 通讯材料的自制,就是证明。"

　　朱德的题词是:"努力进行交通战,建设自己的交通,破坏敌人的交通。"(注:"交通"在抗日和解放战争时期即指通信和联络工作。)

　　毛泽东和朱德的题词被刊载在《通信战士》第四、五期合刊上,这本合刊是为纪念延安通信材料厂成立两周年而出版的特刊。

(《毛泽东题词题字珍闻》　周敏)

一、
为机构、场所、活动题词/

清真寺

1940年10月7日,延安清真寺新建落成。毛泽东在同年9月为该寺题赠的"清真寺"匾额,是他革命生涯中唯一的一次为宗教活动场所亲笔题名。

经过二万五千里长征,党中央毛泽东领导中国工农红军胜利到达陕北,在陕甘革命根据地的基础上,建立了以延安为中心的陕甘宁革命根据地,成立了边区人民政府,辖23县,150万人。据1941年《陕甘宁边区政府民族事务委员会向第二届边区参议会报告与建议书》记载,边区内穆斯林并不太多,仅348户1259人。主要分布在定边、盐池、新正等县,从事农业、小手工业和商业,有大小清真寺共4处。陕甘宁边区周边省份蒙古族、回族等少数民族居住比较集中,战略位置非常重要。做好民族、宗教工作,对于巩固和扩大革命根据地,粉碎国民党顽固派对根据地的包围与封锁,发展壮大抗日民族统一战线有非常重要的意义。同时,随着延安成为全国的革命圣地,大批革命青年、学生和各界抗日人士从全国各地奔赴延安,也有不少沦陷区无地农民、失业工人逃到边区开荒、开矿谋生,穆斯林人数增长很快。以新正县一区一乡的统计为例,1937年仅有回民40余户,到1940年已达到204户,回民人口增加了5倍。曲子县三岔乡过去只有回民7户,1942年增加到43户,230人,5年增长6倍(见1942年9月15日《解放日报》)。边区实行民族平等、宗教信仰自由的政策,为了满足穆斯林过宗教生活的需要,在政府大力帮助下,到1940年年底,边区内除原有的4处清真寺外,又在定边、曲子、三岔等地新建清真寺4处。

挺起共产党人的精神脊梁
——毛泽东延安题词的故事

延安本来没有清真寺，回民人数也不多。边区政府成立后，原在延安经商的回族商贩就地定居。宁夏、甘肃、河南、云南、河北等省回民由于多种原因迁居延安的更多。在各机关、团体、学校中都有穆斯林，甚至还有来自土耳其、巴基斯坦、印尼等国的穆斯林友好人士。他们共同要求有座清真寺能过正常的宗教生活。1940年2月，延安回民救国会向政府提出了这一建议。边区政府很快答应了这一要求，由延安市政府无偿划拨场地，边区政府财政拨款7000元帮助新建清真寺，并于1940年10月7日竣工落成。

清真寺坐落在青年文化沟，依山傍水，分外幽静，沿石阶拾级而上，一座古老的石牌上镌刻着毛泽东题写的"清真寺"三个大字。寺门上悬有边区政府赠送的"众志成城"匾额。10月7日，来自陕甘宁边区各地的穆斯林代表，延安各机关团体、工厂学校的代表200多人举行了隆重的落成典礼。八路军总司令朱德、边区政府副主席高自力以及谢觉哉、李维汉、吴竞平等领导同志相继作了重要讲话。会后，特地从关中地区礼请马生福教长来寺任阿訇，主持日常的宗教活动（后来马阿訇又被安排为边区政府18名委员之一）。清真寺的落成和毛泽东的题匾，充分体现了共产党对民族、宗教问题的重视，对少数民族风俗习惯、宗教信仰的保护和尊重，极大地鼓舞了边区内外各民族加强团结、坚持抗战到底的决心和坚强斗志。

1946年8月29日是开斋节，广大穆斯林在延安清真寺聚礼并进行反对内战的和平祈祷。但不久，蒋介石集团对陕北解放区悍然发动了大规模的武装进攻，胡宗南部空军轰炸延安时，这座富有革命历史意义的清真寺被夷为平地。

（《中国穆斯林》2000年第2期　文刀）

> 一、
> 为机构、场所、活动题词 /

正义战争必然要战胜侵略战争

——为国际反侵略运动大会中国分会
成立两周年题词（1940年）

1936年9月3日，比利时布鲁塞尔成立了"国际反侵略运动大会"。大会成立不久，组织者派人分赴各国宣传、发动，以期设立分会。该大会代表于1937年奉命抵华，一方面访问政府当局说明意图，另一方面联系并争取社会各界的支持，最终获得一致赞同成立中国分会。经马相伯、邹韬奋等人筹备，中国分会于1938年1月23日在汉口正式宣告成立。

书报杂志的出版发行是战时宣传活动的重要内容，中国分会自成立以来即相当重视此项工作，如该会第一届常务理事会第二次会议即决定编印大量中英文小册子进行抗敌宣传。此后为扩大宣传、联络会员，中国分会积极拓展出版活动，其中出版物主要分定期出版物与不定期出版物两大类。分会编辑出版的定期出版物主要有《反侵略半月刊》与《反侵略：通讯旬刊》两种，此外"为方便国人研究敌情起见"，中国分会还与战时日本研究会合作印行了《战时日本（重庆版）》。

除了杂志外，按日发行的报纸在宣传出版中也倍受重视。当时便有人指出"报纸在抗战期间是宣传最好的利器，因为一切人都关心着战情，在战时，报纸的销数，总是有很大的激增的"。

中国分会虽未公开出版发行报纸，但十分重视利用这一出版形

> 挺起共产党人的精神脊梁
> ——毛泽东延安题词的故事

式以开展宣传。其途径主要是借助国内较有影响的大众性报纸的版面，以编辑出版反侵略特刊、副刊及新闻报道等多种形式为主。据中国分会自己的统计，从1938年10月到该会两周年纪念之时，其凭借国内各式报纸出版之特刊就有7种之多。中国分会为扩大反侵略宣传，还按期寄送相关论文给各地报馆刊登，文稿亦颇受各方欢迎，《大公报》《东南日报》《浙西日报》《中央日报》等均纷纷刊载。此

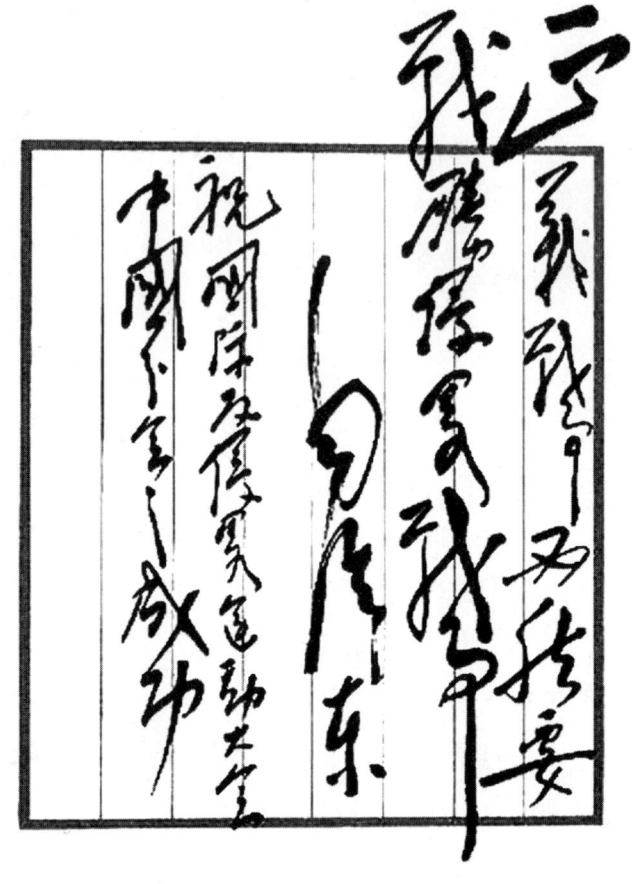

为国际反侵略运动大会中国分会成立两周年题词

外，为扩大反侵略宣传、增加民众国际知识，中国分会还借助重庆各大报，创办"反侵略论坛"，各报按月出版一次，刊登名流政论文字。此后不久，该会又将论坛由无定期出版改为周刊，专在《中央日报》出版，并"决定每期另加印数百份，分发各区处支会及各通讯处，以广宣传"。

除了中国分会外，各地支会也注重书报杂志的出版发行。广东支会、广西支会、江西支会、湖北支会以及泸县区会等地方组织，均积极推进书报杂志的出版发行工作。

1940年，毛泽东为国际反侵略运动大会中国分会成立两周年题词：

  正义战争必然要战胜侵略战争
  　　　　　　　毛泽东
  祝国际反侵略运动大会中国分会之成功

（《广州大学学报》2013年6月　刘宗灵　夏炎）

▶挺起共产党人的精神脊梁
　　——毛泽东延安题词的故事

推陈出新

——为延安平剧研究院成立题词（1942年10月12日）

延安平剧研究院（简称"平剧院"）创建于1942年10月，它是由鲁迅艺术文学院的平剧团、延安业余平剧团、八路军一二〇师战斗剧社及胶东平剧团等单位联合组建起来的。

在延安，平剧改革工作一直比较受重视，建立过各种组织，探索平剧改革。1938年，在鲁迅艺术学院①实验剧团内建立了平剧小组，后来又在鲁艺戏剧系组织过一个平剧研究班，其成员大半是戏剧系的同学及其他系爱好平剧的同学和工作人员。再后来又调集了延安各机关、学校爱好平剧的同志，1940年10月15日组织了一个鲁艺平剧团，成为后来组建延安平剧研究院的基本力量。这时，平剧演出机构初具规模，先后编演了一些新内容的平剧，如《松花江》《松林恨》《夜袭》等。它还是鲁艺的一个半研究半工作的艺术团体，受鲁艺整个的教学方针和计划的制约。另外，在贺龙领导的八路军一二〇师，还建立了战斗平剧社，其成员除平津一带的流亡学生外，还吸收了一部分职业的旧艺人，编演

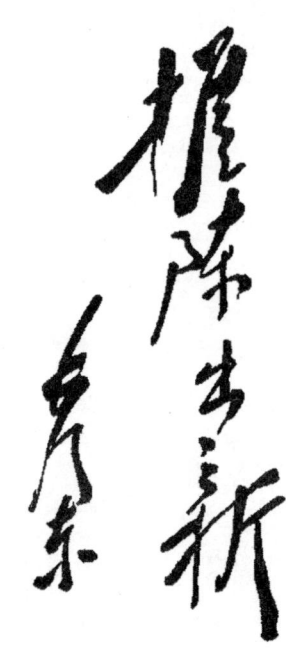

为延安平剧研究院成立题词

---

　①　1940年后更名为鲁迅艺术文学院，简称"鲁艺"。

新平剧，在战争环境中为部队演出。他们演出过的新旧平剧有《珠帘寨》《汾河湾》《古城会》和新编的《嵩山星火》等，全团五六十人，1942年2月到达延安。

在上述平剧组织和活动的基础上，党中央决定将几个平剧组织集中起来，建立一个比较正规的、阵容强大的机构，即延安平剧研究院。

筹备工作从1942年2月初开始。首先公布《筹备启事》，内称："为团结全边区旧剧工作者，从事旧剧研究工作，延安鲁艺平剧团、延安业余平剧团、一二〇师平剧社、胶东平剧团等，近正进行筹备成立平剧研究院，计划设立研究室、剧场、教学三部。"同时拟定了"创立缘起""工作目的和任务""组织规程"和《告各界书》等。

为了祝贺该院成立和促进平剧改革，中央许多领导同志题了词。毛泽东的题词是"推陈出新"；朱德的题词是"宣扬中华民族四千余年的历史光荣传统"；林伯渠的题词是"通过平剧使民族形式与革命精神配合起来"；李鼎铭的题词是"教亦有术"。许多同志还写了祝词和关于平剧改革的文章。这些题词、文章和有关文件，有一部分选登在《解放日报》1942年10月12日"平剧研究院成立特刊"上。同时，平剧院又将题词、文章和有关文件集印成一本《平剧研究院成立特刊》，约7万字，于1942年10月出版。

各种准备工作就绪后，平剧研究院于1942年10月10日在杨家岭新落成的中央大礼堂举行了开学典礼。延安各机关、学校负责人及延安文化界、戏剧界同志近千人出席。该院准备了京戏多出，连演五天，招待延安各界。

平剧研究院成立后，编排了许多新戏，进行了大量的演出。演出活动一直到1947年3月党中央撤离延安才结束。离开延安后，平剧研究院转移到河北省的张家口，又改组为华北平剧研究院，中华人民共和国成立后，进入北京，成立了北京京剧团。

（《毛泽东题词题字珍闻》　李新芝）

▶挺起共产党人的精神脊梁
　　——毛泽东延安题词的故事

群众生产，群众利益，群众经验，群众情绪
——为中直、军直第二届生产展览会开幕题词

群众生产，群众利益，群众经验，群众情绪，这些都是领导干部们应时刻注意的，庆祝今年生产的胜利。

1943年11月13日

力求进步

1944年5月28日

1943年1月8日，中直、军直经济工作会议召开，毛泽东和李富春进行了经济、财政政策总结，会上作出了《丰衣足食，为改善生活而斗争》报告。李富春在会上说："这是一个严重的经济任务与政治任务，它是充满着积极意义的。"1943年11月13日，中直、军直第二届生产展览会在延安开幕，这是对中直、军直一年来成绩的检阅。毛泽东欣然题词：

群众生产，群众利益，群众经验，群众情绪，这些都是领导干部们应时刻注意的，庆祝今年生产的胜利。

中直、军直生产展览会于11月17日闭幕，短短5天当中，轰动全延安，先后前往参观者上万人。据统计，中直、军直1943年原定生产任务为6200万元，全年生产与节约实际收成照市价算共值66617万元，等于救国公粮44400石。

一、
为机构、场所、活动题词/

1944年5月28日，中央直属单位个人生产展览会召开，毛泽东题词"力求进步"。

（《解放日报》1943年11月24日）

为中央直属单位个人生产
展览会题词（1944年）

▶挺起共产党人的精神脊梁
　　　　——毛泽东延安题词的故事

一切为着战胜日本帝国主义

——为八路军留守部队生产展览会题词（1943年）

为八路军留守部队生产展览会题词

1943年11月15日，八路军留守部队首届生产展览会揭幕，展览会会场设在八路军大礼堂，墙外右侧高悬"兵强马壮，丰衣足食"的大字标语，在正面入口两边墙上，悬挂着巨幅油画，会场极其壮观。礼堂内划分为农业、工业、战利品、慰劳品、印刷、医药卫生、陶瓷、牧畜等区域，各区都被帷幕隔开，且均配置各种统计图表、巨幅油画、漫画、连环画、赵占魁巨像和各种劳动场所的照片等。到会观众达到5000多人，展览会除展览各种劳动产品外，还展览八路军在敌后缴获的各种战利品及国内外赠予八路军的慰劳品。八路军在前线英勇杀敌，在后方则努力生产，特别是在1943年"发展生产，丰衣足食"的号召下，留直机关部队以高度的劳动热忱，充分发挥创造性，克服了物质困难，提高了生活水平，并在水利灌溉上、皮革制造上、玻璃陶瓷器和药材的改造与发明上，表现了卓著的成绩，许多参观者看到这些经济建设的成绩后，极为兴奋。

同年，为庆祝八路军留守部队首届生产展览会的召开，毛泽东亲笔题词"一切为着战胜日本帝国主义"。

(《解放日报》1943年11月16日)

▶挺起共产党人的精神脊梁
　　——毛泽东延安题词的故事

为全体军民服务

——为延安卫生展览会题词（1944年）

　　经过两个多月的筹备，延安卫生展览会于1944年7月17日上午9时在杨家岭大礼堂揭幕。踏进展览会首先看到毛泽东的题词"为全体军民服务"，显示了整个展览会的精神和方向，题字两旁悬挂有模范医生阿洛夫像和白求恩医生遗像。紧接着是陈列的各类展览品，有：延安人口出生及因疾病死亡统计、边区自造医药及器材用品、病理标本、边区药物产量及显微镜室等。全部展览品内容丰富，仅参观介绍就有350张，且都是以实物、图表、连环画、故事及各种统计对比，反复说明疾病的危害及如何防治的各种卫生常识，使观众清楚易解，不但适合群众，也适合干部，提醒了大家对疾病死亡的警惕和注意而积极起来扑灭它们，对正在蓬勃开展的边区卫生运动将有推动作用。

　　周恩来、李富春、杨尚昆、邓颖超、徐特立等参观后给予了许多赞扬和指示。

（《解放日报》1944年7月18日）

一、
为机构、场所、活动题词 /

实事求是　力戒空谈

——在党的七大上题词（1945年）

"实事求是"一词最早见于班固的《汉书·河间献王传》，"河间献王德以孝景前二年立，修学好古，实事求是。从民得善书，必为好写与之，留其真，加金帛赐，以招之……献王所得书皆古文先秦旧书……修礼乐，被服儒术，造次必于儒者。山东诸儒多从而游"。这段话说的是河间献王（汉代时，献为河间郡的治所，后来分划为河北省的两个县）刘德酷爱收藏先秦旧书，而且做学问（儒学）非常认真，总是根据充分的事实求得正确可靠的结论。

1916年，在湖南长沙岳麓书院办学的一位校长，把"实事求是"写成硕大的匾额挂在讲堂正门。据《毛泽东传1893—1949》① 一书中记载：经杨昌济介绍，毛泽东利用假

在七大纪念册上题词

---

① 金冲及：《毛泽东传1893—1949》，北京：中央文献出版社1996年版。

▶挺起共产党人的精神脊梁
　　——毛泽东延安题词的故事

期两次入岳麓书院寄读，这块"实事求是"的匾额给他留下了很深的印象。

1941年5月19日，毛泽东在延安干部会上作了《改造我们的学习》的报告。报告中，他赋予"实事求是"这一古语以新意，指出："实事"就是客观存在着的一切事物，"是"就是客观事物的内部联系，即规律性，"求"就是我们去研究。我们要从国内外、省内外、县内外、区内外的实际情况出发，从其中引出其固有的而不是臆造的规律性，即找出周围事变的内部联系，作为我们行动的向导。这种态度，有实事求是之意，就是党性的表现，就是理论和实际统一的马克思列宁主义的作风。这篇报告标志着延安整风的开始准备。

为加强对高级干部整风学习的领导，1941年9月26日，中共中央决定成立中央学习组，毛泽东任组长。中共中央还对干部教育进行整顿，12月1日作出《关于延安在职干部学习的决定》，17日作出《关于延安干部学校的决定》。根据中央的这些精神，中央党校教育长彭真与毛泽东等人反复商量，于同年年底拟出中央党校的培训计划。

在中央党校准备开学时，彭真向毛泽东请示党校的校训。毛泽东说：实事求是，不尚空谈。1942年2月1日，中央党校举行开学典礼，毛泽东作了《整顿党的作风》的报告，拉开了全党整风的序幕。1943年11月，延安中央党校大礼堂落成，毛泽东题词"实事求是"。题词做成碑刻，镶嵌在大礼堂正门上方。1947年3月，胡宗南军队进攻延安时，大礼堂被毁，"实事求是"碑刻却幸而保全，并在新中国成立后被发现（现存于延安革命纪念馆）。

1945年4月至6月，全民族抗战胜利的前夜，中国共产党第七次全国代表大会在延安召开。党的七大担负着总结以往革命经验、迎接全民族抗战胜利和引导中国走向光明前途的重要使命，是新民主主义革命时期一次极其重要的大会。毛泽东在大会纪念册题词"实事求是　力戒空谈"。会议期间，毛泽东还为代表题写了"提高党性"四个字。

为什么毛泽东向七大代表强调"提高党性"呢？

直接原因是当时有人质疑整风运动，说共产党要消灭个性，只讲党性。对此，毛泽东在七大上指出，"这种意见是不正确的"。他说，党是有组织性的、严密的、统一的、为着一个共同目标奋斗的先进组织，没有统一纪律、没有民主集中制是不行的。"党是人民中优秀分子的结合，大家是自觉地愿意受约束，就是承认党纲、党章，服从党的决议案，愿意自我牺牲。"所以，他明确强调，"党员就要服从组织，服从党的决议"。

深层原因是加强党自身建设的需要。从1928年党的六大到1945年党的七大，相隔了17年。在这17年

在党的七大代表记录本上题词

的艰难曲折中，党终于从弱小发展到强大，有了100多万党员，同时形成了以毛泽东为核心的中央领导集体。但是，在党的力量发展的同时，也出现了新问题。比如，一些党员长期战斗在分散的游击环境中，没有受过系统的党性教育，容易受到一些错误思想和作风的影响。经过整风运动，党员的党性修养确有提高，但是要实现七大制定的"团结一致，争取胜利"的工作方针，还需要继续锤炼党性，不断加强党的自身建设。

▶挺起共产党人的精神脊梁
　　——毛泽东延安题词的故事

站在最大多数劳动人民的一面

——为葭县①县委题词（1947年10月18日）

在转战陕北期间，1947年9月25日，毛泽东一行转移到葭县神泉堡。

毛泽东留驻神泉堡期间，带了十几个人沿黄河参观考察，第一站是葭县县城。10月17日，毛泽东一行从神泉堡出发，过葭芦河，到达葭县县城。葭县县委的同志在城门口迎接，然后陪毛泽东步行进城参观市场。当晚，毛泽东在住处召集县领导干部谈话，了解当地土改情况，嘱咐大家要依靠群众，把工作做好。

10月18日清晨，毛泽东接见出席县委召开的区委书记和区长联席会议的同志，毛泽东热情地鼓励他们，一定要把支前工作和土改工作搞好，把群众的生产和生活安排好。

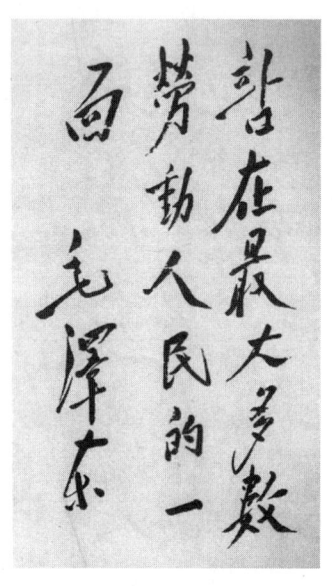

为葭县县委题词

葭县县委书记张俊贤请毛泽东为县委题词，毛泽东挥笔在白市布上写下：

　　站在最大多数劳动人民的一面

现在，在县城老街道的中心地段，离毛泽东旧居不远的地方，矗

---

① 今佳县。

50

立着一座两三丈高的水泥宣传牌，上面红底金字题写着："站在最大多数劳动人民的一面"。

(《毛泽东题词题字珍闻》 李新芝)

二、为学校题词

- ☆ 为民族解放事业随时准备牺牲自己的一切
- ☆ 实事求是
- ☆ 我们的伟大事业
- ☆ 团结、紧张、严肃、活泼
- ☆ 学好本领 好上前线
- ☆ 抗日的现实主义，革命的浪漫主义
- ☆ ……

二、为学校题词

为民族解放事业随时准备牺牲自己的一切

——为抗大二期教职员和二期毕业证书题词

忠诚党的教育事业

1937年1月20日

勇敢、坚定、沉着。向斗争中学习。为民族解放事业随时准备牺牲自己的一切!

1937年7月

中国人民抗日军政大学,是中国人民解放军建校史上最重要的一页。抗大最主要的历史功绩,就是培养造就了大批德才兼备的军政干部。从抗日红军大学算起,到抗战胜利时,抗大共举办了八期,培养出来的军政干部达10万人之多,先后走出了罗荣桓、罗瑞卿、谭政、彭雪枫等高级将领。为抗日战争、解放战争和建立新中国作出了不可磨灭的贡献。

红大是抗大的前身,抗大是红大的延续和发展。当时就有"抗大没有第一期,红大没有第二期"的说法。红大的第一期,实际上就是抗大的第一期。

1937年1月20日,抗大二期正式开学。这一期共有学员1360余人,其中一、二队是红军的团、师、军干部,三至八队是红军的连营干部,九至十四队为青年学生。

毛泽东任抗大教育委员会主席,林彪任校长兼政委,副校长刘伯

▶挺起共产党人的精神脊梁
　　——毛泽东延安题词的故事

承,教育长罗瑞卿,训练部长刘亚楼,政治部主任傅忠,校务部长杨至成。

抗大成立时,专职教员仅有几人。毛泽东、周恩来、朱德、陈云、李富春等中央领导人都曾到抗大讲课或作报告。

毛泽东在抗大,既教书又育人,是抗大优秀的思想政治工作者。

当年曾在抗大二期学习、生活过的江平鲁回忆道:

毛主席当时领导着抗大的教育工作,任教育委员会主席之重任。他为抗大制定了"团结、紧张、严肃、活泼"的校训,制定了"坚定正确的政治方向,艰苦朴素的工作作风,灵活机动的战略战术"的教育方针。毛泽东非常重视抗大教职员队伍的建设,他亲笔为抗大二期教职员题词:

忠诚党的教育事业

毛泽东

令我最难忘的是1937年7月下旬的一天,广场上坐满了抗大的教师和同学,等待着毛主席的到来。当毛主席出现在讲台上时,全场寂静无声,注视着毛主席的一举一动。毛主席第一次给我们讲哲学,内容是《哲学中的两军对垒》和著名的《实践论》。

为了提高抗大学员的哲学理论水平,毛泽东为抗大第二期学员讲授《辩证唯物论》,历时3个多月,授课110多小时。后来出版发行的《实践论》和

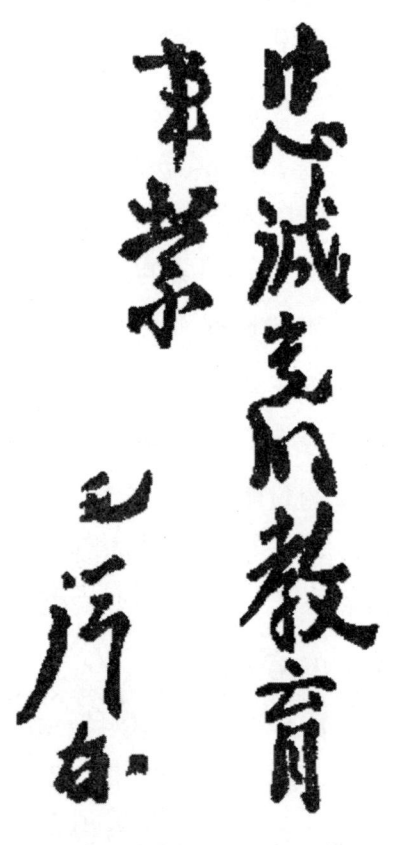

为抗大二期教职员题词

《矛盾论》，就是毛泽东讲课提纲的主要组成部分。

毛泽东不仅对抗大进行具体行动指导，而且还通过他撰写的许多著名的政治军事理论著作，对抗大进行宏观理论指导。抗大的干部、学员聆听了毛泽东对部分理论著作的演讲，还认真研读了毛泽东的大部分理论著作，这对他们军事政治理论水平的提高和思想的升华，都起着很大的作用。

毛泽东非常重视抗大，重视抗大的办学方针和教职员队伍，他通过题词鼓励抗大的工作人员要忠于党的教育事业，把抗大的各项工作做好，培养出更多的军政人才。毛泽东经常在百忙中抽时间到抗大检查工作，听取汇报，及时解决教学中的实际问题。在毛泽东的督促下，抗大根据当时自身的情况，从中国的革命形势和部队的实际出发，确定了"少而精""理论联系实际""文化课为基础""军事政治并重"的教育原则，并在教学中予以贯彻实施。

1937年7月7日"卢沟桥事变"后，党中央指示抗大第二期学员立即结束学习，奔赴全民族抗战的各条战线。毛泽东亲临抗大送行，并在毕业证书上题词：

勇敢、坚定、沉着。向斗争中学习。为民族解放事业随时准备牺牲自己的一切！

毛泽东

（《毛泽东题词题字珍闻》　李新芝）

在毕业证书上题词

▶挺起共产党人的精神脊梁
　　　　——毛泽东延安题词的故事

要学习朱总司令：度量大如海，意志坚如钢
——为抗大第二期学员题词

要学习朱总司令：度量大如海，意志坚如钢。

1937 年 3 月 2 日

　　遵义会议后，朱德继续担任中央革命军事委员会主席、中国工农红军总司令。1935 年 9 月，张国焘听不进朱德意见，决心与党中央的北上方针相对抗，拒绝率部过河向右路军靠拢。此后，另立"中央"。朱德同张国焘的错误进行了坚决的斗争。张国焘被迫取消另立的"中央"。

　　1937 年 3 月 2 日，朱德为抗大第二期开学典礼讲话后，毛泽东为学员题词："要学习朱总司令：度量大如海，意志坚如钢。"胡耀邦 1986 年 12 月 1 日在《人民日报》发表纪念文章讲：长征途中，朱德反对张国焘另立"中央"的言行毫不含糊，取得了巨大的成效。毛泽东曾赞扬他在这场斗争中"临大节而不辱"，并写了这个题词。

为抗大题写教育方针和校训

坚定不移（"不移"1939年改为"正确"）的政治方向，艰苦朴素的工作作风，灵活机动的战略战术。

1937年3月5日

团结、紧张、严肃、活泼

1937年4月

抗大是八路军的干部学校，它的精神，它的作风，都是八路军的。学习八路军的精神与作风，是抗大同志们应该注意的。

1938年10月1日

不但要有革命热忱　而且要有实际精神

1938年

红军长征到达陕北之后，1936年4月，毛泽东决定将原中央根据地的中国红军大学继续办下去。同年6月1日，在毛泽东的直接领导下，建立了"中国人民抗日红军大学"（简称"红大"）。

1937年1月，党中央机关由保安[①]迁至延安。红大也跟随中央机关搬到延安，开始了第二期的教学。这时，全国抗日救亡运动风起云涌，各地革命知识青年纷纷走向延安寻求抗日救国的真理，这就向我们党提出了教育培养知识青年的新任务。

---

① 今志丹县。

▶挺起共产党人的精神脊梁
　　　　——毛泽东延安题词的故事

为此，毛泽东及时为红大作了指示："要驱逐日本帝国主义出中国，争取抗战胜利，就必须大大增加抗战力量，改变敌我力量强弱的对比，才能达到这个目的。增加抗战力量的工作和方法很多，然而其中最好最有效的方法是办学校培养抗日干部，办报纸宣传抗日主张。

为抗大题写教育方针和校训（1939年）

这个增加抗日力量的方法是与其它一切增加抗战力量的方法相关联的总方法。"随即，根据党中央和毛泽东的指示，中央军委为适应形势发展的需要，将红大正式更名为中国人民抗日军事政治大学，除继续培养红军干部外，把培养革命知识青年作为抗大的一项重要任务。鉴于学员数量增加和学校扩大的新情况，中央军委还成立了抗大教育委员会，健全了校部组织机构，毛泽东担任教育委员会主席，直接领导学校的教育与建设工作。

正是基于以上局势的变化发展，为了进一步加强抗大的建设，明确抗大的工作方向，1937年3月5日，毛泽东为抗大题词，规定了抗大的教育方针："坚定不移（'不移'1939年改为'正确'）的政治方向，艰苦朴素的工作作风，灵活机动的战略战术。"4月，还进一步为抗大题写了"团结、紧张、严肃、活泼"八个大字，成为抗大的校训。

另一方面，抗大的教育方针和校训，可以说，也是毛泽东在同王明的右倾错误斗争中确立的。当时，王明提出了"一切经过统一战线""三民主义是抗大的重要课程""三民主义是抗大政治团结的基础"的错误主张,企图否定党的领导,扭转抗大的政治方向,改变抗大的性质,把抗大办成一般的统一战线的学校。

为了同王明的右倾错误进行针锋相对的斗争,毛泽东明确指示:抗大和黄埔初期不一样。黄埔初期主要领导是国民党人,部分学生是国民党人;抗大整个领导权都在共产党手里,学生的绝大部分是共产主义者或倾向共产主义的。正因为这样,今日之抗大,就不能不比那时的黄埔更革命、更前进,为民族和社会的解放必定作出更伟大的贡献。毛泽东再三强调,抗大不是统一战线的学校,而是党领导下的八路军的干部学校。毛泽东还亲自领导抗大的干部和学员,参加了当时党内的两条路线斗争。1938年10月1日,毛泽东为抗大题词:"抗大是八路军的干部学校,它的精神,它的作风,都是八路军的。学习八路军的精神与作风,是抗大同志们应该注意的。"同年,又题"不但要有革命热忱　而且要有实际精神"。

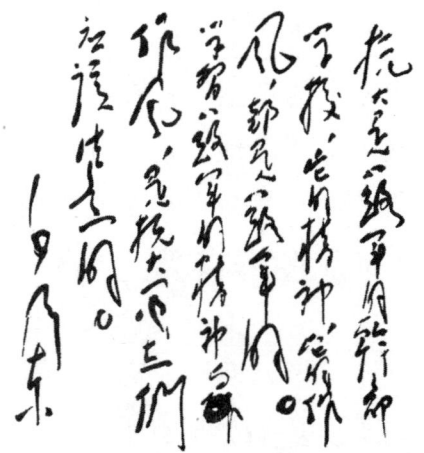

为抗大题词（1938年）

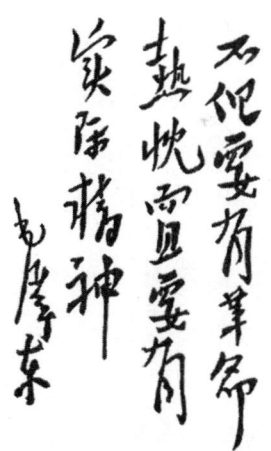

为抗大题词（1938年）

（人民网2016年5月23日　春紫）
（http://dangshi.people.com.cn/n1/2016/0523/c85037-28370156.html）

▶挺起共产党人的精神脊梁
　　——毛泽东延安题词的故事

我们的伟大事业

——为抗大三期修建校舍题词

听说你们建筑校舍的劳动热忱很高　开始表现了成绩，这是很好的。这将给你们一个证明：在共产党与红军面前一切普通所谓困难是不存在的　最严重的困难也能克服，红军在世界上是无敌的。

1937 年 10 月 23 日

1937年"七七事变"后，华北抗日烽火熊熊燃烧，国民党军队节节败退，坚持全面抗战的八路军、新四军挺进敌后，先后建立了大片的敌后抗日根据地。两个战场，两种结果，使广大人民进一步看清了国民党片面抗战的严重危害，而把抗战胜利的希望寄托在中国共产党和它领导的人民军队身上。延安是中共中央所在地，是指导抗战的中心，是全国人民向往的革命圣地。全国各地的革命青年及沦陷区的进步分子，还有许多爱国侨胞，为了寻求抗日救国的真理，冲破反动派的重重阻挠破坏，纷纷奔赴延安到抗大学习。为了适应抗战形势的发展，培养更多的抗日军政人才，抗大没有等第二期毕业离校，第三期就于1937年8月1日正式开学了。三期开学以后，仍有不少新同学结队前来，学校决定随到随编队，本来就拥挤的校舍人满为患，加之党中央决定在延安再创办一所"陕北公学"，更多地接纳外来的知识青年，要求抗大让出一部分校舍作为陕北公学校址，抗大的校舍就更为紧张。而且从当时的形势看，知识青年还将大批涌进延安，抗大势必有一个更大的发展,校舍便成为一个亟待解决的问题。

当时主持抗大实际工作的副校长罗瑞卿等领导经过调查研究和实地勘察,了解到陕北群众自古以来因地就势,利用黄土高原的千沟万壑、山梁纵横、川塬连绵的有利地形,依山傍坡,修建窑洞作为住房。而且开挖窑洞施工简单,造价低廉,建造速度又快,是解决校舍困难的好办法。于是在1937年10月,抗大号召全体教职学员,发扬我军艰苦奋斗的优良传统,自力更生挖窑洞,开辟新校舍。10月22日,全校1000多人总动员,扛着镢头、圆锹,浩浩荡荡地开上延安凤凰山,同心协力挖窑洞。学员们拜当地群众为师,请他们当技术指导。大家干劲十足,整个工地热火朝天,歌声嘹亮。

经过半个月的辛勤劳动,至11月上旬,抗大教职员工和学员共完成175个新式窑洞,超额完成25个,

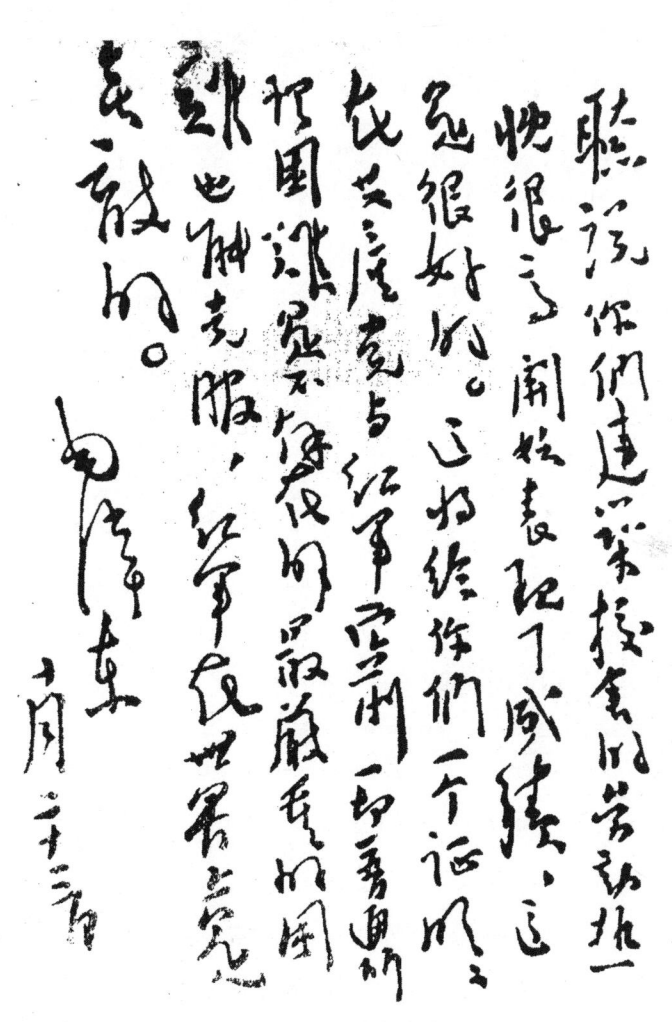

为抗大建设校舍题词

▶挺起共产党人的精神脊梁
——毛泽东延安题词的故事

解决了抗大的校舍难题。窑洞内有土炕，有写字土台，洞口安有门窗，窗户糊上了白纸，墙壁用白灰粉刷好，光线很充足，而且冬暖夏凉，还便于防空袭。窑洞建成后，为了上山下山更方便，大家又修筑了一条盘山"抗大公路"。

抗大师生自己动手挖窑洞，不仅解决了校舍的困难，而且对全体干部尤其对知识青年是一次艰苦奋斗、克服困难的传统教育和实际的劳动锻炼。毛泽东对此十分重视，他高兴地说："你不要小看挖窑洞，这是挖开了知识分子与工农隔阂的一堵墙啊！"10月23日，他题词鼓励大家：

听说你们建筑校舍的劳动热忱很高 开始表现了成绩，这是很好的。这将给你们一个证明：在共产党与红军面前一切普通所谓困难是不存在的 最严重的困难也能克服，红军在世界上是无敌的。

毛泽东
十月二十三日

11月14日，抗大召开了盛大的新校舍落成典礼，党中央特地赠送了毛泽东手书的"我们的伟大事业"横匾，以资鼓励。毛泽东参加了落成典礼并讲话，他指出，在这次伟大的事业中获得成功的原因，概括起来说，就是能克服困难与联系群众。他同时鼓励大家，你们现在有克服困难与联系群众的精神，只要在这个基础上，经你们的天才把它们继续发扬与发挥起来，驱逐日本出中国是完全可能的。

（《毛泽东题词题字珍闻》 张玉贞）

为陕北公学成立题词

要造就一大批人，这些人是革命的先锋队。这些人具有政治远见。这些人充满着斗争精神和牺牲精神。这些人是胸怀坦白的，忠诚的，积极的，与正直的。这些人不谋私利，唯一的为着民族与社会的解放。这些人不怕困难，在困难面前总是坚定的，勇敢向前的。这些人不是狂妄分子，也不是风头主义者，而是脚踏实地富于实际精神的人们。中国要有一大群这样的先锋分子，中国革命的任务就能够顺利的解决。

1937 年 10 月 23 日

勇敢向前，牺牲一切，为着驱逐日寇、解放中国而斗争！

1938 年 1 月 30 日

为战胜日本解放中国而奋斗到底。

1938 年 2 月 22 日

陕北公学是属于中华民族的，因为它为着抗日救亡而设，因为它收纳了全国乃至海外华侨的优秀儿女。维持这个学校的任务，我认为也应当是全国乃至海外华侨一切爱国人士的。因为这个学校并无任何公私财政基础，教员学生们都只吃小米饭，而且不能经常吃。

1938 年 3 月 10 日

1937 年 8 月 22 日至 25 日，中共中央政治局在陕北洛川县冯家村召开扩大会议，毛泽东出席。会议在讨论《十大纲领》第八条"抗日的教育政策"时，毛泽东等提出应该发展国防教育，创办一些适应抗战需要的学校，培养抗日干部。

▶ **挺起共产党人的精神脊梁**
　　——毛泽东延安题词的故事

　　经过讨论，会议形成了共识：抗大培养军政干部，党校培养党的工作干部，另外创办陕北大学（简称"陕大"），培养财政、经济、教育、卫生等方面的专门人才，以及边区建设所需要的各种地方干部。同时决定陕北大学直属中央领导。

　　当时，正值第二次国共合作形成，陕甘宁特区办大学这件事，需要呈报南京国民政府核准。结果南京国民政府以边区地域小、已有抗大等"理由"，不同意再办"陕大"。经过研究，党中央和毛泽东决定将拟办的这所学校改称"陕北公学"（简称"陕公"）。因为大革命时期，党在上海办过中国公学，现在的"陕北公学"是沿袭旧例。同时，陕公不是招收中学生进学校，而是留学生、大学生、中小学生兼收，叫"公学"更符合实际。这样，南京国民政府只得批准陕北公学开办了。事后，毛泽东高兴地说："斗争之计，用脑子总是可以想出来的。"

　　在毛泽东的关心下，1937年8月，陕公筹备组成立。其成员是林伯渠、吴玉章、董必武、张云逸、成仿吾等。中央组织部副部长李富春负责协调。找校址、调干部、拟订招生计划，在报刊上发布招生简章等工作，都在紧张而有序地进行着。1937年9月1日，一所新型的学校——陕北公学，便在延安附近的杨家湾诞生了。

　　陕北公学的领导班子和主要干部都是由党中央任命的。毛泽东邀来成仿吾谈话，讲了中央建立陕公的决定和意义，并请他出任校长。接着，他们又交谈了关于办学的一些具体问题。罗迈任党组书记兼关中分校校长。成仿吾1926年入党，曾留学日、法，是20世纪20年代新文学运动中创造社的中坚。后来做党的宣传工作，在江西苏区担任过党校教员和教务主任，参加了长征。他既是文学家，又是有丰富经验的革命家和理论家。罗迈则一直在党中央担任重要领导职务。陕公的教师，也是中央和毛泽东帮助解决的。初期的主要教员有著名学者周扬、何干之、艾思奇、何思敬等。此外李凡夫、张如心、李培之、吕骥、宋侃夫、李唯一、何定华等有专长的人士也到校任教。与此同时，还聘请王若飞、陈昌浩、陈伯达、杨松、吴亮平、王观澜等，到校讲专题课。毛泽东、陈云、张闻天、李富春、凯丰等中央负责人，也经常到校作报告，关心和指导着陕公成长。

当时延安的学校都有校训。毛泽东亲自为陕公制定了校训："忠诚、团结、紧张、活泼"。他还审定了成仿吾作词、吕骥作曲的校歌。歌词是："这儿是我们祖先发祥之地，今天我们又在这里团聚。民族的命运全担在我们双肩，抗日救亡要我们加倍努力。忠诚，团结，紧张，活泼，战斗地学习！努力，努力，锻炼成胜利的骨干。我们忠实于民族解放事业，我们献身于新中国的建设。昂首看那边，胜利就在前面！"

此后，中共中央政治局会议多次讨论陕公的教育方针、教学问题。1939年3月4日政治局开会时，毛泽东指出，陕北公学是一所统一战线性质的学校，像过去的上海大学。

毛泽东对陕公的成长倾注了很多心血，在不到两年的时间内，他先后11次来校讲话，指导着陕公健康成长，这在当时是不多见的。毛泽东为陕公的题词很多，有确切记载的有以下四次。

1937年10月23日，毛泽东为陕公作了著名的长篇题词：

要造就一大批人，这些人是革命的先锋队。这些人具有政治远见。这些人充满着斗争精神和牺牲精神。这些人是胸怀坦白的，忠诚的，积极的，与正直的。这些人不谋私利，唯一的为着民族与社会的解放。这些人不怕困难，在困难面前总是坚定的，勇敢向前的。这些人不是狂妄分子，也不是风头主义者，而是脚踏实地富于实际精神的人们。中国要有一大群这样的先锋分子，中国革命的任务就能够顺利的解决。

这是对于陕公办学目的的指示，也是对陕公学员的殷切希望和要

▶挺起共产党人的精神脊梁
　　——毛泽东延安题词的故事

求。

　　1938年1月30日,第一期学员毕业,毛泽东为他们题词,内容是"勇敢向前,牺牲一切,为着驱逐日寇、解放中国而斗争!"这依然是从抗日大局出发,对陕公提出的培养目标的要求。

　　2月22日,毛泽东第三次为陕公题词。这次是为第六、七、八、九、十队学员毕业题词:"为战胜日本解放中国而奋斗到底。"为毕业学员指明了今后的任务和方向。

　　3月10日,毛泽东第四次为陕公题词。陕公为争取各界对学校的援助编了一本小册子《援助陕公》,请毛泽东题词一并出版。毛泽东的题词是:"陕北公学是属于中华民族的,因为它为着抗日救亡而设,因为它收纳了全国乃至海外华侨的优秀儿女。维持这个学校的任务,我认为也应当是全国乃至海外华侨一切爱国人士的。因为这个学校并无任何公私财政基础,教员学生们都只吃小米饭,而且不能经常吃。"直接呼吁海内外支持一个学校,这是毛泽东一生唯一的一次。

(《党史博采》2015年第2期　孙国林)

为"抗大同学会"题词

坚定不移的政治方向,艰苦奋斗的工作作风,加上机动灵活的战略战术,便一定能够驱逐日本帝国主义,建立自由解放的新中国。

1938 年 3 月 5 日

坚定不移的政治方向,艰苦奋斗的工作作风,机动灵活的战略战术,用以驱逐日本帝国主义,建设新中国。

1938 年 6 月

1938 年 3 月,毛泽东到抗大演讲,其中讲到了三句话:"坚定正确的政治方向,艰苦朴素的工作作风和灵活机动的战略战术。"林彪请毛泽东把这三句话写在纸上,作为抗大的教育方针。

1938 年 3 月 5 日,"抗大同学会"和"抗大同学劝募会"相继成立。毛泽东闻讯后,特意为"抗大同学会"写了题词,进一步重申了抗大的教育方针。毛泽东写道:"坚定不移的政治方向,艰苦奋斗的工作作风,加上机动灵活的战略战术,便一定能够驱逐日本帝国主义,建立自由解放的新中国。"

"抗大同学会"遵照毛泽东的教导,用题词的精神团结教育广大同学,发扬学员热爱母校、团结同学、精诚报国的精神。

同学们在校时,为了帮助学校的发展,慷慨解囊,把家里汇来的钱捐献给学校。有的同学甚至把珍藏的订婚纪念品如手表、金戒指等都捐献出来,表示自己热爱母校的一片心意。毕业分赴各条战线之后,他们还经常与母校取得联系,汇报思想,报告成绩,并且将抗大的优良传统和作风带到各条战线去,向广大群众宣传抗大。

原北京煤炭管理干部学院副院长廉祥云珍藏着毛泽东1938年给抗大写的这个题词。那时廉祥云在抗大校务部队列科工作,负责保管和发放抗大毕业证书。他想把毕业证书重新设计一下,用长四寸、宽五寸八分的白色道林纸,中间一条折叠线,左面是毛泽东题词,右面是毕业证书正文。抗大副校长罗瑞卿、校务部副部长许世友责成廉祥云给毛泽东写一份报告。1938年6月,校务部收到毛泽东的题词:"坚定不移的政治方向,艰苦奋斗的工作作风,机动灵活的战略战术,用以驱逐日本帝国主义,建设新中国。"

毛泽东的手迹被廉祥云珍藏起来。1986年4月19日,他将其捐献给中央党史资料征集工作委员会。

(《文史月刊》2005年10期　孟红)

二、为学校题词

学好本领　好上前线去

——为抗大四期开学题词

学好本领　好上前线去

1938 年 5 月 21 日

继续努力"以求贯彻"

1938 年

知识分子之成为革命的或不革命的，或反革命的分界，看其是否愿意并且实行结合工农民众，他们的分界线仅仅在这一点。

1939 年 4 月 19 日

1938 年 5 月，抗日军政大学第四期开学。许多知识青年，特别是在沦陷区的青年学生在国破家亡的痛苦煎熬中，急于寻求抗日救国的出路，纷纷投笔从戎，投奔延安和各抗日根据地。仅 5 月至 8 月，经八路军驻西安办事处到延安的就有 2200 余人。党中央、中央军委为了满足广大知识青年的抗日要求，决定抗大和各抗日根据地的学校教导队大量吸收外来的知识分子随到随即编队。抗大第四期学员猛增，达 5600 余人，编为 8 个大队。特别是代表中国妇女先锋的女生队伍，也不断地壮大，所以单独编为"第八大队"，引起中外人士的注目。这是抗大的"黄金时期"。由于学员空前增多，延安原来的校舍已容纳不下，因此，校址相应扩散，除在延安驻 4 个大队外，在蟠龙、瓦窑堡、洛川，还有甘肃的庆阳等地分驻了 4 个大队。

▶ 挺起共产党人的精神脊梁
　　——毛泽东延安题词的故事

1938年5月21日,毛泽东喜见抗大在抗日烽火中迅猛扩大,欣然提笔,为抗大第四期开学题词:

学好本领　好上前线去

毛泽东
五月二十一日

宋立平当年是抗大第四期学员,他回忆到当时开学典礼和毛泽东讲话的情况:

抗大第四期开学典礼的会场设在城内校本部。

九时许,副校长罗瑞卿在前引路,毛主席、张闻天、周扬等领导依次登上讲台,大家欢声雷动,热烈鼓掌,毛主席穿着和我们一样的灰军装,不过旧一些,膝盖上还补了两块补丁。

罗副校长简短致辞后,就宣布毛主席为我们讲话,随着阵阵热烈的掌声,毛主席缓步走到前台,微笑着举手示意。他慰问大家说:"你们经过了八百里秦川,冒千难万险来延安学抗日本领,我们欢迎你们,你们会不会吃小米?"我们回答:"会!"毛主席又问:"你们会不会打草鞋?"我们说:"不会,我们学。"毛主席微笑着说:"你们会吃小米、学会打草鞋、会爬山才能算抗大的学生,北伐战争时有个黄埔军校,是为了培养干部的。现在我们要办比黄埔更大的抗大,来培养千万抗日干部,抗要越抗越大嘛!你

为抗大四期开学题词

二、为学校题词

们是来革命的,好比一把钢刀,这把刀有点钝,我们抗大好比磨刀石,把钢刀磨得锋利。这就是学马列主义学抗日本领和战略战术,才能取得抗日的最后胜利。"

毛主席向我们简要分析了当前的抗战形势,然后说:"你们到抗大来学习有三个阶段,要上三大课,由西安到延安,八百里秦川,这算第一课;在学校里住窑洞,吃小米,出操,这算第二课;但最重要的是第三课,这便是在斗争中去学习,现在你们才开始第二课。"

毛主席要我们努力学习和掌握抗大的教育方针:"坚定正确的政治方向,艰苦朴素的工作作风,灵活机动的战略战术"和"团结、紧张、严肃、活泼"的校风。他的话深入浅出,记得还用《西游记》里的人物打比喻,说:"唐僧一心一意要去西天取经,遭受了九九八十一难,百折不回,他的方向是坚定不移的;但他的警惕性不高,敌人换个花样就把他骗了,把敌人当好人。猪八戒有很多缺点,但他有个优点,就是能吃苦耐劳,书中说有个稀屎洞,臭不可闻,

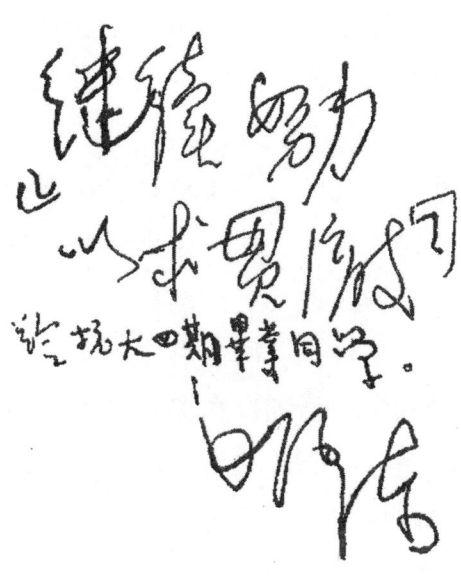

给抗大四期毕业同学题词

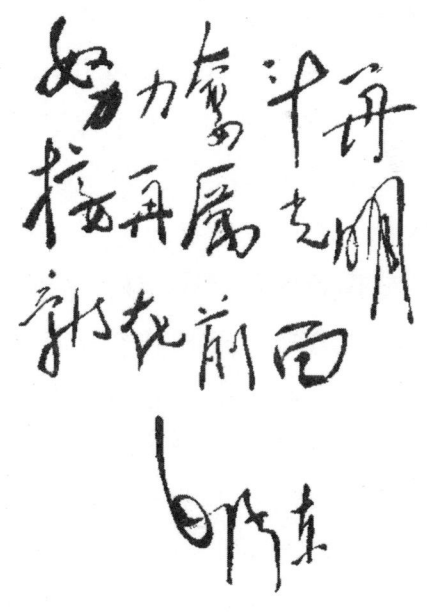

在第四期毕业证书上题词

▶挺起共产党人的精神脊梁
　　——毛泽东延安题词的故事

挡住了去路,就是猪八戒把它拱开的。孙猴子灵活,很机动,但有个缺点,方向不坚定,有点三心二意。"毛主席特别提到那匹小龙马,说:"你们别小看那匹小龙马,它不图名,不图利,埋头苦干,一直把唐僧驮到西天,又把经取回驮到大唐长安。"毛主席勉励我们要勇敢、坚定、沉着,在斗争中学习,为民族解放事业随时准备牺牲自己的一切。

抗大是一所驰名中外的"窑洞大学"。1936年7月,美国记者埃德加·斯诺到抗大参观访问后,在《西行漫记》中写道:"以窑洞为教室,石头砖块为桌椅,石灰泥土糊的墙为黑板,校舍完全不怕轰炸的这种'高等学府',全世界恐怕只有这么一家。"灵活机动的战略战术,就是抗大办学治校的优势。抗大坚持实战化教学,把典型战例充实到教学之中使学员掌握人民战争思想,特别是游击战战略战术。直接参战是抗大最好的军事课,抗大经常组织教员和学员直接上前线,在战火的洗礼中提高本领。

1938年8月,经过几个月的短暂学习,部分学员提前毕业,有1400多名学员去参加了保卫武汉的大血战。

毛泽东给抗大四期毕业同学题词"继续努力　'以求贯彻'",并在第四期毕业证书上题词"努力奋斗　再接再厉　光明就在前面"。

1939年4月19日,毛泽东又为抗大四期毕业同学题词:"知识分子之成为革命的或不革命的,或反革命的分界,看其是否愿意并且实行结合工农民众,他们的分界线仅仅在这一点。"

(《毛泽东题词题字珍闻》　张玉贞)

> 二、
> 为学校题词 /

一面学习，一面生产，克服困难，敌人丧胆
——为抗大开展大生产运动题词

一面学习，一面生产，克服困难，敌人丧胆。

1939 年 3 月

现在一面学习，一面生产，将来一面作战，一面生产，这就是抗大的作风，足以战胜任何敌人的

1939 年 12 月

1940 年，国民党顽固派加紧了对陕甘宁边区的经济封锁，想用切断供应和贸易往来的办法扼杀边区的生机。边区的经济本来就比较落后，必需的生活物资和生产资料绝大部分需要从外面输入。全民族抗战进入相持阶段后，多年的不断"扫荡"和国民党的经济封锁，加上严重的风、旱、虫等自然灾害，机关、部队、学校的物质生活遇到了极大的困难，陕甘宁边区面临着空前的经济困难。

毛泽东意识到这个问题，他曾在 1938 年 12 月 8 日召开的后方军事系统干部会上讲道：我们现在钱虽少但还有，饭不好但有小米饭，要想到有一天没有钱、没有饭吃，那该怎么办？无非三种办法，第一饿死；第二解散；第三不饿死也不解散，就得要生产。我们来一个动员，我们几万人下一个决心，自己弄饭吃，自己搞衣穿，衣、食、住、行统统由自己解决，我看有这种可能。

▶挺起共产党人的精神脊梁
　　　　——毛泽东延安题词的故事

在严重的经济困难面前,毛泽东代表党中央向全体部队、机关、学校发出了"自己动手、自力更生"的号召。这个口号,极其生动地体现了毛泽东伟大的革命气概,体现了他那种不怕困难、蔑视困难的伟大风格。从而,著名的大生产运动轰轰烈烈地开展起来。

军队进行生产始于陕甘宁边区的留守兵团。1938年,他们就开展了耕田、种

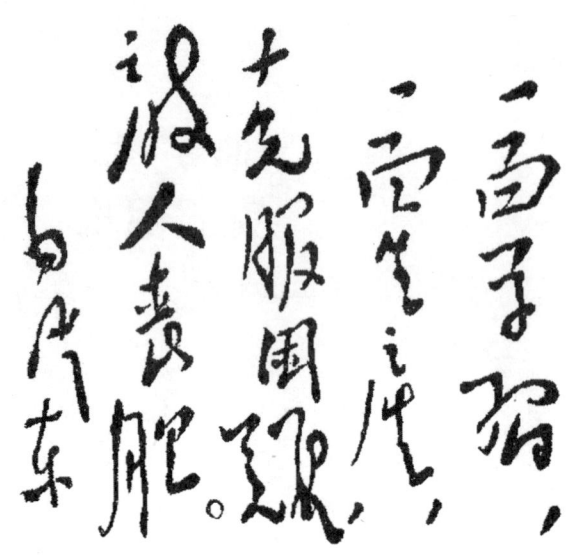

为抗日军政大学开展大生产运动
题词（1939年3月）

菜及一些农副业的生产,改善了当时部队的生活,也相对地减轻了当地农民的负担。1938年3月,在延安党政军群干部动员大会上,毛泽东号召各机关、学校要向部队学习,积极开展大生产运动。1939年3月,党中央又召开了延安党政军学动员大会,号召大家一起动手,艰苦奋斗、打破封锁、渡过难关。在这次会议上,毛泽东为抗日军政大学开展大生产运动题词:

一面学习,一面生产,克服困难,敌人丧胆。

毛泽东

毛泽东的这次题词,虽然是为抗日军政大学所作,实际上是针对整个陕甘宁边区乃至整个革命根据地的,他号召边区军民一面作战、一面生产。

机关、学校的生产运动,是边区大生产运动的重要组成部分。在生产劳动中,广大师生表现出了无限的劳动热忱和极大的创造精神。在毛

二、为学校题词

泽东题词的精神鼓舞下，抗日军政大学在延安中央大礼堂举行了生产动员大会，在1939年3月20日至4月25日掀起一次突击生产高潮。在一个多月的开荒春播劳动中，从校首长到教职员工，从行政管理人员到炊事员、勤务员，男女老少荷镢扛锹向荒山野岭进军。有的干部在山上安营扎寨，边开荒边上课。许多干部白天生产夜晚办公。有些红军干部负过伤，身有残疾，仍然带头劳动，作出表率。很多知识分子过去从没握过锄把，肩不能挑，手不能提，也都争先恐后地挥镢扬锹，手上打了血泡，脚板被镢锹砸伤，仍然咬牙坚持劳动。女学员个个好

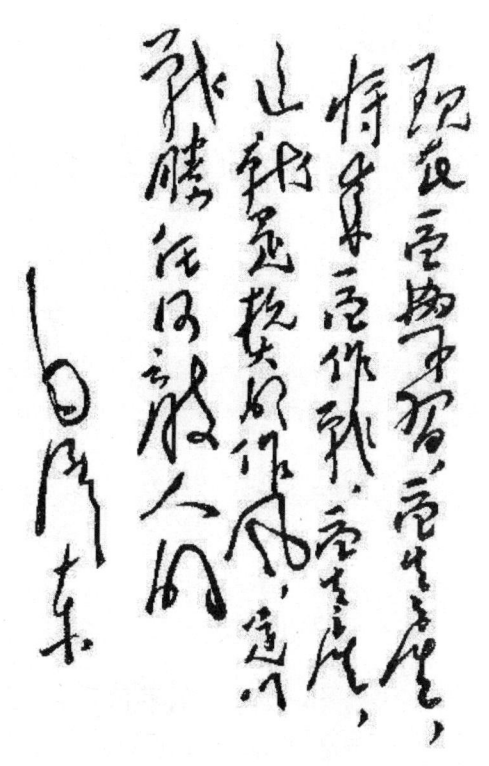

为抗日军政大学开展大生产运动题词（1939年12月）

强，不惜起早贪黑，也要补上头天没干完的活。替换炊事员的女学员，送开水上山，肩膀压肿了，就用手套、破棉絮垫在肩上。一些有技术的同志，白天开荒，晚上还加班制作、修理工具。劳动热情十分感人，就连毛泽东也称赞说：目前讲起来，延安生产运动，第一是抗大。

1939年12月，毛泽东再次为抗日军政大学开展大生产运动题词：

现在一面学习，一面生产，将来一面作战，一面生产，这就是抗大的作风，足以战胜任何敌人的

毛泽东

（《毛泽东题词题字珍闻》　李新芝）

▶挺起共产党人的精神脊梁
　　——毛泽东延安题词的故事

抗日的现实主义，革命的浪漫主义
——为鲁迅艺术学院题词

抗日的现实主义，革命的浪漫主义。

　　　　　　　　　　　　　　　1939年5月10日

鲁迅艺术文学院
紧张、严肃、刻苦、虚心

　　　　　　　　　　　　　　　1940年4月10日

　　1937年年底，在举国抗战的形势下，国民党统治区的大批电影、戏剧演员和文学、诗歌的作者们，开始不断跋山涉水，不远千里来到革命圣地延安。不久，中共上海中央局还把多年在沪领导左联工作的周起应（周扬）和著名哲学家艾思奇等人派往延安。毛泽东备感振奋，他认为应该把这些来自国统区的进步文艺工作者组织起来，形成一个强有力的宣传战斗集体。此时的延安已在党中央领导下，建成了抗日军政大学和陕北公学两所旨在培养抗战人才的学校。1937年12月底，被任命为边区文化协会主任的周扬到杨家岭窑洞汇报工作，毛泽东根据周扬的提议，当即表示同意在延安成立一所以培养进步文艺战士为主旨的学校。

　　毛泽东和周恩来等人一起，联袂向延安文艺工作者发出了《鲁迅艺术学院创立缘起》的声明，刊登在延安的《解放日报》上。在《创立缘起》中，毛泽东把这所大学正式命名为"鲁迅艺术学院"，还亲笔写道："在这抗战时期中……艺术——戏剧、音乐、美术、文学是宣传、鼓动与组织群众最有力的武器。艺术工作者——这是对于目前抗战不可缺少的力量。因之，培养抗战的艺术工作干部，在目前也是不容稍缓的工作。我们边区对于抗战教育的实施积极进行，已建立了许多培养适合于抗战需要的一般政治军事干部的学校（如中国抗日军政大学、陕北公学等），而专门关于艺术方面的学校尚付阙如；因此，我们决定创立这所艺术学院，并且以已故的中国最大的文豪鲁迅先生为名，这不仅是为了纪念我们这位伟大的导师，并且表示我们要向着他所开辟的道路大踏步前进。"在这份《创立缘起》上不仅有毛泽东、周恩来两位中央领导人的签名，同时还有林伯渠、徐特立、成仿吾、艾思奇和周扬的署名。

1938年4月初，延安鲁迅艺术学院正式成立。4月9日延安各报都在首版刊登了《鲁迅艺术学院成立宣言》："在敌人企图加紧进攻西北、加紧截断陇海线，企图威胁抗日根据地——武汉的今日，在全国军队、全国人民誓死抵抗的今天，我们宣告鲁迅艺术学院的成立。它并不是打算在全国总动员中作歌舞繁荣升平的幻想，尤其是不想逃避现实；恰恰相反，它的成立，是为了有利于抗战，服务于这艰苦的长期的民族解放战争……全国艺术界的朋友们，请把扶助它的成长当做自己的责任吧！"

鲁迅艺术学院正式成立，毛泽东出席成立大会并讲话，他说："要在民族解放的大时代去发展广大的艺术运动，在抗日民族统一战线方针的指导下，实现文学艺术在今天的中国的使命和作用。"4月28日，毛泽东在鲁迅艺术学院发表演讲时说："鲁迅艺术学院要造就具有远大的理想、丰富的斗争经验和良好的艺术技巧的一派文艺工作者，这三个条件缺少任何一个便不能成为伟大的艺术家。"

1939年5月10日，毛泽东挥笔为"鲁迅艺术学院"成立一周年

▶挺起共产党人的精神脊梁
　　——毛泽东延安题词的故事

题词:"抗日的现实主义,革命的浪漫主义。"1939年夏,中共中央为加强华北敌后文化工作及文艺干部的培养,派沙可夫等人率领鲁迅艺术学院部分干部奔赴晋察冀抗日根据地,联合陕北公学等校创办华北联合大学。11月,根据中央的决定,留在延安的鲁迅艺术学院部分师生恢复鲁迅艺术学院。

　　1940年4月10日,在鲁迅艺术学院成立二周年纪念日,毛泽东题写"鲁迅艺术文学院"校名,毛泽东还为鲁迅艺术学院题写了校训"紧张、严肃、刻苦、虚心"。11月,华中抗日根据地创办了鲁迅艺术学院华中分院。后由于日伪残酷"扫荡",鲁迅艺术学院华中分院分编成江淮鲁工团和黄河鲁工团,深入根据地开展抗战文艺工作。1943年4月,鲁迅艺术学院并入延安大学,组建延安大学文艺学院。1945年抗战胜利后,鲁迅艺术学院迁往东北,先后成立东北鲁迅文艺学院、中央戏剧学院、鲁迅美术学院、沈阳音乐学院等。

(《党史文汇》2016年01期　窦应泰)

二、为学校题词

全国妇女起来之日，就是抗战胜利之时

——在中国女子大学开学典礼上题词（1939年7月20日）

1939年2月20日，中共中央书记处发出了《关于开展妇女工作的决定》之后，为了团结广大妇女投入抗战，提高妇女的地位，培养高水平的妇女干部，毛泽东在中央书记处会议上提议在延安创办一所妇女干部学校。他说：办妇女学校，这是抗战的需要，革命的需要。我们完全有能力办好这样的学校，这所学校可以叫中国女子大学。中央批准了这一提议。

在中国现代史上，1915年，美国人在南京创办了金陵女子大学，但这是一所教会学校。1939年7月，中国共产党在延安创办了我国教育史上唯一的一所冠以"中国"名称的"中国女子大学"（以下简称"女大"）。这是有重要历史意义的。

1939年3月，女大的筹备工作开始紧张而有序地进行。中央任命了女大的主要干部，校长初为王明，后由李富春接任，副校长柯庆施、林莎，政治部主任孟庆树，教育长张琴秋。招生工作随即开始。这年"三八"妇女节时，毛泽东在讲话中就说："女大同学，将来到各地去，就照延安这样办（指女子有各种权利）。"

当时延安的经济十分困难，为了支持女大的创办，毛泽东带头捐献了他作为国民参政会议员的薪水100元。之后，董必武和邓颖超也从他们参议员的薪水中捐出一部分，帮助女大创办。周恩来把大批图书捐赠给女大。洛甫、王稼祥、刘少奇、陈云、邓发、博古、林伯渠

▶挺起共产党人的精神脊梁
　　——毛泽东延安题词的故事

等都积极帮助女大成立。朱德、彭德怀、叶挺、项英等听到创办女大的消息，都表示愿意给予各方面的帮助。邓小平给女大一批马匹，张鼎丞把战利品捐赠给女大一部分，叶剑英、李克农都热心为女大募捐。延安及全边区的机关团体也都给女大以支援，帮助解决教学、设备等方面的困难，尤其是中央统战部、中央党校、中央妇委、抗大、边区党委、边区政府、马列学院、鲁艺、八路军后方留守处等，都给了女大很大帮助。女大还得到全国各党派各团体的关心和支援，很多朋友写信来询问女大情况，为女大捐款。毛泽东闻之，非常高兴地说："众人帮，女大旺。"

　　1939年7月20日下午，女大在中央大礼堂举行了隆重的开学典礼。参加典礼的除女大教职员、学生500余人外，还有中共中央政治局在延安的全体同志，党、政、军各界首长及各机关代表，从前方回来的八路军、新四军代表以及印度援华医疗队队长爱德华。大会由女大政治处长兼干部处长孟庆树主持。王明作为女大的校长，首先就女大的创办宗旨、教育方针、现状以及将来发展计划作报告。接着，毛泽东发表了重要讲话。他指出："女大的成立，在政治上有着非常重大的意义。创办中国女子大学是革命的需要，目前抗战的需要，妇女自救解放的需要。它不仅要培养大批有理论武装的妇女干部，而且要培养大批做实际工作的妇女运动干部，准备到前线去，到农村、到工厂中去，组织二万万二千五百万妇女，来参加抗战。假如中国没有占半数的妇女的觉醒，中国抗战是不会胜利的。"毛泽东强调："女大现在办起来，将来还要维持下去"。为此，要与"设关卡，阻止各地学生来延安学习，不愿妇女得到解放的顽固分子作斗争"。他鼓励女大教职员同志们，"要安心工作，准备长期工作的决心，我们党应该有很多专门从事教育工作的人"。关于妇女的作用，毛泽东指出："妇女在抗战中有非常重大的作用：教育子女，鼓励丈夫，教育群众，均需要通过妇女。只有妇女都动员起来，全中国人民也必然动员起来，这是没有问题的。还需要与轻视妇女运动的观念作斗争，因为他们看不出妇女的作用，忽视妇女在革命中的伟大力量。只有克服这些阻碍，才能使现在的女大发展起来。"最后，毛泽东用寓意深远的话结束讲演："全国妇女起来之日，就是抗战胜利之时！"全场爆发出雷鸣般掌声。

讲话之后，女大学生代表向毛泽东（代表中共中央）、邓小平（代表八路军）、张鼎丞（代表新四军）献旗。最后进行文艺演出，节目有生产舞、海军舞、单人舞、瑶人舞，还有合唱、独唱、口技、大鼓、秦腔、京戏、安徽调、广东戏等。

中国女子大学于 1941 年 9 月并入延安大学。

（《党史博采》2015 年第 6 期　孙国林　张国方）

▶挺起共产党人的精神脊梁
　　——毛泽东延安题词的故事

没有他们，革命队伍就不能发展，革命就不能胜利

——为纪念安吴青训班二周年题词

带着新鲜血液与朝气加入革命队伍的青年们，无论他们是共产党员或非党员，都是宝贵的。没有他们，革命队伍就不能发展，革命就不能胜利。但青年同志的自然的缺点是缺乏经验，而革命经验是必须亲身参加革命斗争，从最下层工作做起，切实地不带一点虚伪地经过若干年之后，经验就属于没有经验的人们了！

1939年10月5日

安吴青训班，是我党领导的在西北地区的四大学校之一，它与陕公、鲁艺、抗大齐名；是中共中央青年工作委员会所领导的西北青年救国联合会为适应抗战需要和广大青年抗日救国要求而直接创办的一所新型学校。它的主要作用是接纳奔赴延安参加革命的青年。安吴青训班地处泾阳，位于国共势力交锋的前沿地带。在两年多的时间里，共举办训练班14期，组编连队127个，培养了12000余名学员参加或领导了抗日救亡工作，在学员中发展了千余名党员，它对推动全国抗日战争和青年救亡运动作出了卓越的贡献。

在举办青训班期间，中央老一辈无产阶级革命家给予了高度的关怀和支持，毛泽东曾亲自嘱托抗大领导选派干部，并于1939年10月青训班成立二周年时送来了题词。题词中写道："带着新鲜血液与朝气

> 二、
> 为学校题词 /

加入革命队伍的青年们,无论他们是共产党员或非党员,都是宝贵的。没有他们,革命队伍就不能发展,革命就不能胜利。但青年同志的自然的缺点是缺乏经验,而革命经验是必须亲身参加革命斗争,从最下层工作做起,切实地不带一点虚伪地经过若干年之后,经验就属于没有经验的人们了!"朱德亲任青训班名誉主任,并在1938年5月从前线回延安时,亲临青训班视察,检阅了学员队伍,并挥笔题写了"学好本领上前线"的题词。周恩来、林伯渠、董必武、彭德怀、贺龙、谢觉哉等中央党、政、军领导同志都给了青训班以亲切的关怀,著名摄影记者赵定明先生为安吴青训班摄下了许多难忘的照片,爱国进步作家、教育家李公朴先生撰写了《西北青救会怎样创办战时青训班》的重要文章,西安各进步报纸、杂志和救亡团体,组织参观团来安吴参观访问,《国际学联情报》刊载了青训班状况的报道。1938年6月27日,世界学联代表团对安吴进行了友好访问,克罗曼(法国人)等四位成员在欢迎会上发表了热情洋溢的讲话,并作了西北青救会的荣誉会员。这一切,对青训班的成功无疑起了巨大的促进作用。

青训班适应了抗日战争的急需,培养出了一大批优秀的青年干部,他们参加了军事、政治、民众运动各个方面的工作。他们遵照朱德总司令"学好本领上前线"的指示,提出了"青年的位置在前线"的口号,在鲁西、皖北、豫北、晋南、晋西、晋东、冀中、晋察冀各个革命根据地或敌占区的正规军和游击队里,在华中、华南的群众工作里,在若干高级的军事政治机关里,抑或是若干地方政府和群工团体里,都能表现出任劳任怨、视死如归的牺牲奋斗精神,大大博得了全国上下和国际友人的赞许。

(《党史研究与教学》1997年第4期 李文恭)

> 挺起共产党人的精神脊梁
> ——毛泽东延安题词的故事

救死扶伤,实行革命的人道主义

——为中国医科大学题词(1941年)

中国医科大学是中国共产党创建最早的医科院校,是唯一一所在长征途中办学并走完二万五千里全程的院校,也是我国最早进行西医学学院式教育的医学高校之一。其前身为1931年创建于江西瑞金的中国工农红军军医学校和中国工农红军卫生学校。在抗日战争、解放战争、抗美援朝战争中,这所学校都立下了赫赫战功,受到了毛泽东、周恩来、朱德、陈云、叶剑英等老一辈无产阶级革命家的亲切关怀。毛泽东为学校确定办学方针,提议学校更名为中国医科大学,并为学校题写"救死扶伤,实行革命的人道主义"。

1941年上半年,中国医科大学首届学员即将毕业。这时的校长是王斌,军医第14期学员的期长是从红军卫生部里选拔到第14期军医学习的林春芳。这时不少学员便对她说:"期长,快毕业了,能不能请中央首长给我们做些指示。"林春芳把意见迅速反映给了校长,王斌立刻打电话给毛泽东:"主席,我是王斌,14期学员就要毕业了,这是中国医科大学第一期毕业生,希望您能给他们作个指示。"一贯

为中国医科大学题词

二、为学校题词

关心、支持卫生工作的毛泽东答应了这一请求。

几天后的一个星期天上午,林春芳看见一个人骑马向学校奔来,仔细一瞧,原来是毛泽东的秘书。林春芳便迎了上去,只见他手里拿了一个纸卷,高兴地对林春芳说:"毛主席给你们题词了!"说着,毛泽东的秘书翻身下马,把纸卷递给了林春芳,然后边说话边一同向学校校部走去。

在学校校部,林春芳把纸卷交给了校长王斌。王斌小心翼翼地把纸卷展开,只见里面露出一张白纸,上面用毛笔写了大字:

救死扶伤,实行革命的人道主义

林春芳接过题词,马上来到学校绘图小组,几位同学用道林纸放大四张,将放大的题词分别悬挂于校部大礼堂、14期教室和学校图书馆。然后,林春芳将毛泽东的题词原稿交给了校长王斌的秘书保存。

1941年7月15日,中国医科大学召开了"纪念中国医科大学建校十周年和军医14期毕业典礼"大会,向14期同学颁发了毕业证书。毛泽东"救死扶伤,实行革命的人道主义"的题词用鲜红的大字印在了毕业证书的上面。

1941年7月,中国医科大学举行建校十周年展览会。展示了同学们用白布绘制的解剖学挂图及各种手术挂图共302件,教职员自制的教具和模型119件,经手术治疗复员的"病狗"5只。毛泽东来到学校,参观了中国医科大学建校十周年展览会。毛泽东兴致勃勃,仔细观看了各种展品。他频频点头,并在留言簿上题写了"办得很好"四个大字,充分肯定了中国医科大学的光辉历程。

1991年,为纪念毛泽东为中国医科大学题写"救死扶伤,实行革命的人道主义"五十周年,全校教职员工捐资3万余元为题词修建纪念碑,以志纪念。

(《毛泽东题词题字珍闻》 张玉贞)

▶挺起共产党人的精神脊梁
　　——毛泽东延安题词的故事

实事求是

——为中央党校题词（1943年）

　　毛泽东给中共中央党校的"实事求是"的题词，在党校教育史上有着重要地位。

　　1933年3月13日，中央革命根据地"马克思共产主义学校"，即后来的中央党校，在江西瑞金成立。1934年10月，"马克思共产主义学校"的干部和部分学员随中央红军主力长征。红军

为中央党校题词

长征到达陕北后，1935年年底，中央决定在瓦窑堡恢复建立中央党校。1937年1月，中央党校随中共中央进驻延安，进入了比较稳定的发展时期，成为党在延安时期创办的"培养地委以上及团级以上具有相当独立工作能力的党的实际工作干部及军队政治工作干部的高级与中级学校"。

　　1943年，为了给学员创造更好的学习环境，丰富师生的精神文化生活，中央党校修建了一座占地1200平方米、可容纳千余人的大礼堂。礼堂正面墙壁上，镶嵌着毛泽东为中共中央党校的题词"实事求是"四个雄伟潇洒的大字，犹如画龙点睛，使中央党校大礼堂倍生光辉。从此，这一题词就成了党校学员乃至全党学习研究马列主义的座右铭。

二、为学校题词

中共中央党校彭真传记编写组专门介绍了毛泽东题词的经过：

毛泽东这一题词是为中央党校新建大礼堂题写的。礼堂设计的重要设想之一是，两头各开一门，中间宽，正面墙壁请毛泽东题词并镶嵌在上面。1943年夏，毛泽东应彭真之请挥笔写了"实事求是"四个大字。为此，特烧制四块大方砖，把字体放大镌刻在方形砖上，镶嵌在礼堂正面墙壁上。

礼堂建筑规模宏大，平面为T字形，宽正面10丈，纵长13丈。礼堂两侧的长窗（分上下两层）高达1丈，内部开朗，光线充足，空气流通。在舞台上讲话声音可传及最后一排听众，异常清晰。还有地炉设备。

建筑大礼堂的时候，全校人员参加劳动。从1943年7月开工，经过大家的共同努力，用了100天的时间，于1943年11月7日竣工。

11月8日，中央党校为庆祝十月革命二十六周年，在新建大礼堂举行苏联照片展览，并演出平剧。

毛泽东一生中反复阐述"实事求是"这一基本观点。1941年7月，毛泽东在中央研究院成立大会上，专门以《实事求是》为题讲了一课。

毛泽东对"实事求是"这一观念理解得如此深刻，同他青年时代在湖南受的影响有关。《毛泽东传（1893—1949）》记载：重视经世致用的湘学士风，表现在思想方法上，就是实事求是。这个命题本意是做学问要注重事实根据，才能得出准确的结论。1916年，在岳麓书院办学的校长，把这四个字制成硕大的横匾挂在讲堂正门。经杨济昌介绍，毛泽东利用假期两次入岳麓书院寄读，这块"实事求是"的匾额自然给他留下了很深的印象。20多年后，毛泽东对"实事求是"作出马克思主义的解释。

1947年3月，国民党反动派侵占延安后，党校大礼堂惨遭破坏。

> 挺起共产党人的精神脊梁
> ——毛泽东延安题词的故事

毛泽东题词的四块方砖被倒塌的墙壁埋住,因而得以保存。1948年4月,西北野战军收复延安以后,在清理党校大礼堂废墟时,意外地发现了毛泽东题词的四块大方形砖,仍然完好。原件现保存在延安革命纪念馆。

中华人民共和国成立后,中央党校迁到北京,为了把毛泽东这一题词请回党校,校方让时任中共中央直属高级党校校刊编辑室编辑的王聚武负责,经多方寻找,终于把毛泽东的题词找到。对原型拓片进行拍照后制版,送回党校。1955年8月,先在党校创办的校报《实事求是》上作为报名刊用。20世纪60年代初党校大礼堂建成后,毛泽东题词安放在礼堂进门的过厅正面。90年代,先是镌刻在中央党校大门内专门设计的石壁上,后移至礼堂广场前。

(《毛泽东题词题字珍闻》　李新芝)

三、为报刊题词

- ☆ 为自由的中国而斗争
- ☆ 自己动手 丰衣足食
- ☆ 动员一切可能力量
- ☆ 起来,为中华民族的独立自由而奋斗到底
- ☆ 深入群众,不尚空谈
- ☆ 为人民服务
- ……

三、
为报刊题词 /

为自由的中国而斗争

——为《自由中国》杂志题词

一切爱国人民团结起来　为自由的中国而斗争。

1938 年 2 月 1 日

全民族抗战时期，上海、南京失守后，大批文艺工作者云集武汉，武汉成了全国政治和文化的中心。1938 年年初，著名作家杨朔由抗日前线辗转来到武汉，他被江城热浪奔腾的团结抗战气氛所感染，他找到自己的同乡和亲戚、诗人臧云远，提议办一份大型综合性文艺刊物，用以动员民众和组织广大文艺工作者参加抗战，臧云远非常赞同，刊名当即由杨朔定为《自由中国》。在筹备过程中又邀约孙陵一起参加，并决定由臧云远、孙陵负责刊物的编辑工作。

不久，杨朔去延安向毛泽东汇报在武汉开展抗日救亡活动的情况，谈及准备在武汉创刊《自由中国》杂志，杨朔请毛泽东为该刊题词，毛泽东欣然同意，于 1938 年 2 月 1 日为祝贺《自由中国》的创刊题词：

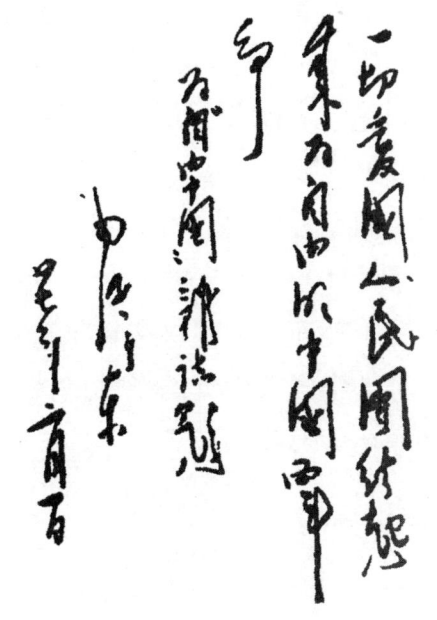

为《自由中国》杂志题词

▶挺起共产党人的精神脊梁
　　——毛泽东延安题词的故事

　　一切爱国人民团结起来　为自由的中国而斗争。

　　为《自由中国》杂志题

毛泽东
二十七年①二月一日

　　题词手迹由杨朔从延安带回到武汉。

　　经过短期筹备，《自由中国》创刊号于1938年4月1日在武汉出版。因为《自由中国》是一份思想倾向进步、政治色彩鲜明、在国统区出版的文艺刊物，编者出于对时局发展和环境特殊的考虑，经过研究，为慎重起见，在创刊号上首先发表了郭沫若3月9日的题词："要建设自由的中国须得每一个中国人牺牲自己的自由。每一个中国人把自己奉献给祖国的解放。中国得到自由，则每一个中国人也就得到自由。"而毛泽东的题词则推迟到5月10日，在《自由中国》第二期的扉页上发表。

　　这是在国统区内第一次公开发表的毛泽东的题词手迹。题词体现了中国共产党的抗日民族统一战线的基本精神，也表达了中国共产党对抗日战争的必胜信念，对正在浴血奋战的中国军民是一种极大的鼓舞。

　　同期，《自由中国》还发表了杨朔的报告文学《毛泽东特写》，描绘了毛泽东在延安陕北公学演讲的动人风采，通过毛泽东在人民中间的一个侧面，在武汉文坛上第一次表现了在民族解放斗争中作为中流砥柱的中国共产党的领袖的光辉形象，是我国报告文学中较早表现毛泽东伟大形象的篇章。

（《毛泽东题词题字珍闻》　李新芝）

---

① 民国二十七年，即1938年。

▶ 三、
为报刊题词 /

为《五日时事》题写报名

1938年5月，中共晋西南区委成立后出版了油印报纸《五日时事》。1939年，毛泽东给它题写了报头，还写了"毛泽东题"四个字。

为《五日时事》题写报名

在根据地建设中，林枫重视党报的作用，善于利用报纸指导工作。1938年5月，中共晋西南区委成立不久，便由林枫倡议，创办了油印报纸《五日时事》报。报社设在山西孝义县的张家庄村，主编为王修。最初，这张报纸从编辑到印刷，全套工作都由王修一个人负责，每期油印5000份，发行到晋西南二十几个县。它的印刷独创一格，字体美观，版面整齐，印刷清晰，一张蜡纸印5000份，当时算是最高纪录。有时还用红、蓝油墨套色印刷，十分醒目。

1939年年初，在延安举办的各抗日根据地报纸展览会上，《五日时事》报受到了毛泽东和中共中央其他领导人的赞赏。毛泽东曾给张稼夫写信说："报纸办得很好，希望你们向《新中华报》学习。"并给《五日时事》报题写了报头，落款"毛泽东题"。这份报纸在两年多的时间里，共出版了150多期。

▶挺起共产党人的精神脊梁
　　　　——毛泽东延安题词的故事

　　1939年5月中旬，日本侵略军集结相当兵力侵入吕梁山区。在反击敌人进攻期间，《五日时事》报从5月20日的第66期开始，改出《战时报》，由平时的4开2版改为1版，出至第70期。《五日时事》报跟随中共晋西南区委转移到了晋西北继续出版，直到《抗战日报》创刊才停刊。

（《毛泽东题写报头书法鉴赏》　娄晶舜）

▶ 三、
为报刊题词 /

停止敌人的进攻，准备我们的反攻

——为《八路军军政杂志》题词

停止敌人的进攻，准备我们的反攻！

1939 年 1 月

一面战斗　一面学习　百折不回　再接再厉

1940 年 1 月

准备反攻

1942 年

1939 年 1 月，全民族抗战进入相持阶段，中国共产党所领导的敌后抗日战场日益成为抗击日军的主战场，八路军、新四军成为抗击日军的主力。在这种情况下，中国共产党及其领导的军民成为抗日战争的中流砥柱的地位日益明显。斗争迫切需要通过媒体来宣传以毛泽东为核心的党中央和中央军委的声音，以指导全党全军的抗日工作。《八路军军政杂志》就是在这种情况下创办的。《八路军军政杂志》于 1939 年 1 月 15 日在延安创刊，由八路军总政治部编辑出版，毛泽东是编委会主要成员之一。

该杂志是军事、政治综合性刊物，有"专载""战地通讯""八路军""新四军捷讯汇报""译丛"等。杂志刊登中国共产党和八路军对于抗日战争的主张和抗日战争中军政建设的意见，研究抗日战争经验，报道前方将士英勇抗敌的事迹，揭露日军和汉奸的暴行。它不仅内容

挺起共产党人的精神脊梁
——毛泽东延安题词的故事

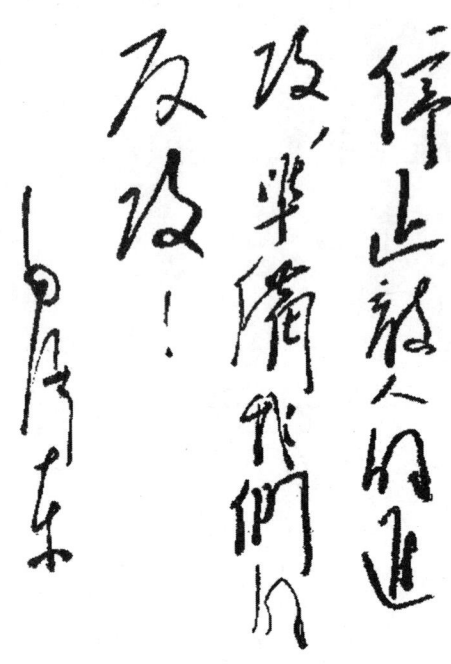

为《八路军军政杂志》创刊号题词

丰富,而且形式多样,设有许多专栏,在物质条件极其困难的情况下,力求印刷精美,每期都有套色木刻画页、铜版照片、图画、地图、题词等。此杂志深受各抗日根据地军民的欢迎,在国民党统治区的机关、团体、人民群众中也深有影响。

毛泽东对刊物的出版非常重视,并为其撰写了《发刊词》。

在《发刊词》中,毛泽东对八路军在全民族抗战一年时间里所取得的成绩予以分析和肯定。他认为,一年多来,八路军协同各部友军进行了英勇抗战,执行了"基本的游击战,但不放松有利条件下的运动战"的正确方针,坚持与发展了华北的游击战争,创立了许多敌后抗日根据地,缩小了敌人的占领地,牵制了大量的敌军,配合了正面主力军的抗战,延缓了敌人进攻西北的行动,振奋了全国人心。同时,毛泽东指出了八路军尚存的一些缺点。首先,在技术装备上不如敌人,也不如一些友军,这是八路军的基本缺点,也是中国军队的一般缺点。因此,如何加强技术装备以便战胜敌人,成为八路军在抗战阶段中的重要任务。第二,八路军善于游击战和运动战,但一部分干部对于抗战的战略战术了解与应用尚感不足。第三,巩固与扩大民族统一战线,是达到抗战胜利的总方针,但八路军的若干干部,尤其是新干部对统一战线的了解尚感不足。第四,争取敌伪军的工作还未达到需要的程度。第五,长期抗战中最困难的问题之一,将是财

三、为报刊题词

政经济困难,这是全国抗战的困难问题,也是八路军的困难,但还没有引起普遍注意,应该提到认识的高度。

最后,毛泽东在结尾中指出:"发扬成绩,纠正缺点,是八路军全体将士的任务,也是军政杂志的任务……《八路军军政杂志》应该为此目的而努力。"

《发刊词》系统总结了八路军一年多来取得的成绩与不足,尤其是提出了对财政经济困难的认识不足,对于八路军改进工作,提高战斗力,具有极其重要的意义。

同时,毛泽东为《八路军军政杂志》创刊号题词:

停止敌人的进攻,准备我们的反攻!

毛泽东

毛泽东的题词是结合当时的斗争形势和斗争任务所题,号召全体军民行动起来,为争取抗战的最后胜利做好一切准备。

全民族抗战进入相持阶段后,日军对国民党从军事打击为主改为政治诱降为主,并加紧对中国共产党领导下的敌后根据地进行"扫荡"和"蚕食"。八路军和其所领导的抗日根据地出现了严重困难的局面,尤其是经济困难和军事压力特别突出。为了鼓舞全党全军全国人民勇敢地与敌人战斗,同时加强理论学习进一步认

为《八路军军政杂志》创刊一周年题词

▶挺起共产党人的精神脊梁
　　——毛泽东延安题词的故事

清中国革命与中国革命当前的主要任务，克服当前所面临的困难，在1940年1月《八路军军政杂志》创刊一周年之际，毛泽东再次为其题词：

　　　　一面战斗　一面学习　百折不回　再接再厉

　　　　　　　　　　　　　　　　　　　　毛泽东

　　1941年和1942年，是世界法西斯势力最为猖獗的年代，日本侵略者加紧对中国的殖民统治和经济掠夺，对根据地进行疯狂"扫荡"，实行残酷的"三光"政策。蒋介石也不断进攻根据地，加上华北地区连年灾害，中国共产党领导的解放区出现了非常严重的经济困难，生产受到很大破坏，军队人数减少，军民生活极端艰苦。这是我党及其领导的抗日根据地最艰难的时期。

为《八路军军政杂志》创刊三周年题词

　　在困难面前，毛泽东以一个战略家的眼光，敏锐地认识和预见到，全民族抗战经历了战略相持阶段以后，战略的反攻必将到来，而目前正是全民族抗战最终胜利的黎明之夜。为彻底战胜日本侵略者而准备物资基础和其他条件，迎接抗战反攻阶段的到来和最后的胜利，在《八路军军政杂志》创刊三周年之际，毛泽东又一次为其题词：

　　　　准备反攻

　　　　　　　　　毛泽东

　　1942年4月，《八路军军政杂志》停刊，共出版39期。

（《毛泽东题词题字珍闻》　李新芝）

边区是民主的抗日根据地，是实施三民主义最彻底的地方

——为《陕甘宁边区实录》题词（1939年1月22日）

《陕甘宁边区实录》一书初稿是由毛泽东办公室秘书长李六如和秘书和培元共同撰写的。陕甘宁边区准备出版这本书，向全国特别是国统区人民介绍陕甘宁边区的情况。

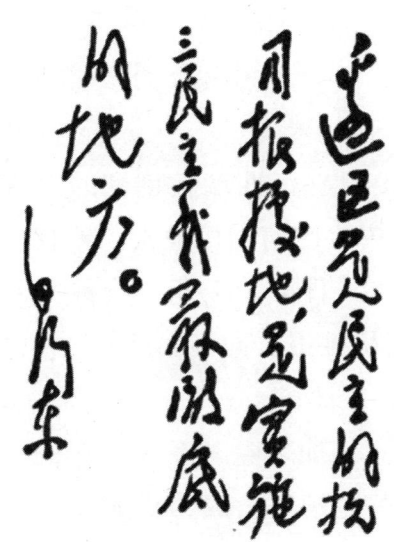

为《陕甘宁边区实录》题词

1939年1月22日，毛泽东给陕甘宁边区政府教育厅厅长周扬写信。信中说：这本书"我全未看。因关系边区对外宣传甚大，不应轻率出版，必须内容形式都弄妥当方能出版。现请你全权负责修正此书，如你觉须全般改造，则全般改造之。虽甚劳你，意义是大的，最好于二月十五日前完稿，二月底能出书。"同日，毛泽东为该书题词："边区是民主的抗日根据地，是实施三民主义最彻底的地方。"

后来，该书于1939年12月由解放社出版。

（人民网：2007年6月14日刘益涛）

（http://cpc.people.com.cn/GB/64162/82819/83774/84789/5862754.html）

▶挺起共产党人的精神脊梁
　　——毛泽东延安题词的故事

把新中华报造成抗战的一支生力军

——为《新中华报》题词

把新中华报造成抗战的一支生力军

1939年2月

多想

1939年

抗战　团结　进步，三者不可缺一

1940年2月7日

《新中华报》的前身是1931年12月11日在江西瑞金创刊的《红色中华报》，当时是中华苏维埃共和国临时中央政府的机关报。瞿秋白曾任《红色中华报》的主编。1937年1月29日第352期，改称《新中华报》。1939年1月改作陕甘宁边区政府机关报，同年2月7日，改为中共中央机关报，并由原来的5日刊改为3日刊。

1937年，随着抗日民族统一战线的建立，加之党对新闻工作的重视，各种革命报刊相继诞生，尤其是革命圣地延安，成为当时党的新闻工作的大本营。

《新中华报》作为全民族抗战前期的中共中央机关报，从创刊之初就受到毛泽东的高度重视。他多次撰文、题词，为报纸的发展指明了前进的方向。

1939年2月，毛泽东首先为《新中华报》题写了祝贺词：

把新中华报造成抗战的一支生力军

毛泽东

三、为报刊题词

毛泽东通过题词对《新中华报》寄予了殷切的希望,他希望通过报纸宣传马列主义和党的方针政策,充分发挥报纸在民族解放和阶级斗争中的生力军作用,团结全国人民把抗日战争进行到底。

随后,毛泽东又题字:

多想

毛泽东

毛泽东为什么要对办报的同志强调"多想"呢?当时有各种各样的解释,办报纸、搞新闻工作会在国内国际社会各个领域里碰到各种各样的事物、现象和问题,有正面的、反面的,错综复杂,各种矛盾交织在一起,新闻工作者必须用自己的头脑认真地去思考、去分析,弄清楚真相与假象、现象与本质、局部与全局、主流与支流……当然需要多想。

为《新中华报》题写祝贺词

为《新中华报》题词

毛泽东为《新中华报》题"多想"二字的背景,还包含着更深层次的意思,就是要人们善于识别真假马列主义者。当时,王明重新出版了他的《为中共更加布尔什维克化而斗争》这本有严重错误的与党中央正确路线对立的小册子,并到处发表讲演,自称是马列主义理论的权威。他在延安中国女子大学讲课时,自以为精通马列主义,能背通马列著作的某些论述,常说他引用的话在马列著作中文版某卷某

▶挺起共产党人的精神脊梁
　　——毛泽东延安题词的故事

页,然后当场要他的助手或课代表查证,学生查看,果然不错,弄得一些青年学生误以为他真的了不起,能记诵马列词句,一定读过不少书。王明善于夸夸其谈,伪装博学,又很傲慢地吓唬工农分子,一些不明底细的青年人不免受骗,盲从附和。其实,王明不仅在政治路线上、理论上反对毛泽东,而且是一个十足的教条主义、主观主义、宗派主义的典型,历史上既犯过"左"的错误,在抗战中又犯右倾错误。毛泽东题写"多想"有其特殊性和重要性,他告诫人们凡事应多考虑,真正在实践中做到"三思而后行",这样才能减少盲目性和片面性。

在《新中华报》创刊一周年题词

1940年2月7日,毛泽东在《新中华报》创刊一周年时,再一次为其题词:

　　　抗战　团结　进步,三者不可缺一。

　　　　　　　　　　　　　　　毛泽东

毛泽东的题词对推动全国人民进行艰苦卓绝的抗日战争和如何为党、为人民办好报纸,发挥了指导性的重要作用。1941年5月16日,《新中华报》与《今日新闻》合并为《解放日报》。

　　　　　（摘自《缅怀毛泽东》　中央文献出版社2013年版）

男女并驾,如日方东

——为《中国妇女》杂志创刊题词

妇女解放,突起异军,两万万众,奋发为雄。
男女并驾,如日方东,以此制敌,何敌不倾?
到之之法,艰苦斗争,世无难事,有志竟成。
有妇人焉,如旱望云,此编之作,伫看风行。

1939 年 6 月 1 日

《中国妇女》杂志于 1939 年 6 月 1 日在延安窑洞中诞生。它是中共中央妇女运动委员会在延安创办的第一本全国性的妇女刊物。

毛泽东一贯重视妇女在革命斗争中的重大作用。他多次指出"妇女的力量是伟大的",他认为:男人和女人好比一个人的两只手,在革命事业中要充分发动妇女,缺少了妇女这只手的力量是不行的,要取得革命事业的胜利,必须把两只手的力量都充分利用起来。当时,中国劳动妇女在经济上、政治上的地位和她们特别受压迫的状况,证明她们有革命的迫切要求,而且她们是决定革命胜败的一个力量。为此,毛泽东强调,全党同志必须懂得,对妇女群众进行教育和训练,宣传和组织妇女群众参加革命斗争,是党的一项极其重要的任务。在各个革命历史时期,从党中央到各级地方党委,都设立了妇女部或妇女委员会,使之成为党委领导妇女工作的助手。毛泽东多次对妇女工作予以具体指导。毛泽东指出:"没有一批能干而又专职的妇女工作干部,

▶挺起共产党人的精神脊梁
　　——毛泽东延安题词的故事

要展开妇女运动是不可能的。"

中国的广大妇女在毛泽东关于妇女工作思想的号召下,参加了中国革命,发扬了英勇顽强、艰苦奋斗的精神,为战胜敌人取得革命胜利,发挥了重大作用。为了更好地领导、组织和宣传妇女起来进行革命斗争,在中共中央宣传部和妇女部的直接领导下,1939年6月,《中国妇女》杂志在延安创刊并出版发行。

毛泽东热情关怀和支持《中国妇女》杂志的创刊,为创刊号写下了热情洋溢的题词:

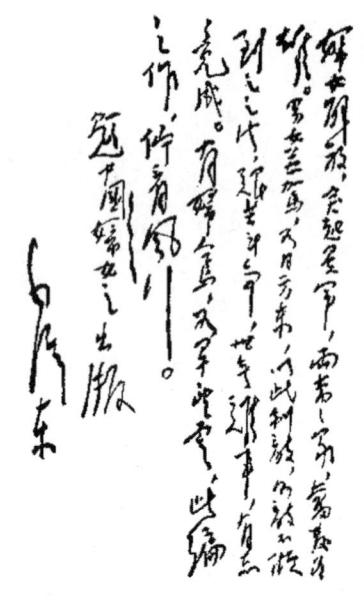

为《中国妇女》杂志创刊题词

　　妇女解放,突起异军,两万万众,奋发为雄。
　　男女并驾,如日方东,以此制敌,何敌不倾?
　　到之之法,艰苦斗争,世无难事,有志竟成。
　　有妇人焉,如旱望云,此编之作,伫看风行。
　　　　　　　题《中国妇女》之出版
　　　　　　　　　　　　　　　　毛泽东

1949年新中国成立后,《中国妇女》杂志曾一度更名《新中国妇女》,1956年又重新改为《中国妇女》。

　　　　　　　　　(《毛泽东题词题字珍闻》　李新芝)

▶ 三、
为报刊题词 /

为《共产党人》题写刊头

《共产党人》是全民族抗战进入相持阶段、中国共产党急需巩固时期，中共中央在延安创办的党内理论刊物。1939年10月创刊，1941年8月停刊。原定为32开本，每月20日出版，其中有4个月未出版（即1940年1、2月份，1941年6、7月份），因此，只出版19期。各期页数不等，多者116页，少者50页。

《共产党人》是毛泽东倡议创办的。毛泽东在1939年6月13日写的《反投降提纲》的结论中，就已将办党内刊物作为当时一项重要任务提了出来。他根据党内外形势的要求，提出"全党努力从思想上组织上准备自己，并准备舆论，准备群众，随时可以应付事变。""开办党内刊物，立即就开始办，地方上也要办。"

根据毛泽东的指示，经过3个月的筹备，当年10月，《共产党人》就同读者见面了。毛泽东对出版这个党内刊物非常高兴，不仅亲自为它命名，题写刊头，而且还于10月4日写了《发刊词》。

《发刊词》中的第一句话就是："中央很早就计划出版一个党内的刊物，现在算是实现了。"欣喜之情，跃然纸上。

为《共产党人》题写刊头

挺起共产党人的精神脊梁
——毛泽东延安题词的故事

毛泽东在《发刊词》中,从全国局势与党所担负的任务出发,为《共产党人》规定了明确的任务。

毛泽东提出:"它的任务就是:帮助建设一个全国范围的、广大群众性的、思想上政治上组织上完全巩固的布尔什维克化的中国共产党。为了中国革命的胜利,迫切地需要建设这样一个党,建设这样一个党的主观客观条件也已经大体具备,这件伟大的工程也正在进行之中。帮助进行这件伟大的工程,不是一般党报所能胜任的,必须有专门的党报,这就是《共产党人》出版的原因。"

毛泽东在总结18年的经验,提出著名的中国革命三个法宝之后,又讲:"根据马克思列宁主义的理论和中国革命的实践之统一的理解,集中十八年的经验和当前的新鲜经验传达到全党,使党铁一样地巩固起来,而避免历史上曾经犯过的错误——这就是我们的任务。"

(《毛泽东题词题字珍闻》 任维忠)

▶ 三、
为报刊题词 /

坚持游击战争

——为《拂晓报》出版百期题词（1939年12月）

《拂晓报》是彭雪枫亲手创办并培育起来的，在我国新闻史上占有重要的一页。

彭雪枫是中国工农红军、八路军、新四军的著名将领，是我党我军德才兼备、智勇双全的无产阶级革命家和军事家。

彭雪枫以儒将著称。在其短暂而光辉的一生中，和报纸结下了不解之缘。全民族抗战爆发后，彭雪枫任八路军太原办事处主任。1938年2月他来到河南确山县，组建了新四军游击支队，任司令员和政委。随后，奉命挺进豫东，开展游击战争。对思想政治工作和宣传工作有较深研究的彭雪枫深知报纸在鼓舞士气、宣传革命思想中的重要作用，因此，他于1938年9月29日在确山县竹沟镇创办了游击支队的机关报《拂晓报》。彭雪枫为《拂晓报》题写了报头，并撰写了题为《拂晓报——我们的良友》的创刊词。

《拂晓报》9月29日正式创刊，第二天即随军出征。这份报纸一经面世，便受到根据地广大抗日军民的欢迎，它吹响了华中地区坚持抗战的响亮号角。随着彭雪枫领导的游击队伍的迅速发展，《拂晓报》在豫皖苏根据地广泛传播，受到人民群众的热烈欢迎，为宣传抗战立下了大功。

新四军游击支队的胜利进军，拓宽了《拂晓报》的发展道路。在彭雪枫的指示下，报社克服种种困难，忠实地记录了豫皖苏抗日游击

▶挺起共产党人的精神脊梁
　　——毛泽东延安题词的故事

队伍的英雄业绩。

　　彭雪枫非常重视报纸的作用，他常对报社的同志们说：报纸是党的喉舌，是指战员们的精神食粮，报纸的力量和作用在于它能使党的纲领、路线、方针、政策、工作任务和工作方法，最迅速最广泛地同群众见面。把报纸办好了，可提高我军的阶级觉悟和军事素质。党的光荣传统，通过报纸去宣扬，部队的不良倾向，通过报纸来纠正。一份报纸就是一个好指导员，一篇好文章就是一堂生动的政治课。报纸蕴藏着无穷的战斗力，把报纸办好了，比一个团一个旅的作用大多了。

　　1939年12月，全民族抗战由战略防御转为战略相持阶段，日本的对华政策发生重大变动，对国民党由军事打击为主转为政治诱降为主，同时加紧对抗日根据地和八路军、新四军的进攻，国民党反动派也加快了反共的步伐。在这种情况下，坚持机动灵活的游击战术，对于有效地打击敌人，扩大敌后抗日根据地，壮大抗日有生力量，具有极其重要的意义。在这方面，彭雪枫及其领导的新四军作出了表率，同时《拂晓报》在抗日根据地产生了较为广泛的影响，为大面积开展抗日游击战起到了良好的宣传作用，《拂晓报》当时成为华中敌后抗日根据地不可缺少的精神食粮。1939年12月，在《拂晓报》出版百期之际，毛泽东为其题词：

为《拂晓报》出版
百期题词

　　　　坚持游击战争

　　　　　　　　　　　毛泽东

　　毛泽东的题词，指出了报纸工作的前进方向，给予《拂晓报》报社和全体指战员以莫大的激励和鼓舞。"坚持游击战争",一方面是对彭雪枫及其所领导的游击队开展游击战的肯定,另一方面是通过《拂晓报》号召广大抗战军民,坚持机动灵活的游击战,为争取抗战的最后胜利做好充分的准备。

1940年7月,彭雪枫所领导的游击支队整编为八路军第四纵队,彭雪枫任司令员。1941年1月,发生了震惊中外的"皖南事变",新四军遭受重大挫折。为粉碎国民党顽固派的阴谋,1941年2月,党中央、中央军委决定重新组建新四军军部,八路军第四纵队改编为新四军第四师,彭雪枫任司令员兼政委,《拂晓报》仍为新四军第四师的机关报。

在毛泽东的指示指引下,新四军游击支队在战斗中迅速发展壮大,番号几经变更,而《拂晓报》亦先后以新四军第六支队机关报、八路军第四纵队机关报、新四军第四师机关报的姿态,开创了"传播最远,读者最众的黄金时代",成为抗日战争时期华中根据地的一颗璀璨明珠。

1946年夏《拂晓报》出至1000期后,根据中共中央决定,改名为《雪枫报》,以纪念1944年9月在河南作战牺牲的彭雪枫。中华人民共和国成立后,《拂晓报》先后成为中共安徽省宿县地委和蚌埠地委机关报。1972年6月停刊。1981年1月1日复刊,是中共宿县地委机关报。现在,《拂晓报》是中共安徽省宿州市委机关报。

(《毛泽东题词题字珍闻》 张玉贞)

▶挺起共产党人的精神脊梁
　　——毛泽东延安题词的故事

为《抗日模范根据地晋冀察边区》题写书名

1939年1月，党的六届六中全会以后，聂荣臻给中共中央写了一个《关于晋察冀边区抗日根据地初创时期的情况报告》（以下简称《报告》）。整个《报告》约有10万字，共分四个部分：（一）战斗中生长的晋察冀边区；（二）一年来我们在敌后战斗的收获；（三）日寇的新"围攻"和我们反"围攻"的斗争；（四）边区抗战的经验和对于全国抗战的教训。

聂荣臻写的这一《报告》，是晋察冀边区抗日根据地向中共中央呈送的第一篇"大文章"、好文章，毛泽东看到这个《报告》后，立刻就被晋察冀边区抗日根据地的动人事迹给紧紧吸引住了。为使华北全党和抗日军民深刻理解和认真贯彻中共六届六中全会确定的"巩固华北"的战略方针，毛泽东当即决定将这个《报告》作为经验之谈和活的样板单独成书出版，并亲笔为之题写了书名——《抗

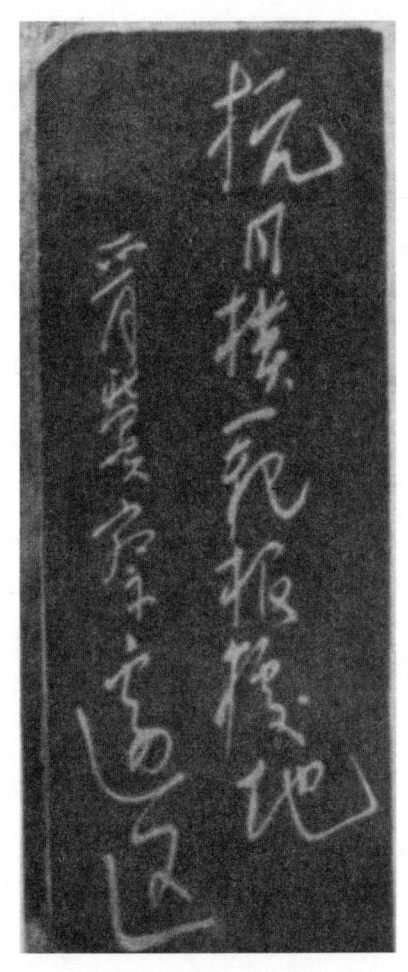

为《抗日模范根据地晋冀察边区》
题写书名

日模范根据地晋冀察边区》。而且,还和朱德、王稼样分别为该书作了《序》,高度评价了晋察冀边区抗日根据地已经取得的抗战业绩。他在《序》中指出:"晋察冀边区是华北抗战的堡垒,那里实行了坚持抗战的民族主义,那里实行了民主自由的民权主义,那里也开始实行了改良民生的民生主义,总之一句话,那里实行了互相联结不可分离的三民主义。""晋察冀边区坚决实行三民主义的精神,是值得钦佩值得奖励的。过去汪精卫辈开口闭口八路军与游击队'游而不击'或'不游不击',某些应声虫起而和之,然而汪精卫却'游'到日本怀里去了,应声虫们则在四圈八圈麻将世界里大打其游击……真不识人间有羞耻事!晋察冀边区里面没有汪精卫党徒,也没有四圈八圈麻将,那里却坚决实行了三民主义,用艰苦奋斗的游击战争创立了华北抗战的堡垒……聂荣臻同志的这个小册子,有凭有据地述说了该区一年半如何实行三民主义与如何坚持游击战争的经验,不但足以击破汉奸及其应声虫们的胡说,而且足以为各地如何实行三民主义,如何唤起民众以密切配合抗战的模范。"毛泽东还在给聂荣臻的信中强调说:"这本书是十分宝贵的,望努力奋斗,加深研究,写出更多的新作品来。"

(《毛泽东题词题字珍闻》 张国祥)

▶ 挺起共产党人的精神脊梁
　　——毛泽东延安题词的故事

动员一切可能力量

——为纪念《大众日报》创刊一周年题词

　　动员报纸，刊物，学校，宣传团体，文化艺术团体，军队政治机关，民众团体，及其他一切可能力量，以提高民族觉悟，发扬民族自信心与自尊心，反对任何投降妥协的企图，坚持抗战到底，不怕困难，不怕牺牲，我们一定要自由，我们一定要胜利。

1940 年 1 月 1 日

　　1939 年 1 月 1 日，《大众日报》在山东省沂水县城西 40 余里的王庄——中共中央山东分局、八路军山东纵队指挥部驻地创刊。1940 年 1 月 1 日，《大众日报》创刊一周年之际，毛泽东从延安发来题词"动员报纸，刊物，学校，宣传团体，文化艺术团体，军队政治机关，民众团体，及其他一切可能力量，以提高民族觉悟，发扬民族自信心与自尊心，反对任何投降妥协的企图，坚持抗战到底，不怕困难，不怕牺牲，我们一定要自由，我们一定要胜利。"

　　1938 年 12 月，中共中央山东分局成立后，急需一个阵地来宣传分局的大政方针，《大众日报》作为山东分局的机关报就应运而生了。

　　创刊时，摆在《大众日报》首任社长刘导生和总编辑匡亚明面前的困难很多，一无人员，二无设备。中共中央山东分局书记郭洪涛亲自动员，沂水当地的进步报纸《青年报》全体加入，并带来办报所必需的一部收音机、一部油印机、两部电话和纸张。山东分局大力支持，专门给报社配备了十几名青年干部,加上《青年报》的 10 个人,大众日报社初具规模。就这样,在抗战的烽火硝烟中,红色的《大众日报》创刊号于 1939 年 1 月诞生了。

由于物资缺乏,大众日报社成立时连个像样的编辑部也没有,第一任社长刘导生和总编辑匡亚明就在借来的民房里办公。报社设有编辑室、营业部、印刷厂、电务室等部门。编辑室有编辑 5 人,主任马民,营业部由刘力子负责。当时并无完善的发行系统,营业室在沂水县夏蔚设报社总发行处,在沂水县黄山铺、蒙阴县坦埠设代销处,报纸一部分由代销员销售,另一部分交山东纵队交通总站送各地八路军办事处代销;印刷厂设在王庄村北 4 公里外的小山村云头峪,厂长于一川,指导员郭克刚。当时印刷厂有破旧的 4 开机、脚蹬机各一部,一些残缺不全的铅字。有老工人十余人,练习生十余人;电务室负责人是刘承塾,只有 3 名实习报务员和一部收报机。

由于战事频繁,报社被迫不断转移,仅从创刊至 1947 年 10 月 19 日,报社机关设在临沂地区境内的 8 年零 10 个月又 19 天,就经历了抗日战争和解放战争两个历史阶段,先后辗转于临沂的 9 个县的 30 多个村庄。《大众日报》在战争环境中一直坚持出版,因特殊情况不能铅印时,就出石印、油印报或书页式小报。全民族抗战时期,《大众日报》是中共中央山东分局机关报;1945 年中共中央华东分局成立,一直是华东局机关报;1949 年,华东局南下,山东分局成立,改为山东分局机关报;1954 年,中共山东省委成立,由此改为山东省委机关报,相承至今。

大众报人既是办报队,也是战斗队,在反"扫荡"的时候,报社组织了游击大队,一是为了保卫报社,二是发动群众反"扫荡",和敌人遭遇是常有的事。1941 年 10 月,日军调集了 5 万兵力对沂蒙山区抗日根据地大举"扫荡"。11 月下旬,《大众日报》第一战时新闻小组被迫转移，11月30日拂晓，走到大青山时，不料陷入了敌人的包围圈，新闻小组在战斗中被冲散了，30多位同志除个别人突围外，其他全部壮烈牺牲。这就是山东抗战史上壮烈的"大青山突围"，同时也是《大众日报》历史上最大的一次牺牲。战争年代，大众日报社有530余名干部、职工在工作和战斗中英勇捐躯，这在中国报业史上至世界报业史上都是极为罕见的。

(《山东档案》2012年第4期　黄晓霞　申红梅)

为建设新民主主义的中华民国而斗争

——为《中国工人》题词（1940年7月）

1940年，为纪念"二七"罢工十七周年，张浩主持创办的《中国工人》（月刊）创刊号在延安问世。"《中国工人》之所以要在'二七'出版，就因为要继承'二七'的光荣传统，要宣传并实现'二七'留给我们（的）许多经验教训，要完成'二七'所未完成的任务。要把它变成中国工人的好友、学校、工厂、兵营、战场、园地。"《中国工人》担负着"宣扬中国工人参加建国的成绩，提供对于全国职运的意见，介绍职运理论与工作经验，以及报道各地工会活动与工人活动状况等的任务"。党中央对该刊很重视，毛泽东亲笔题词"为建设新民主主义的中华民国而斗争"，张闻天、王稼祥、邓发和林伯渠等也亲笔题词，以示祝贺。毛泽东还特地为该刊写了《发刊词》，并提出了殷切希望，他说："《中国工人》应该成为教育工人、训练工人干部的学校，读《中国工人》的人就是这个学校的学生。工人中间应该教育出大批的干部，他们应该有知识，有能力，不务空名，会干实事。""我希望这个报纸好好地办下去，多载些生动的文字，切忌死板、老套，令人看不懂，没味道，不起劲。"张浩等把毛

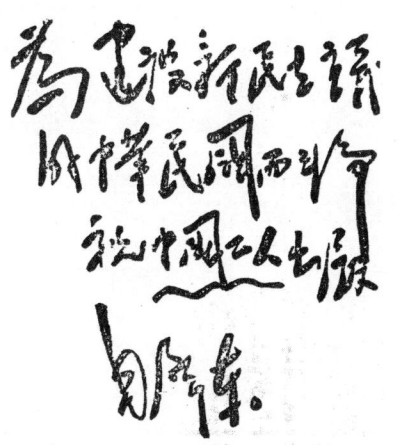

为《中国工人》题词

> 挺起共产党人的精神脊梁
> ——毛泽东延安题词的故事

泽东等中央领导同志的指示精神奉为办好《中国工人》的重要指导思想。

《中国工人》组成了编辑委员会,由张浩任主编,邓发、赵平、陈希文等为编辑。先后发表了《"二七"的意义与经验教训》《对女工运动的一点意见》《用战斗纪念"五一"的华北工人》和《庆祝朱老六十大寿的贺函》等,总结职工运动的经验教训,指导职工运动的开展,并号召工人继承与发扬革命传统,站在为民族独立而斗争的最前线,"把日本帝国主义赶出中国去,实现新民主主义的政治"。

在张浩和邓发等的共同努力下,《中国工人》内容丰富,图文并茂,文章短小精悍,生动有趣,深受广大工人的欢迎。新中国建立后,《中国工人》办刊至1960年停刊。1992年,中华全国总工会决定《中国工人》复刊,并经新闻出版总署批准。同年10月18日,时任中共中央总书记、国家主席的江泽民为新出版的《中国工人》题词:"坚持党的基本路线,为职工群众服务。"2005年年初,全国总工会决定并报新闻出版总署批准,中国劳动关系学院作为《中国工人》的主办单位。

起来，为中华民族的独立自由而奋斗到底

——为《美洲华侨日报》创刊题词（1940年7月）

20世纪40年代，德国法西斯挑起了第二次世界大战。在中国，全民族抗战进入相持阶段。汪精卫已公开投敌，蒋介石在对日战场作战不力，却在一些地方向八路军、新四军挑衅，加紧反共摩擦。旅美华侨与家庭的联络中断，对国内局势忧心如焚，抗日救亡的热情高涨，迫切需要有自己的舆论阵地。

当时洗衣业是旅美华侨最大的行业之一，仅纽约就有华侨衣馆1000多家，美国纽约华侨衣馆联合会是唐人街最大的侨团之一。衣联会的华侨大众也需要有一份为自己说话的报纸。就是在这种形势下，1939年末开始了《美洲华侨日报》的筹备工作。《美洲华侨日报》是在华侨大众的全力支持下创办的，其中衣联会的作用特别突出。不仅该会会员踊跃入股，而且正像该会在一份声明中所说："在漫长的岁月中，本会和侨报的关系：休戚相关，相濡以沫，风雨同舟。直至中美建交，侨报改版，正常每日出报，本会才卸开责任。"

衣联会发起抗日示威游行，踊跃参加由宋庆龄主持的医药援助中国抗战运动，募捐购买了四辆战地救护车，车身上写着："献给忠勇守土将士"。延安收到捐赠的战地救护车时，叶剑英代表八路军给纽约华侨写了致谢信。毛泽东题写"野战医院""纽约华人洗衣工民族救亡协会赠"两行大字，印漆在车身上。

1940年7月，毛泽东挥笔为"衣联会"题词"巩固扩大抗日民族

▶挺起共产党人的精神脊梁
　　——毛泽东延安题词的故事

统一战线"，同时，又为《美洲华侨日报》创刊题词"起来，为中华民族的独立自由而奋斗到底"。

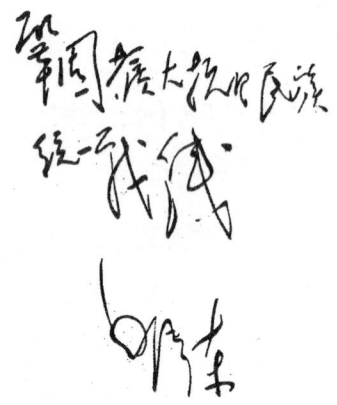

为"衣联会"题词　　　　　为《美洲华侨日报》创刊题词

1941年"皖南事变"时，《美洲华侨日报》会同北美洲10家华文报纸发表了"十报"宣言。1943年，美国制定移民法的过程中，该报派记者参加国会的听证会，作了集中、连续的报道；还发表了一系列评论，为华侨争取自身权利，充当华侨华人的喉舌。1950年下半年后，《美洲华侨日报》遭到政治上的迫害和经济上的困难。1972年后，随着中美关系的发展，其处境逐步改善。1982年3月，该报获美国人口行动委员会颁发的非英语国际新闻最佳奖。1989年停刊，前后共49年。

(《毛泽东题词题字珍闻》　王士谷)

为《边区群众报》《大众习作》题写刊名

（1940年3月25日）

  1939年年底的一天，毛泽东把刚从重庆来到延安不久的知名大众化作家周文请到他的办公室，询问左翼大众化工作情况，谈论陕甘宁边区如何开展大众化工作问题。接着，毛泽东问周文："你愿意不愿意搞这项工作？"周文愉快地回答："愿意。"毛泽东当即拿起电话，通知中组部、中宣部、财政部和边区中央局派人，在他办公室研究大众化的组织机构和经费问题。会上就相关问题与工作作出了决定。

  周文参加此次会议回来后立即行动，落实会上决议的相关事宜。与此同时，他根据毛泽东的指示，结合陕甘宁边区实际，参考有关资料，起草了一份报刊大众化工作方案，送去请毛泽东审阅。毛泽东放下手中的工作，询问方案起草情况，谈自己对方案的修改意见，并一再强调指出："大众化问题，就是全心全意为群众的问题。群众的文化提高了，大众化工作的任务也就完成了。"周文聆听详记，回来后按毛泽东的指示修改了方案。

  1940年3月12日，陕甘宁边区"大众读物社"成立。社长周文，副社长杜矢甲，当天宣布了办报班子成员名单。办报的同志信心足、干劲大，经过

为《边区群众报》题写刊名

挺起共产党人的精神脊梁
——毛泽东延安题词的故事

13天的日夜奋战，拿出了第一张报纸的清样。毛泽东看到周文送上的清样，十分高兴，认真审阅，对几处作了修改，并在《见面话》中"方针任务"字句旁加杠批注："还是在群众二字上下功夫，作文章。"又在报头《边区大众报》下画了个杠，写上"还是叫《边区群众报》好！"就在当时，毛泽东题写"边区群众报"三幅，交给周文带回和大家一起选用。从此，这份报纸就定名为《边区群众报》。1940年3月25日，第一张《边区群众报》正式和群众见面。

毛泽东题写的《边区群众报》报头，首刊启用于1940年3月25日，该报的创刊号是毛泽东所题报头珍品中时间较早的一幅，距今已达80年。由于战争原因，创刊号没有保存下来。毛泽东还专门为《边区群众报》题词："希望读者多利用报纸，推动工作，学习文化。毛泽东，三月廿四日。"

《边区群众报》是中国共产党在陕甘宁边区出版的通俗报纸，该报以边区农村基层干部和农民为读者对象，4开4版周报。一是宣传党的路线方针政策，二是为抗战服务，三是反映群众大生产运动。

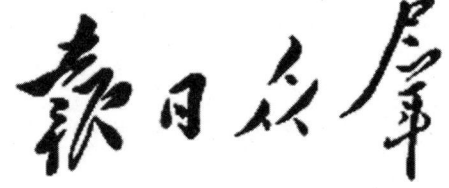

为《群众日报》题写报名

当时的报纸生产手段极其原始简陋，印刷靠手刻、石印和油印，纸张是自己生产的马兰纸、粉莲纸和草纸，发行是马驮、车拉甚至人背。在这样的条件下，《边区群众报》不但及时地反映了前线将士同仇敌忾、浴血抗战的英雄业绩，而且生动具体地宣传报道了革命根据地的建设和发展。主要向陕甘宁边区发行，少部分发行到其他根据地、敌后和国民党统治区，发行1万多份。该报实行通俗化、大众化办报方针，浅显、生动地说明中共抗日救国的政策、道理，报道歌颂边区抗日英雄和劳动模范，使初识字的人能看懂，不识字的能听懂。1947年国民党军侵占延安后，作为中共中央西北局机关报坚持在陕北出版，先后改为油印、石印。

1948年1月10日改名为《群众日报》，毛泽东为《群众日报》题写了报名。

《边区群众报》一创刊，就受到边区群众的热烈欢迎。来信很多，大多是称赞表扬的信，来稿不多，当时采取"每信必复"的原则，强调回信要充满热情，希望读者常来信，更希望多写稿，多提供情况、搜集材料和提出意见。同时，每封信都发去"通讯员登记表"，欢迎参加到通讯员队伍里来。

为《大众习作》题写刊名

在来信来稿日渐增加的情况下，人们越来越感到继续采用"每信必复"的手工业办法，难于维护下去。先是对一个时期一个专题的写稿要求，拟出"写稿提纲"，印发各通讯员；对于一些同类性质的信件和稿件，采取综合回信的办法，这就启发了酝酿创办一个供给通讯员阅读的刊物。大约在报纸出版半年以后，1940年8月1日，陕甘宁边区党委宣传部直接领导的陕甘宁边区大众读物社，创刊《大众习作》，毛泽东为它题写刊名，后又致信社长周文，对该刊赞赏有加。

《大众习作》的出版，又一次受到边区军民的热烈欢迎。不仅是通讯员欢迎，凡是要动笔写作的同志都欢迎。

（《毛泽东题写报头书法鉴赏》　娄晶舜）

▶挺起共产党人的精神脊梁
　　——毛泽东延安题词的故事

为《抗战日报》题写报名

1940年9月18日,《抗战日报》在山西兴县石愣子村正式创刊,是中共晋西区委的机关报,也是晋绥根据地当时600万人民自己的报纸。报头由毛泽东亲笔题写。根据革命斗争的需要,全民族抗战胜利后,于1946年7月1日改名为《晋绥日报》。

我国抗日战争史上曾出现了多家《抗战日报》,其中以1938年创刊于湖南长沙的《抗战日报》及1940年在山西兴县创刊,后改名为《晋绥日报》

为《抗战日报》题报名

的《抗战日报》最为有名。由于后者报头系毛泽东题写,且后来毛泽东又对该报编辑人员发表了著名的《对晋绥日报编辑人员的谈话》,学术理论界和新闻界对山西《抗战日报》提得最多,研究得最多。

《抗战日报》创刊日期特别选定在"九一八事变"的九周年纪念日,蕴含着不忘国耻的情怀、抗战到底的决心。最初为4开4版,三日刊,是晋绥边区第一张铅印报纸。1942年元旦改为隔日刊,在创刊四周年纪念日——1944年9月18日改为日报。毛泽东十分关注并高度重视这份报纸,曾于1944年指示该报联系本地实际,以大部分版面报道本地消息。报社社长由中共晋西区委宣传部副部长廖井丹兼任,总编辑赵石宾。全民族抗战胜利后,1946年7月1日更名为《晋绥日报》。

(《毛泽东题写报头书法鉴赏》　娄晶舜)

▶ 三、
为报刊题词／

你们是科学的千里眼顺风耳

——为《通信战士》创刊一周年题词（1940年10月10日）

1939年，在毛泽东提出的"工农干部知识化"的号召下，军委三局局长王诤决定创办一本通信部门自己的刊物，刊物定名为《通信战士》。王诤自任编委会主任。他为《通信战士》创刊号写了一篇《发刊词》，同时还题了词："坚定不移的政治方向，一点一滴的实际工作，争取革命最后胜利。"王诤还是杂志的特约撰稿人，几乎每期都写。在他的带动下，初生的《通信战士》杂志广泛联系读者，有了充实的内容和独特的风格，受到广大读者的关心和喜爱。

为《通信战士》创刊一周年题词

在决定创办《通信战士》杂志后的一天中午，王诤对三局一科的林风说："你今晚就写好《通信战士》的《发刊缘起》，明天早晨交给我，我一早就要去中央军委开会。"

受领了这样的任务，林风立即起草《发刊缘起》，当晚就交了卷。在《发刊缘起》中，恳请毛泽东为杂志题词写刊名，并且为杂志创刊号写一篇简短的发刊词。

▶挺起共产党人的精神脊梁
　　——毛泽东延安题词的故事

　　过了一天,王诤回来,走进一科科长刘寅的窑洞里,掏出一个大信封,倒出几张纸。其中,用毛笔书写的"通信战士"几个大字,共三幅,是毛泽东为杂志题写的刊名,供选用。退回的《发刊缘起》上,毛泽东用铅笔批示:"我没有时间写发刊词,你们好好办吧。"

　　毛泽东为《通信战士》杂志题写的刊名一直沿用至今。

　　在《通信战士》创刊一周年的时候,王诤又想到请毛泽东给杂志题词。一天,他从中共中央所在地杨家岭开完会回来,一走进杂志编辑们的屋子里,便欣喜万分地说:"毛主席的题词来了!"随即展开一张16开的宣纸,上面竖写着12个毛笔字:

　　　　你们是科学的千里眼顺风耳

　　毛泽东的题词,既强调了通信工作的重要性,又勖勉在通信工作岗位上的同志要精益求精地做好工作。

　　毛泽东的这幅题词,刊载在1941年10月10日出版的《通信战士》杂志上,激励着一代又一代的通信战士茁壮成长。

　　《通信战士》的第一任编辑王进和林风是亲兄弟,王进原名韩古农,林风原名韩诗农,在杭州读高中时主编过全校的联合墙报,还常给开明书店的《中学生》杂志投稿。因此王诤在物色杂志编辑人选时,就选中了韩氏兄弟。

　　《通信战士》创办初期遇到不少困难。当时延安的印刷条件有限,开始几期都是油印,刊名"通信战士"四个字则是精心刻成印章后印在杂志封面上的。后来争取到安塞印刷厂铅字排印,每期都由林风骑马送去,印刷厂厂长总是优先安排给《通信战士》排版,待校完清样后林风才回到局部。除担任编辑、油印和发行工作外,王进和林风也常写点科普小品在杂志上发表。可以说,我军的通信科普工作从那时起就开始了。

(《毛泽东题词题字珍闻》　周敏)

为《解放日报》题写报名

1941年4月16日，中共中央政治局会议决定出版《解放日报》，并任命博古为报社社长兼主笔。5月15日，毛泽东为中央书记处起草的关于出版《解放日报》和改进新华社工作的《中央书记处通知》说："5月16日起，将延安《新中华报》《今日新闻》合并，出版《解放日报》。"毛泽东题写"解放日报"，当时他大大小小共写了7份，供报社选用。毛泽东亲撰写《发刊词》，开门见山地指出："本报之使命为何？团结全国人民战胜日本帝国主义一语足以尽之。这是中国共产党的总路线，也是本报的使命。"《发刊词》还强调了中国共产党一贯的抗日民族统一

为《解放日报》题写报名

战线政策，并明确指出《解放日报》的使命是坚决执行中国共产党"团结全国人民战胜日本帝国主义"的总路线，提出"团结，团结，团结，这就是我们的武器，也就是我们的口号"。出版发行后，该报的内容无论在各抗日根据地还是国民党统治区甚至沦陷区，都产生了很大影响，其内容甚至被国外媒体转载。

1941年开始，由于日伪及国民党顽固派的封锁，纸张供应困难，1941年9月16日，《解放日报》由4开4版改为对开4版，起初印数7000份。由于毛泽东等的关心，该报发行量不久增长到1万份左右。

▶ 挺起共产党人的精神脊梁
　　　　——毛泽东延安题词的故事

毛泽东非常关注《解放日报》的办报情况，在《解放日报》创办的6年时间里，毛泽东为它提供了40篇（包括命题修改的文章），其中亲笔写的有18篇，8篇收入《毛泽东选集》。

▶ 三、
为报刊题词

为《三边①报》题写报名

1936年夏,彭德怀率领中国工农红军西征时,解放了定边、盐池等大片地区,三边地区成为陕甘宁革命根据地的组成部分。三边分区的党、政、军机关就设在三边地区长城脚下的定边县城。三边地区农牧兼营,盛产盐、皮毛、甘草三宝。为了宣传贯彻党中央"发展经济,保障供给"的方针,开发三边的资源,1941年夏,中共三边分委(1942年12月改称中共三边地委)决定创办《三边报》。报纸创刊后,得到分区党委的重视,并请毛泽东题写了报名。

《三边报》的内容,主要是地方新闻,有少量时事消息及文艺性稿件。主要发行于定边、盐池、靖边、吴旗②、安边③等县。发行量开始只有几百份,最多时达到2000份。1947年国民党军队占领定边县城,《三边报》随地委机关撤出定边进入游击区,改为不定期油印。1947年年底,转移至吴旗镇,相对稳定下来,在吴旗镇磨坊里恢复4开单面石印出版,周刊。1949年秋定边收复后,《三边报》返回定边。随即宁夏解放,报社全体人员赴宁夏参加报业接管工作,《三边报》停刊。

为《三边报》题写报名

(《毛泽东题写报头书法鉴赏》 娄晶舜)

---

① 指定边、靖边、安边。
② 今吴起县。
③ 旧县名,1949年并入定边县。

西行漫画

——为陈叔亮《解放区速写》画册题签（1941年4月）

喜欢观赏绘画的毛泽东，没有正式发表过关于美术问题的讲话和文章，除了一个"模特儿"问题的批示。《在延安文艺座谈会上的讲话》中，由于没有讲到美术绘画，引起了一些画家的误解。四位漫画家提出要见一见毛泽东，面陈请教。毛泽东应允了。在交谈时，毛泽东说："中国漫画，根深蒂固，源远流长。它的起源，究竟起自何时？我想是不是要追溯至山东武梁祠石刻的羽人羽兽？敦煌壁画的飞天？《公私画史》的变相？例如《维摩诘经变相》《法华变相》《杂物变相》……"又说："《太平广记》说：'昔吴道子画钟馗，衣蓝衫，鞹一足，眇一目，腰一笏，裹巾而蓬发垂鬓。左手捉一鬼，以右手第二指剜鬼眼睛……'我认为这是漫画，至少是漫画的一种。"四位漫画家没想到毛泽东竟对画史这么熟悉，而且提出了漫画的中国画源问题。一般认为，漫画是源自西方的。

其实，毛泽东是相当关注美术绘画的，尤其是富有革命意义的美术作品。1939年11月，从江南新四军来到延安鲁迅艺术学院当教授的木刻画家刘

为陈叔亮《解放区速写》画册题签

岘，将几十幅来延安后创作的新作品，拓出几十份，装订成册，分送党中央领导人。毛泽东收阅后，写了题词："我不懂木刻的道理，但我喜欢看木刻。刘岘同志来边区时间不久，已有了许多作品，希望继续努力，为创造中华民族的新艺术而奋斗。"

在鲁迅艺术学院美术系任教的陈叔亮，从西北解放区回来后，获知毛泽东给刘岘木刻画册题词，于1941年4月也将自己在西北解放区所作的速写画册给毛泽东看，并请题签。毛泽东题写了"西行漫画"四个行书大字。毛泽东还在速写画册和扉页上书录了宋代画家李唐的一首题画诗："云里烟村雾里滩，看之容易作之难。早知不入时人眼，多买胭脂画牡丹。"

(《毛泽东题词题字珍闻》　张铁民)

▶ 挺起共产党人的精神脊梁
　　——毛泽东延安题词的故事

深入群众　不尚空谈

——为《解放日报》题词（1942年3月8日）

1941年5月15日，毛泽东为中央书记处起草了创办《解放日报》的通知，决定从5月16日起，将《新中华报》和新华通讯社内刊《今日新闻》合并，出版《解放日报》。毛泽东为《解放日报》题写了报头，并撰写了《发刊词》。《发刊词》开宗明义地指出："本报之使命为何？团结全国人民战胜日本帝国主义一语足以尽之。"这就是《解放日报》在整个抗日战争时期办报的宗旨。

为了办好《解放日报》，由毛泽东提议，中央任命博古为报社社长和新华通讯社社长。毛泽东曾说："博古善于鼓动。"确实，博古熟读马列论著，说来头头是道。他用那略带无锡口音的普通话，充满激情地发表演说，会使听众热血沸腾。他文思敏捷，能著能译，又办过报纸。正因为这样，毛泽东点将点到了他。

博古上任以后，很想把这张党报办出大报的样子来。在编辑部讨论如何把报纸办好的会议上，他定的盘子是：每张报纸必须有社论、新闻、通讯报道。他说，缺一便不成为报纸，过去《大公报》、苏联《真理报》都是如此。并主张《解放日报》要像《真理报》那样，每天有一篇社论。

按照博古的意见，总编辑杨松一天写一篇社论，日日夜夜伏案写作。这样一连写了近30篇，患了肺病，身体垮了，不久就去世了。后来，博古又让陆定一一天写一篇社论，还说："我们要学《大公报》

三、为报刊题词

嘛!《大公报》张季鸾、胡政之等商量商量,一篇社论就出来了。"只是陆定一没有照他说的干。

在报纸栏目的安排上,《解放日报》用四分之三的版面,刊登国际国内新闻,把党的重要文件、方针和政策登在不重要的位置上。版面的安排是:第1、2版是国际新闻,第3版是国统区新闻,第4版是陕甘宁边区新闻和副刊。在相当程度上脱离了解放区军民的斗争实际,是教条主义的一种表现。读者纷纷反映,《解放日报》"最大的毛病是立论空泛",多是"重复毛泽东同志的报告"的内容。如读者罗李王曾来信批评说:"今后社论,务必使其每篇都值得读者去深思精读,不要拼大题目,做空文章……像《宣布党八股的死刑》那样的文章,使听过毛主席报告的人不要看,未听过的人看不懂。这一类的社论,可以不写。"此外,有些国际新闻的语言文白夹杂,咬文嚼字,晦涩难懂,不大众化。报纸还不时刊登一些散布极端民主化、绝对平均主义、自由主义的东西,暴露了宣传教育方面的弱点。

对于上述情况,毛泽东和广大读者都有意见,连报社编辑人员也不满意,特别是对博古要求一天写一篇社论提出批评。

为《解放日报》题词

毛泽东为了给《解放日报》指明改进工作的方向,1942年3月8

▶ **挺起共产党人的精神脊梁**
　　——毛泽东延安题词的故事

日特地为《解放日报》题词"深入群众，不尚空谈"。这刚劲挺拔、铿锵有力的八个字，既是解决报纸工作中存在问题的关键，也是解决党风学风文风中存在问题的关键。

　　为了使《解放日报》能够更好地起到党中央机关报的作用，以毛泽东为首的党中央决定《解放日报》立即改版。在该报实行改版的前夕，即1942年3月31日，毛泽东特地在杨家岭中共中央办公厅召开了一个专门研究《解放日报》改版问题的座谈会。到会的有延安各部门党内外负责干部及作家70余人。在这个座谈会上，博古首先代表解放日报社对出刊10个月的报纸工作作了简短的回顾和检查，接着与会者提出了许多宝贵的意见和建议。最后，毛泽东在会上作了重要讲话，深刻地阐述了关于整风和利用党报的问题。他表示："今天这个会，大家发表了许多意见，今后就可在共同的目标上，一致前进。"他还指出，"利用《解放日报》，应当是各机关经常的业务之一。经过报纸把一个部门的经验传播出去，就可推动其他部门工作的改造。我们今天来整顿三风，必须要好好利用报纸。"他还谈到了批评态度问题："批评应该是严正的、尖锐的，但又应该是诚恳的、坦白的、与人为善的。只有这种态度，才对团结有利。冷嘲暗箭，则是一种销蚀剂，是对团结不利的。"毛泽东的讲话，是这次《解放日报》改版的指针，也是解放区一切党报实行改革的指针，对开创具有中国特色的党报风格，具有十分重要的意义。

　　1942年4月1日，即毛泽东召开改版座谈会的第二天，《解放日报》实行了改版，面貌焕然一新。

　　　　　　　　　　　　（《毛泽东题词题字珍闻》　郑生寿　谭一）

为《陇东报》题写报名

《陇东报》前身是《救亡日报》和《救亡报》。1937年10月，在硝烟弥漫的战争年代，在中共陇东特委的领导和关怀下，《救亡日报》以"陇东通讯社"的名义在甘肃庆阳出版。1938年3月，《救亡日报》改名《救亡报》，作为陇东特委机关报发行。1942年7月，毛泽东为《陇东报》题写了报名。1949年8月，庆阳全境解放后，《陇东报》由庆阳城迁到西峰，为4开4版周一刊，是当时地委机关报。

为《陇东报》题写报名

1955年10月，由于庆阳、平凉两专区合并，《陇东报》合并到《平凉农民报》。30年后的1985年8月2日复刊。

▶挺起共产党人的精神脊梁
　　——毛泽东延安题词的故事

自己动手　丰衣足食

——为纪录影片《南泥湾》题词（1942年）

　　1940年秋，国民党掀起了第二次反共高潮，尤其是"皖南事变"以后，国民党露出了反共的真面目，在不断制造军事摩擦的同时，又西起宁夏，南沿泾水，东迄黄河，修筑起五道由沟墙和堡垒构成的封锁线，紧紧包围住陕甘宁边区，隔断边区与外界的交通及经济上的往来，与此同时，停发了八路军的军饷。延安地区是当时中国的贫瘠地域之一，地处自然灾害肆虐的黄土高原，当时，边区内遭受了严重的旱、病、水、雹、风五大灾害的侵袭，灾情几乎波及每一个县。陕甘宁边区出现了严重的经济困难，到1941年进入极端困难的时期。

　　当时情况正如毛泽东描述的那样："我们的困难真是大极了。"针对这种情况的出现，毛泽东早有准备，抗战刚进入相持阶段，他就意识到："长期抗战中最困难的问题之一，将是财政经济困难，这是全国抗战的困难问题，也是八路军的困难，应该提到认识的高度。"

　　当时，边区经济中最紧迫的问题是吃饭问题。陕甘宁边区地广人稀，土地贫瘠，要养活原有的140多万老百姓，本来就不富裕。而由于当时国民党正在调集大批军队，企图进攻边区，胡宗南二三十个师几十万大军正虎视眈眈地注视着边区，天天进行"蚕食"和挑衅活动。为了加强边区防务，防止国民党军队的突然袭击，朱德下令从晋西北调了一个主力旅回到陕甘宁边区，以保障中共中央的安全，这样，加上原有的几万干部、学生、军队，粮食问题骤然紧张起来。

> 三、
> 为报刊题词

在严酷形势的逼迫下,毛泽东召见了西北局负责人高岗、边区政府主席林伯渠和八路军留守处负责人萧劲光,告诉他们,目前有三条路可走:一是解散;二是饿死;三是自己动手。当然,解散是没有一个人赞成的,饿死也是没有一个人赞成的,那么只剩下最后一条路:自己动手!

之后,毛泽东代表党中央向全边区党、政、军发出了"发展生产、自己动手"的号召。这时,朱德提出了一个重要主张,就是在不妨碍部队作战和训练的前提下屯田军垦。要实现屯田军垦,首先要解决的就是土地问题,当时在著名的南泥湾就有大片可开垦的荒地。

1941年开春后,朱德带了几个身边的工作人员和军委行政处处长邓洁,还有一个技术员,到南泥湾实地视察情况。

南泥湾在延安东南约90里,是延安县金盆区一个乡,纵横数百里,渺无人烟,遍地荆棘,鸟兽成群,但土地肥沃,有三条河川流经此地,耕地有100多万亩,是垦荒的好地方。相传南泥湾曾是人口稠密的富庶地区,因为战争的缘故,当地人民非死即逃,致使这个地方变成了荆棘遍野、莽草丛生、狼奔豕突的荒地。以前,曾有一些单位想来这里开垦,但都因人力不足,没能站住脚。当一二〇师三五九旅奉调回陕甘宁边区后,党中央决定以这支主力部队为骨干,带动边区的其他部队、机关、学校一起前去开垦。1941年3月,三五九旅和总部直属炮兵团先后进驻南泥湾。没有路,就用砍刀和斧子砍出一条路来;没有住处,大部分部队就住在临时用树枝搭起来的草棚里,有的甚至露宿在野地上。"工欲善其事,必先利其器",战士们首先自己动手解决了开荒需要的大批工具,利用柳条、榆条编土筐,加工制造犁、耙、镢头、锄头。提出"建设我们的阵地,建造我们的家园"的口号,一面抓紧时间开荒播种,一面突击打窑。自己种菜,自己纺线,同时,大力发展养猪、养牛、养蜂、养鸡、养鸭等副业生产。战士们

▶挺起共产党人的精神脊梁
　　　　——毛泽东延安题词的故事

不畏艰苦,官兵一致,军民合作,胼手胝足,辛勤劳动,在南泥湾这块荒芜的土地上,开垦了荒地27万亩左右,使南泥湾一带的面貌发生了巨大的变化。从前荆棘遍地,蒿蓬塞路,现在是沃野千里,到处长着谷子、苞米、山药蛋、烟草、麻、豆子等作物。在宽阔的平川上,明镜似的水田里,长着整齐的一望无际的稻子。处处污水变成了条条清溪,光秃荒凉的山坡,建成了排排窑洞。牛羊满

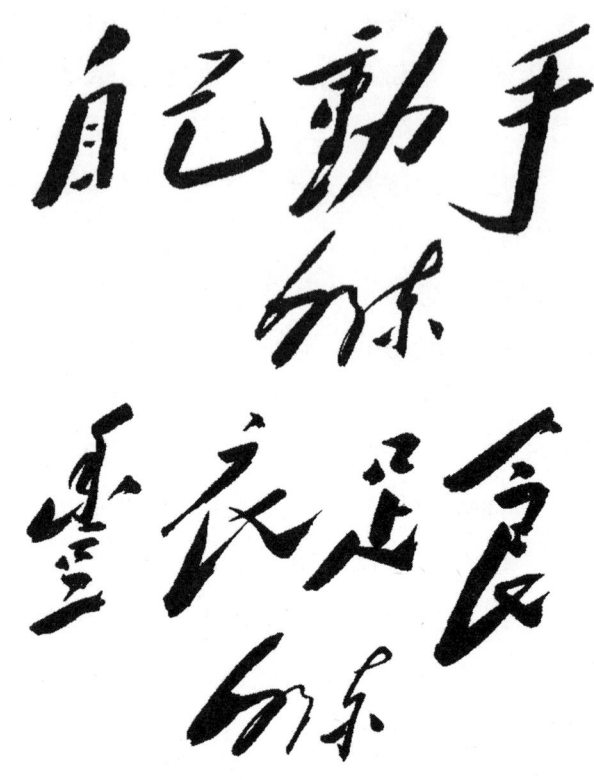

为纪录影片《南泥湾》题词

圈,鸡鸭成群。南泥湾真正变成了"到处是庄稼,遍地是牛羊"的陕北江南。部队供给情况发生了根本的改变,在1942年以前,部队一般每天只吃两餐杂合饭(春耕、秋收时例外)。所谓杂合饭,就是用南瓜、山药蛋、蔬菜拌合小米做成的饭。1943年起,改为每天三餐。在副食方面也大有改观,开始每人每天五钱油、五钱盐(有时还不能保证)、一碗菜,以后就改为每人每天六钱油、六钱盐、两碗菜、一个汤。开始吃肉是非常困难的,如果杀一头猪,就要想办法保证100人以上的伙食单位吃5餐,以后每人每月则照例能吃到3斤猪肉,鸡、鸭、鹅、兔等肉还不计算在内。过节过年的时候,饭菜就更加丰富。

　　部队开设了自己的兵工厂,可制造子弹、手榴弹、小迫击炮及炮

弹。开设了一些木工厂、铁工厂、油厂、酒厂、造纸厂、百货商店以供应军民的日常用品。当时三五九旅的历年经费自给的情况是：1940年自给56%；1941年自给78.5%；1942年自给90.3%；1943年自给93.3%；到了1944年不仅全部自给，而且可以积余一年，做到了"耕一余一"。

1942年，延安电影团被广大军民艰苦奋斗的意志和革命乐观主义所鼓舞，决定去南泥湾拍摄一部纪录片。在拍完南泥湾军民生产的场面后，电影团的同志一致认为，应该通过形象的画面表现"南泥湾精神"，他们请求拍摄毛泽东的形象，请毛泽东为"南泥湾"题词，从而表达"南泥湾精神"。毛泽东欣然同意了电影团的请求。

摄影机架进了毛泽东办公的窑洞，毛泽东走到桌前，铺纸提笔，准备落笔书写，但窑洞只有靠窗有一些自然光，没有照明设备，胶片感光性能又比较低，拍出来的画面很可能是黑乎乎的。这时，外面天气晴朗，阳光明媚，毛泽东在摄影师的提议下，走出窑洞。毛泽东坐到两棵枣树下的石磨前，提笔墨，落笔横书"自己动手"四个字，签上名，又拿过一张白纸写"丰衣足食"，再签上名。

吴印咸当时是延安电影团的负责人，又是电影团的摄影队长。拍摄完毕，毛泽东对吴印咸说：这个题词就送给你吧！吴印咸接过题词，非常激动。直到1959年，中华人民共和国十周年大庆时，吴印咸将题词捐赠给了军事博物馆。

（《毛泽东题词题字珍闻》　李新芝）

▶挺起共产党人的精神脊梁
　　——毛泽东延安题词的故事

庆祝抗日胜利　中华民族解放万岁

——为《新华日报》题词（1945年9月3日）

　　1945年8月10日，日本政府通过中立国瑞士向中、美、英、苏发出乞降照会。全民族抗战就要彻底胜利了，喜讯传来，举国上下一片欢腾。

　　8月10日晚上，毛泽东得知日本政府发出乞降照会。当日，他为中共中央起草致郑位三、李先念、陈少敏并告华中局电："苏联参战，日本投降，内战迫近。你们所处地位不可能夺取大城市，而应乘机扩大地区，夺取武装，夺取小城市，发动群众，准备对付内战。"11日，毛泽东为中共中央起草《关于日本投降后中国共产党任务的决定》，指出："苏联参战后，日本已宣布投降。国民党积极准备向我解放区收复失地，夺取抗日战争的果实。这一争夺战，将是极猛烈的。""目前阶段，应集中主要力量迫使敌伪向我投降，不投降者，按具体情况发动进攻，逐一消灭之，猛力扩大解放区，占领一切可能与必须占领的大小城市与交通要道，夺取武器与资源，并放手武装基本群众，不应稍有犹豫……"同日，又为中共中央起草了致王震、王首道的电报。为了应对蒋介石将要发动的内战，毛泽东又开始了最忙碌的时期。

　　蒋介石为了更充分地准备内战，三次给延安去电，邀请毛泽东去重庆谈判。蒋介石的如意算盘是：如果毛泽东不来，就可以宣布共产党不愿谈判，应负内战责任；如果来了，也可以利用谈判，掩盖内战

三、为报刊题词

准备。

为了争取和平,毛泽东不顾个人安危来到了重庆。在重庆,为了和平、民主,毛泽东进行了卓有成效的工作。毛泽东在重庆停留期间,9月2日,日本投降仪式在东京湾美国军舰上举行。这一消息立刻引起了国人的欢呼。重庆举行了盛大的抗战胜利群众大游行,鞭炮声、锣鼓声,响彻山城。9月4日重庆《新华日报》报道说:"昨天是陪都各界举行胜利大游行和普天同庆的日子,恰巧苏大使彼得罗夫夫妇也在大使馆举行茶会,放映苏联最新的纪录片《胜利大检阅》,真可称是庆上加庆,喜上加喜,成为'重庆的双庆'"。

"七点半的时候,大使馆的球场上,就已经装满了贵宾,有我国政府与外交人员,有英、美、法等国的大使及荷、比等国的使节,孙夫人、冯玉祥先生夫妇,以及民主同盟的张澜、章伯钧、左舜生、沈钧儒诸先生都先后来临了,及至毛泽东、周恩来、王若飞三同志到场时,彼得罗夫大使、罗申上校武官以及苏大使馆的馆员,都先后敬酒干杯。电光照耀的球场上,到处充满了一片'庆祝胜利'和'干杯'之声。"

为《新华日报》题词

近百年来,中华民族第一次取得了反侵略战争的完全胜利。毛泽东心潮起伏,他想起早年曾对友人萧瑜讲过:中国与日本"二十年内,非一战不足以图存"。毛泽东真情地为这个伟大的胜利祝贺。他欣然接

▶挺起共产党人的精神脊梁
　　　　——毛泽东延安题词的故事

受《新华日报》的邀请为之题词：

　　　　庆祝抗日胜利　中华民族解放万岁

　　　　　　　　　　　　　　　　　　毛泽东

（《毛泽东题词题字珍闻》　张玉贞）

三、为报刊题词

为人民服务

—— 为大公报社职工题词

书包简讯办得很好，希望继续努力，为党即是为人民服务。

1944 年

热爱人民，真诚地为人民服务，鞠躬尽瘁，死而后已。

1945 年 5 月

为人民服务

1945 年 9 月

1939 年 2 月，毛泽东在给张闻天的信中第一次提出了"为人民服务"的概念："孔子的知（理论）既是不根于客观事实的，是独断的，观念论的，则其见之仁勇（实践），也必是仁于统治者一阶级而不仁于大众的；勇于压迫人民，勇于守卫封建制度，而不勇于为人民服务的。"随后，毛泽东陆续在一些公开场合和刊物中阐释了"为人民服务"的意蕴。同年 12 月，毛泽东在《大量吸收知识分子》的决定中提出知识分子应该"为工农服务""为群众服务"，并以能否为群众服务作为区分不同知识分子的标准，也作为吸收知识分子加入中国共产党的考量标准。

为大公报社职工题词

▶挺起共产党人的精神脊梁
——毛泽东延安题词的故事

1942年5月，毛泽东在延安举行的文艺座谈会上发表讲话，他提出作家是"为千千万万劳动人民服务"，并指出："对于过去时代的文艺形式，我们也并不拒绝利用，但这些旧形式到了我们手里，给了改造，加进了新内容，也就变成革命的为人民服务的东西了。"1943年10月，毛泽东在《论合作社》中指出，为群众利益着想是"我们与国民党的根本区别，也是共产党员革命的出发点和归宿"。

1944年9月8日，毛泽东在追悼中央警备团战士张思德的会议上发表了著名演讲《为人民服务》。他系统阐述了为人民服务思想：一是为人民服务要树立正确的生死观。"中国古时候有个文学家叫做司马迁的说过：'人固有一死，或重于泰山，或轻于鸿毛。'为人民利益而死，就比泰山还重；替法西斯卖力，替剥削人民和压迫人民的人去死，就比鸿毛还轻。"毛泽东将为人民服务的思想融入共产党员的生死观，最高意义就在于无私、忘我地为人民服务。二是为人民服务要正确对待批评。"因为我们是为人民服务的，所以，我们如果有缺点，就不怕别人批评指出。"三是为人民服务要搞好团结。"我们的干部要关心每一个战士，一切革命队伍的人都要互相关心，互相爱护，互相帮助。"

此后，毛泽东在不同场合多次题写"为人民服务"，不断展现其蕴含的精神力量。1944年冬，他为党内刊物《书包简讯》题词："书包简讯办得很好，希望继续努力，为党即是为人民服务。"1945年5月，他为八路军一二〇师三五九旅七一九团烈士纪念碑题词："热爱人民，真诚地为人民服务，鞠躬尽瘁，死而后已。"

1945年9月5日下午，在周恩来的安排下，毛泽东在重庆红岩村约见王芸生以及《大公报》的编辑主任孔昭恺、采访主任王文彬。20日晚，王芸生在重庆李子坝大公报社内"季鸾堂"宴请毛泽东、周恩来、董必武、王若飞等陪同赴宴。宴会中，王芸生向毛泽东提出共产党"不要另起炉灶"，毛泽东笑着答道："不是我们要另起炉灶，而是国民党的炉灶里不许我们造饭。"宴毕，王芸生备好笔墨纸砚，请毛泽东为大公报社职工题词。毛泽东挥笔而就，写下了"为人民服务"五个大字。

1953年，《为人民服务》正式成文，收入《毛泽东选集》第三卷。

(《中国纪检监察报》 顾兰云)
(人民网 http：//m.people.cn/n4/2019/1226/c3520-13537309.html)

▶挺起共产党人的精神脊梁
　　——毛泽东延安题词的故事

为《柳诗尹画联展特刊》题写刊名

1945年8月,毛泽东冒着极大的风险,飞赴重庆,与国民党进行谈判。

10月2日,毛泽东在百忙中邀请国民党元老、著名诗人柳亚子到红岩村叙谈。其时柳亚子和青年画家尹瘦石正准备联合举办"柳诗尹画联展"。尹瘦石当时还很年轻,画风初成,造诣颇深,极富才华,与柳亚子是多年知交。这天,为了诗画联展的筹备工作,尹瘦石来到柳亚子的寓所,正准备应毛泽东之约去红岩村的柳亚子十分高兴,对他说:"瘦石,你来得正好!毛泽东先生今天恰好约我去红岩村畅谈别后之情,你何不与我同往,给毛先生画一张像,在我们的联展上展出?"尹瘦石喜出望外,说:"我对毛泽东先生心仪已久,如果能为他画像,真乃三生有幸!只是恐怕他太忙,难以给我做'模特儿'。""没关系。"柳亚子信心十足地一拍胸脯,"你只跟我去就是了。我与毛先生是多年的老朋友啦,到时候,由我提出来,他一定会同意的。"

当毛泽东派来的车子来接柳亚子时,尹瘦石穿着一件沾满彩色墨汁的工作服,他来不及换衣服,便和柳亚子一起上了汽车。

汽车开进红岩村,毛泽东从楼上迎了下来,笑着对柳亚子招呼道:"亚子兄,我在此等了多时,专候大驾光临啦!"柳亚子激动地走上前去,一边紧握着毛泽东的双手,一边向毛泽东介绍道:"我今天给你带来了一位新朋友。"他指着有点紧张的尹瘦石,说:"这位是著名进步画家尹瘦石。"

毛泽东连忙笑着走上前去与尹瘦石握手:"久仰!久仰!有朋自远

方来，不亦乐乎！你是一位艺术家，文以载道，诗以言志，艺术人才是极为重要的！我们延安有一所鲁艺，在抗日斗争中起了很大作用。不过，那里的艺术家都是窑洞培养出来的'土包子'哟。"

尹瘦石摆摆手说："我也是地地道道的'土包子'，没有喝过洋墨水。"

毛泽东听后大笑："这样说来，我们是彼此彼此啦！我也没有喝过'洋墨水'，只读到师范，连大学也没有进过。恩来他们去法国勤工俭学，我也没有去。我是觉得对中国问题还未充分了解，首先需要好好认真研究一下，就一头钻进线装书里研究历代兴亡史了。但是，我对于你从事的这门美术，却研究得非常少。记得小时候，最不耐烦的是图画，在纸上画了一条横线、一条弧线就交卷。先生问我画的是什么。我说这是李太白诗意'半壁见海日'。"

柳亚子和尹瘦石都被毛泽东幽默而风趣的谈话引得笑了起来。

柳亚子指着身旁的尹瘦石接着介绍道："润之，瘦石先生是我多年知交，虽然年纪很轻，但极富才华。一位作家说他是'龙蟠蠖曲谁家笔''勾勒直寻吴道子'。"

毛泽东专心听了柳亚子的介绍，认真地说道："这很好啊！我们中国的绘画，源远流长，后继有人。'土包子'一定能胜过'洋包子'。中华民族随着政治的独立崛起，一定会迎来文

为《柳诗尹画联展特刊》题写刊名

147

▶挺起共产党人的精神脊梁
　　——毛泽东延安题词的故事

艺的复兴!"

柳亚子趁势插言道:"我和瘦石先生正在筹备一个诗画联展,现在万事俱备,只欠东风了!"

毛泽东问道:"东风何所指?"

"独缺润之兄一幅画像。"柳亚子不失时机地提出自己的请求,"今天我请瘦石先生来,就是想为你写真,你要为瘦石先生作模特儿啊!"

"可以。"毛泽东爽然应允,然后望着身旁的王若飞问道,"若飞,请你安排下,看哪一天为好?"

王若飞略思片刻,说:"10月5日下午有空。"

毛泽东说:"好!那就定在5日下午吧!"

临行前,柳亚子请毛泽东为《柳诗尹画联展》题个词,毛泽东马上答应道:"好呀!我将建议我们的《新华日报》为你们这次意义重大的联展出一个特刊,因为这个联展为此次重庆谈判起了配合作用。"毛泽东接着拿起毛笔在一张宣纸上面写了:

柳诗尹画联展特刊

毛泽东题

10月5日下午,尹瘦石应约来到红岩村。毛泽东笑着说:"这是我有生以来第一次当'模特儿'啊!"他身穿一件黑夹大衣,随和地坐在一把藤椅上,微微颔首。尹瘦石专心致志地画了大约40分钟,又用心地加工、修改,当他觉得已经充分地体现了毛泽东的风采后,才轻松地舒了一口气,放下画笔说:"毛先生,好了!"

毛泽东走向画案,仔细地观看画像,满意地点头。

次日,柳亚子看着毛泽东这幅英姿勃勃、精神矍铄的画像,大加赞赏,连声说道:"画得好,画得好!将毛主席的精神和气质完全画出来了。"当即赋诗一首,题为《十月六日题毛主席之绘像》:

恩马堂堂斯列健，人间又见此头颅。
龙翔凤翥君堪喜，骥附骖随我敢吁。
岳峙渊停真磊落，天心民意要同符。
双江会合巴渝地，听取欢虞万众呼。

  1945年10月24日，"柳诗尹画联展"在中苏文化协会开幕，共展出了诗画100余幅。毛泽东的巨幅画像和柳亚子的题诗，悬挂于展厅中央，在重庆轰动一时，出现了万人景仰的场面。

  "柳诗尹画联展"展出时，《新华日报》出了特刊，毛泽东题写的"柳诗尹画联展特刊"以醒目的地位刊出。特刊有郭沫若的《吟屈原》、茅盾的《"柳诗""尹画"读后献词》、徐悲鸿的《尹瘦石之画》等文。

  联展闭幕以后，柳亚子特将毛泽东诗词一幅和尹瘦石画一幅《遗民图》，托周恩来带到延安，送给党中央。

(《毛泽东题词题字珍闻》 李新芝)

▶ 挺起共产党人的精神脊梁
　　——毛泽东延安题词的故事

为《人民日报》题写报名

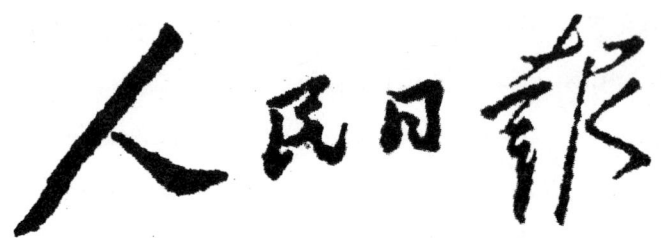

1-44号（期）所使用的报头（从左至右排列）

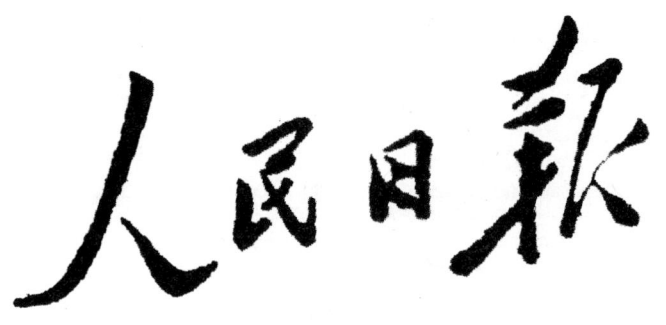

现使用的报头

《人民日报》这家报纸，有一段不寻常的经历。它的这个名称，最初就是由毛泽东的提议而确定下来的。1946年4月，国民党反动派正在积极准备发动全面内战的时候，参加共产党、国民党和美国方面组成的三人军事调处小组的中共晋冀鲁豫中央局副书记薄一波，乘坐军事调处小组的飞机到延安去汇报请示工作。当时，晋冀鲁豫中央局正准备办一张机关报，薄一波受报社同志的委托，请毛泽东给该报题写一个报头："晋冀鲁豫日报"或者"太行日报"。毛泽东听后欣然应允题写报头，却认为报纸名称不一定要冠上地区的名字。他提出：为什么你们不叫"人民日报"？并问薄一波：这个名字有没有人用过？薄一波回答说：好像没有听说谁用过。于是，毛泽东就拿起笔题写，一连横排写了五幅"人民日报"。他反复比较后，自己拿笔圈了一幅。他表示：这个比较好，用这个。接着，他还嘱咐道：党的机关报，这是一个教育的工具,教育人民和广大党员、干部的工具,应该好好地办。我们的党报,就是应该把党的主张不断地传达到广大党员、干部和群众中间去,把他们的意见、呼声不断地在党报上反映出来;也就是说,党报要成为党联系群众的一个最好的工具。该报在1946年5月15日出版的创刊号的《发刊词》中,诚挚地表示:"我们的口号是毛主席昭示我们的:全心全意为人民服务。这也就是本报的方针和宗旨。"不过,毛泽东为该报题写的报头,在创刊号上并没有用上,一直到7月1日出版的第45号报纸上才开始与读者见面。

(《毛泽东题词题字珍闻》 谭一)

▶挺起共产党人的精神脊梁
——毛泽东延安题词的故事

为《东北日报》题写报名

全民族抗战胜利后,中央派出 2 万名干部和 11 万大军紧急开赴东北,凯丰与张闻天、彭真、陈云等一起踏上征途。1945 年 9 月 14 日成立了中共中央东北局,凯丰任东北局委员和宣传部部长。1945 年 11 月 1 日,凯丰领导创办了东北局机关报《东北日报》,该报出刊一周年时,凯丰致信毛泽东,请求题写报名。毛泽东于 1946 年 11 月 14 日欣然题写《东北日报》报头并回信:

凯丰同志:

 书四本及来信已收到。报头写了一个如左,请斟酌采用。你身体谅好些?我病了大半年,现好得多了,大约再有半年,当更好些。各同志均此问候。

毛泽东
一九四六年十一月十四日

《东北日报》是中共中央东北局机关报。从当时的政治环境出发,在前 10 期报上的出版地点是山海关。《发刊词》宣称:"本报是东北人民的喉舌","为东北人民自己作主的民主自由繁荣的新东北而奋斗。一切都为东北人民而服务,这就是我们的宗旨,我们的天职"。该报随军

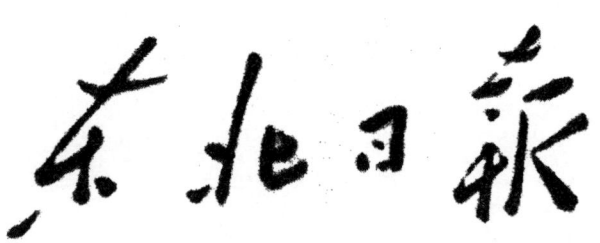

为《东北日报》题写报名

转移，先后在沈阳、本溪、海龙、长春等地出版。1946年5月28日进入哈尔滨，在稳定环境中出版。1948年11月辽沈战役后，东北全境解放，该报于同年12月2日迁回沈阳出版，转入宣传经济建设时期。至1954年8月31日，报纸随东北大区行政机构撤销而终刊。发行量创刊时近2万份，到1953年年底上升到31万份。

（《毛泽东题写报头书法鉴赏》 娄晶舜）

四、人物题词

- ☆ 没有什么困难可以阻碍人的前进的
- ☆ 碰了钉子时，就向钉子学习
- ☆ 埋头工作，努力学习
- ☆ 党的利益在第一位
- ☆ 坚定的政治方向，艰苦的工作作风
- ☆ 光明在前
- ☆ ……

全体华侨同志应该好好团结起来，援助祖国，战胜日寇

——为马来亚华侨各界抗敌后援会代表辜俊英题词

全体华侨同志应该好好团结起来，援助祖国，战胜日寇。共产党是关心海外侨胞的，愿意与全体侨胞建立抗日统一战线。

马来亚的侨胞用一切力量援助祖国为中华民族的独立解放而斗争。

1938年3月18日

辜俊英，泉州永春人，马来亚（现马来西亚和新加坡）华侨。1937年8月，马来亚各界华侨在新加坡成立马来亚华侨各界抗敌后援会，积极发动广大侨胞开展抗日救亡运动，辜俊英是主要发起人之一，时称马来亚"四君子"。同年12月，该会派辜俊英等人以"马来亚华侨战地记者通讯团"的名义回国了解抗战情况。"通讯团"经香港、广州、长沙等地，几经周折到武汉，找到八路军驻武汉办事处的董必武，然后持董老的介绍信继续北上，经郑州、西安、洛川，于1938年2月10日到达目的地——延安。

1938年3月18日，辜俊英受到毛泽东的接见。辜俊英向毛泽东介绍了马来亚开展抗日救亡运动的情况，并就海外华侨抗日救亡运动如何开展等问题进行请教，还让毛泽东为马来亚侨胞和马来亚华侨各界抗敌后援会准备创办的《南国日报》题词。毛泽东欣然答应，挥笔写下了两幅题词。

▶挺起共产党人的精神脊梁
——毛泽东延安题词的故事

　　为马来亚华侨各界抗敌后援会代表团的题词是:"全体华侨同志应该好好团结起来,援助祖国,战胜日寇。共产党是关心海外侨胞的,愿意与全体侨胞建立抗日统一战线。"同日,毛泽东为马来亚华侨战地记者通讯团题词:"马来亚的侨胞用一切力量援助祖国为中华民族的独立解放而斗争。"

(人民网 2015 年 7 月 10 日　郭冰德)
(http：//fj. people. com. cn/n/2015/0710/c234958 - 25532280 - 3. html)

两个革命都要坚持统一战线政策

——为施方白题写赠言

中国目前阶段一定要完成民族民主革命,即彻底战胜日寇与建立新的民主共和国。中国将来阶段一定要完成社会主义革命,即实现更进步的更完满的社会主义共和国。完成这两个革命都要坚持统一战线政策,只有好好团结一切革命势力于统一战线里面,才能达到目的。

1938年5月12日

施方白,江苏省启东市北新镇人。1887年5月17日出生在一个农民家庭。他追随孙中山参加同盟会,是中国国民党早期党员,1913年冬末,参加东京浩然军事学社并加入中华革命党。他组织学生军,推翻清朝帝制;主办革命报纸,充当反袁先锋;参加北伐,营救共产党人;奔赴延安,受到毛泽东三次接见;投身民主事业,成为共产党的亲密战友。

1937年"七七事变"后,启东各界人士成立抗日后援委员会,推举施方白为主任。1938年5月,为寻求抗日救国真理,施方白在武汉经周恩来、董必武介绍,和沈维岳两人去陕北延安参观,先后受到毛泽东三次接见。

在延安,施方白先后听了毛泽东两次报告,到毛泽东家里做了三次客,还参观了延安煤石油矿、两个区人民政府、延安高等法院、几个学校和托儿所及人民医院等。在第三次接见时,毛泽东对施方白说:

挺起共产党人的精神脊梁
——毛泽东延安题词的故事

"工作地点可以不拘，但应注意教育事业，尤其要与青年们联系。如遇优秀青年，可以介绍到陕公或抗大学习。"

1938年5月11日，毛泽东会见施方白，对他提出的九个问题逐一做了回答。事后，施方白整理了谈话记录，他写道："我于一九三八年五月十一日十八时见毛主席于延安城内，谈话一小时又十余分钟。上项九答记录，有关学术思想，为慎重起见，曾于翌日将原稿送请毛主席修正，此乃修正本也。"

施方白问：抗日胜利的把握如何？假使胜利的话，政治路线有无突变的可能？毛泽东回答：抗战的必胜，那是确有把握的。你所说的突变，如果指政治进步而言，那我可说打倒日本帝国主义以后，中国的政治，当然会有很大的进步，但不是立即实行社会主义，而是彻底完成资产阶级的民主革命。

施方白问：中国是不是需要社会革命？假使需要的话，是不是要在资本主义发展以后？毛泽东回答：中国将来是要实现社会主义的，但不一定要经过如同西方各国那样的资本主义发展阶段，也不一定需要如同十月革命那样的流血革命，

为施方白题写赠言

中国可能和平地走到社会主义。

施方白问：是不是在抗战胜利后就可进行社会革命？毛泽东回答：不是，条件还不具备，需要经过一个相当长的时期，抗战胜利后，中国的政治当然会有很大的进步，但不是立即实行社会主义，而是彻底完成资产阶级民主革命。

5月12日，毛泽东还为施方白题写了赠言："中国目前阶段一定要完成民族民主革命，即彻底战胜日寇与建立新的民主共和国。中国将来阶段一定要完成社会主义革命，即实现更进步的更完满的社会主义共和国。完成这两个革命都要坚持统一战线政策，只有好好团结一切革命势力于统一战线里面，才能达到目的。"

5月13日，毛泽东把自己签名的一张照片赠送施方白。

1947年2月，第三党改名为中国农工民主党，施方白赴上海参加成立大会，被选举为中央委员。中华人民共和国成立后，施方白历任中国农工民主党中央监委会参事、中国农工民主党湖北省工作委员会主任委员、中国农工民主党江苏省委员会副主任委员、江苏省人民委员会参事、省人民代表、政协委员等。1970年1月病逝于南京，终年83岁。

（人民网2007年6月13日　刘益涛）
(http://cpc.people.com.cn/GB/64162/82819/83774/84788/5858368.html)

▶挺起共产党人的精神脊梁
　　——毛泽东延安题词的故事

没有什么困难可以阻碍人的前进的

——为缪敏题词

没有什么困难可以阻碍人的前进的,只要奋斗,加以坚持,困难就赶跑了。

1938年6月

方志敏的夫人缪敏（原名缪细姝,曾化名李祥贞,宋大妹）,1909年出生于江西省上饶市弋阳县缪家村的一个农民家庭,她14岁到弋阳淑育女子小学读书,因家庭经济拮据,被迫中途辍学,后来在老师的推荐下,在弋阳县小学担任了一年的音乐教师。1926年秋,在老师的资助下,缪敏考入南昌女子职业学校预科班。由于思想进步,她在学校加入中国社会主义青年团,不久,她便被反动校长、"AB团"骨干分子曾华英以赤化分子等罪名开除学籍。这时,经团组织推荐,缪敏便到中共江西省委的一个秘密机关从事交通员工作。其间,经在江西省委工作的邵式平、胡德兰夫妇介绍,缪敏与中共江西省农委书记、省农协秘书长方志敏相识,并建立了恋爱关系。方志敏赠她一个"敏"字,缪细姝就改名为缪敏。以"敏"字紧紧联系两颗纯洁的心,表示着他们在革命征途中相依相伴,生死不渝。

1937年"七七事变"爆发后,国共两党再次合作共御外侮。当中共代表陈毅从国民党报纸上看到缪敏"顽固不化"仍被关押的消息后,便立即向国民党江西地方当局提出释放缪敏的要求。国民党江西

四、人物题词

省政府主席熊式辉迫于社会上舆论的压力，向国民党中央军政部长何应钦报告，10月2日经蒋介石批示，准予释放缪敏。党中央得悉这一情况后，电令项英接缪敏出狱。当项英来到狱中，缪敏因与外界隔绝，不明真相，怀疑项英是叛徒，直到看见党中央的电报，才肯出来。缪敏出狱后，向党组织反映，南昌狱中还关押着我党一批同志，请求组织营救。党根据她提供的信息，及时给狱中同志寄款，写慰问信，后通过交涉，使被判处无期徒刑的原闽浙赣省苏维埃副主席徐大妹、财政部长张其德等人获得新生。

出狱后的缪敏，革命意志更加坚定，根据党的指示，她先回弋阳看望了亲人，随后带病担任中共闽北省委秘书兼省妇委主任。

1938年6月，党中央电令缪敏带着两个儿子去延安学习治病，缪敏到达延安第二天，就受到毛泽东的亲切接见。

为缪敏题词

那天晚上，毛泽东在门口等候并亲切地问："缪敏，你好啊！"一手拉着缪敏，一手抚摸着两个孩子。在自己的领袖面前，缪敏再也控制不住自己的感情，一股热泪夺眶而出。毛泽东安慰说："莫哭，莫哭，我们胜利了，应当笑。"进屋一坐下来后，毛泽东便关心地问："听说项英接你出狱，你还骂项英是叛徒，可有此事。"缪敏坦诚地说："是的，当时，我已判无期徒刑，准备坐一辈子牢。想不到形势变化真快，我这个被判了无期徒刑的政治犯又回到了党的怀抱里。"毛泽东大笑起

▶挺起共产党人的精神脊梁
　　——毛泽东延安题词的故事

来:"你呀,和志敏一样,身上有股共产党人的骨气。"接着毛泽东话题一转问:"缪敏同志,你怎么用李祥贞的名字?"缪敏说:"李祥贞是秘密工作期间,志敏同志为我取的,为怀念他我复用李祥贞这个名字。"

"这很好,方志敏同志有后代,更有后人怀念他,方志敏是人民的功臣,我们的民族英雄,他为革命做出了牺牲,我是经常怀念他的。"说着,毛泽东向缪敏介绍了他在大革命时期与方志敏几次见面的情景,深情地说:"志敏同志确是一个好同志,他懂得怎样把马克思主义与中国革命实际结合起来,认真地解决革命实际问题。"那一天,他们谈得很晚,由于激动,缪敏走时,将帽子遗忘在毛泽东住处,当缪敏去取帽子时,毛泽东已经拿着帽子站在门口等候。这时,缪敏脑筋一动,忙拿出笔记本,请毛泽东题词,毛泽东接过笔记本,挥手写下:"没有什么困难可以阻碍人的前进的,只要奋斗,加以坚持,困难就赶跑了。"

此后,毛泽东还委托延安医院院长傅连暲为缪敏检查身体。鉴于缪敏的迫切要求,党组织先后送她到中央党校、中央社会部培训班、中央妇女干部培训班学习。这期间,缪敏先后担任延安女大政治指导员、华北七纵队供给部副政委、冀鲁豫地委社会部副部长、华北野战军第三医院副政委等职。

(《党史博采》2003年第11期　周重礼)

我们是战无不胜的

——为宁都起义部分同志合影题词

以宁都起义的精神用于反对日本帝国主义,我们是战无不胜的

1938 年 12 月

  1938 年 12 月,毛泽东在延安接见了参加宁都起义的部分同志,与大家一起合影留念并在合影照片上题词。

  宁都起义,指第二次国内革命战争时期中国共产党在江西宁都领导的原国民党第二十六路军举行的武装起义。1930 年蒋、冯、阎中原大战后,冯玉祥所辖的西北军一部被蒋介石击败,且收编为第二十六路军。1931 年春,该军被蒋介石驱赶到江西参加对红军的第二次"围剿"。结果中村一仗,遭红军重创,被歼一个整旅和二十七师师部的一部,其余部仓皇溃逃,一直退缩到宜黄县境。同年 7 月,该军进驻宁都。不久"九一八事变"爆发,东北沦陷。该军广大官兵不满蒋介石对外不抵抗、对内"剿共"和消灭异己的政策,加之受抗日形势和红军胜利粉碎国民党进攻的影响,全军 17000 余名官兵在中共地下组织的发动下,响应中共抗日号召,由赵博生(共产党员)、董振堂、黄中岳率领,于 12 月 14 日在宁都举行起义。起义后,部队开赴中央苏区加入中国工农红军,编为红军第五军团。季振同任总指挥,董振堂任副总指挥兼十三军军长,赵博生任参谋长兼十四军军长,黄中岳任十五军军长。第五军团在击败国民党反动派对中央苏区的第四次"围

挺起共产党人的精神脊梁
——毛泽东延安题词的故事

剿"中发挥了重大作用。红军第五次反"围剿"失败后,被迫长征。第五军团一直是长征的后卫部队,创下了许多可歌可泣的战绩。

关于毛泽东在延安接见参加宁都起义的部分同志、合影和题词的情况,曾经参加宁都起义并参加接见与合影的蒋耀德回忆道:

宁都起义七年以后,我经过长征在抗大总校担任卫生部长。1938年12月的一天,突然接到抗大总校通讯员送来的一个口信,要我明早八点到凤凰山王家坪中央所在地毛主席那里去。毛主席要接见参加宁都暴动的同志了!

为宁都起义部分同志合影题词

翌日清晨,我整装徒步来到毛主席身边。警卫员同志报告毛主席说:"抗大卫生部长蒋耀德同志来看您。"毛主席说:"好,请他进来。"我向毛主席行了个军礼,问毛主席好。毛主席高兴地站起来,用他那宽大的手紧紧地握住我的手,问我:"你是抗大卫生部的蒋耀德同志么?你是参加宁暴的同志么?"我答道:"是",毛主席又问我:"你长征在哪个单位?"我答道:"在红军学校干部团和红九军团。"毛主席说:"好啊!经过长征的老同志不多了,尤其是五军团的同志更少了。要以宁都起义的精神,用于反对日本帝国主义,我们是战无不胜的。"我接着说:"我一定要继承和发扬我党我军的光荣传统,按照毛主席的教导指引的方向,坚决到敌人后方去,打败日本帝国主义,解放全中国。"

这时,参加宁都起义的十三位同志都来到了。毛主席笑容满面地对大家说"同志们好!"毛主席走到大家跟前,向每个同志问长问短,大家喜笑颜开地望着毛主席。毛主席笑着说:"一同照个相吧!"大家不约而同地走到一起。毛主席又说:"稼祥同志也一同照个相吧!"开始,大家请毛主席站在最前面,毛主席推着萧劲光、王稼祥说:"你们站在前面,你们是五军团的领导,应该你们站在前面。"就这样,在你推我拉的欢乐气氛中,由延安照相馆的同志打开照相机,"咔嚓"一声,毛主席和宁都起义者的留影拍了下来。

留影后,毛主席书写了"以宁都起义的精神用于反对日本帝国主义,我们是战无不胜的"题词,对宁都起义给予了高度的评价。

(部分摘自《解放军报》2002年1月7日　王晓建　樊易宁)

▶挺起共产党人的精神脊梁
——毛泽东延安题词的故事

碰了钉子时,就向钉子学习

——为抗大学员于江题词

碰了钉子时,就向钉子学习,问题就解决了。

1938 年

1938 年,毛泽东到延安抗日军政大学作报告时,曾给学员于江题词:"碰了钉子时,就向钉子学习,问题就解决了。"1939 年 2 月,于江奔赴晋察冀边区,担任中共定兴县委书记,1940 年 3 月,于江不幸被叛徒杀害,牺牲时年仅 26 岁,这幅题词从此沉寂了近半个世纪。直到 1983 年,河北省定兴县委党史办公室准备撰写于江烈士的传记,在收集材料时,才从于江的爱人任致手中看到了毛泽东的这一珍贵手迹。

为于江题词

在延安学习运动中,毛泽东曾大力倡导全党同志要有"钉子"一样"挤"和"钻"的学习精神,"钉子"精神由此影响了一代甚至几代人的学习和工作观念。

毛泽东的这一题词,虽然也主张"向钉子学习",其含义则大相径庭,颇值得体味。

何为"碰钉子"?其说由来有二:一是说封建时代的衙门、官宦人家宅邸的大门上都有"门钉",这些地方普通老百姓是门难进、事难办、脸难看,常常被拒之门外,谓之"碰了钉子"。还有一说,"碰钉子"是帮会组织中洪门的切口(隐语行话),"碰到钉字",意为遇见对头。"钉子"与"钉字"互为谐音,且意义基本相同,易于理解的"碰钉子"一语遂流传开来。由此看来,"碰了钉子时,就向钉子学习",主要是指在日常工作中遭遇阻力、困难或挫折时,我们应该具备的一种基本态度和应该采取的应对办法。在江西中央苏区时期,因受"左"的错误的排挤和打击,毛泽东在相当一段时间内失去了参与决策工作的权力,遭遇了人生当中一段艰难岁月。用他的话说:"我这个菩萨,过去还灵,后头就不灵了。他们把我这个木菩萨浸到粪坑里,再拿出来,搞得臭得很。那时候,不但一个人也不上门,连一个鬼也不上门。我的任务是吃饭、睡觉和拉屎。"面对这种人生逆境,毛泽东抓紧时间读书,学习理论知识,总结革命经验。他在1957年曾回忆说:"一些吃过洋面包的人不信任,认为山沟子里出不了马克思主义。1932年(秋)开始,我没有工作,就从漳州以及其他地方搜集来的书籍中,把有关马恩列斯的书通通找了出来,不全不够的就向一些同志借。我就埋头读马列著作,差不多整天看,读了这本,又看那本,有时还交替着看,扎扎实实下功夫,硬是读了两年书。""后来写成的《矛盾论》《实践论》,就是在这两年读马列著作中形成的。"

"碰了钉子"之后,要善于"向钉子学习"。全民族抗战进入战略相持阶段后,从1940年开始,在日本侵略军的残酷"扫荡"和国民党顽固派的严密封锁下,敌后抗日根据地和陕甘宁边区出现严重的经济困难,到1941年进入极端困难时期。毛泽东后来说:"我们曾经弄到

▶挺起共产党人的精神脊梁
　　——毛泽东延安题词的故事

几乎没有衣穿,没有油吃,没有纸,没有菜,战士没有鞋袜,工作人员在冬天没有被盖。国民党用停发经费和经济封锁来对待我们,企图把我们困死,我们的困难真是大极了。"面对这种前所未有的严峻形势,毛泽东首先从大局出发对困难形势进行分析:"我们到陕北来是干什么的呢?是干革命的。现在日本帝国主义、国民党顽固派要困死、饿死我们,怎么办?我看有三个办法:第一是革命革不下去了,那就不革命了,大家解散回家。第二是不愿解散,又无办法,大家等着饿死。第三靠我们自己的两只手,自力更生,发展生产,大家共同克服困难。"三个办法,三条道路,三种结果,何去何从,分晓立见,在高级干部中很快形成了共识。

(人民网2011年7月8日　思秦)
(http://dangshi.people.com.cn/GB/85040/15112775.html)

努力奋斗

——为吴伯箫题词（1938年）

这幅"努力奋斗"是毛泽东给散文家、教育家吴伯箫的题词。吴伯箫创作的《记一辆纺车》等名篇脍炙人口，"跟困难作斗争，其乐无穷"在战争年代感染过一代人。1938年吴伯箫从中国人民抗日军政大学结业时，毛泽东为他题词予以勉励。

为吴伯箫题词

▶挺起共产党人的精神脊梁
　　——毛泽东延安题词的故事

坚定的政治方向,艰苦的工作作风

——为吕炎题词(1939年4月)

吕炎当年是抗日军政大学第五期学员,是刚到延安寻求革命真理的青年。吕炎曾讲述毛泽东给他题词的经过:

1938年,我16岁,和当时成千上万的热血青年一样,为寻求革命真理,立志挽救国家危亡,毅然辞别亲人,离开城市,踏上革命征途,辗转来到向往已久的革命圣地延安,进入抗日军政大学学习。

我们第五期学员有几千人,多数是来自全国各省市的知识青年,还有从海外归来的华侨青年和外国学生。我们将在这里接受为期9个月的政治理论和军事技术等方面的学习和训练,为将来奔赴民族解放的各个战场做好思想和干部上的准备。

1939年4月的一天上午,校领导提前通知我们到清凉山下的一块空场上集合,说是有中央首长来给我们讲课。我们列队集合之后,多数人被安排在场地上和窑洞前。大家都准备好笔和记录本,耐心等待这位首长的到来。坐定一会儿后,就见会场前面走来几个人,其中一

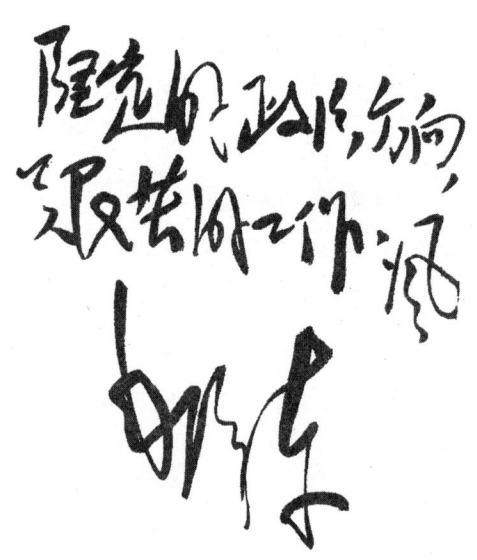

为吕炎题词

个身材高大穿灰布军衣的人,在校领导的陪同下,走到用简易课桌搭成的讲台前。不用介绍,我们就认出是毛主席来了,大家立即起立鼓掌。毛主席摆动双手示意大家坐下,然后开始讲课。这是一堂政治时事课。毛主席分析了全国抗战形势和我们党面临的困难,提出我们当前的任务和奋斗目标。最后他希望我们要很好利用这次学习机会,掌握各门课程,把它运用到抗战前线去。他还勉励我们要"勇敢、坚定、沉着。向斗争中学习。为民族解放事业随时准备牺牲一切!"

  课间休息的时候,毛主席没有离开会场,和我们这些主动趋上前来的"小鬼"们亲切握手交谈。问我们从哪来?多大年龄?想家不?我当时就在毛主席身边,忽然想到应该请毛主席签个名,于是随手把自己听课用的笔记本递了上去。毛主席微笑着接过本子,稍稍思索片刻,欣然提笔写下一幅题词"坚定的政治方向,艰苦的工作作风",然后签了自己的名字。

  1977年,党中央发出通知,在海内外征集毛泽东同志的手稿文献,我就把这幅自己珍藏近40年的题词上交中央。从此,它作为一件珍贵的历史资料,一直保存在中共中央档案馆内。

(《毛泽东题词题字珍闻》 李新芝)

▶挺起共产党人的精神脊梁
　　——毛泽东延安题词的故事

在奋斗面前没有什么困难

——为王永浚题词（1939年7月）

王永浚（1908—2003），湖南衡阳人，出生在一个自由职业者家庭，幼年在家乡读书。高中毕业后，他曾跟随在衡阳市邮电局工作的叔父学过有线电报，后来考入长沙军官讲习所学习无线电通信技术。

1933年5月，他在湘赣苏区参加工农红军，当即被分配在湘赣军区无线电队报务训练班任教员。

1934年4月4日，电台侦收到敌十五师四十三旅旅长侯鹏飞的密码电报，经王永浚破译后，获悉敌军的兵力部署、出动时间和行进路线。第二天，即4月5日，我军事先设好伏击圈，待敌人进入后，在沙市一举全歼该旅，俘旅长侯鹏飞以下官兵1000余人，缴获各种枪械1000余支。这是我军在湘赣苏区打的最大的一次歼灭仗。它的胜利，给深入湘赣苏区根据地的敌人以沉重的打击，缓和了湘赣苏区的紧张局势，并调动了围攻中央苏区的敌人，减轻了中央苏区红军的压力，为中央红军长征创造了有利条件。

1937年2月，王永浚调到延安中央军委二局，先后担任军委二局科长、处长、副局长兼研究室主任等职。王永浚刚到二局时，局长曾希圣曾对他说，密码是要不断发展的。我们不能停留在破译来去本的阶段，要攀登高峰，这样才能避免被动。听了曾局长的嘱咐，王永浚决心"付诸实践，奋勇争先"。

1939年年初，国民党军事系统开始启用以密为底的加表作业密码，1940年即在军事系统广泛使用。由此，国民党军事密码的发展进入了一个新的阶段。这时，我们如果不能及时跟上敌人，战胜敌人，势必有掉队的危险。因此，探寻国民党军事系统密本加表密码的破译方法，成为破译工作十分紧迫的中心任务，也是二局破译历史上遇到的一个特大难题。面对这一难题，王永浚迎难而上。他凭着深厚的破译基础和一定的数学知识，在有关同志的协助下，埋头钻研，刻苦实践，经过艰辛的努力，终于在1939年夏找到了正确可行的办法，解决了密本加表密码的破译技术，从而创造了研究工作等价原则的理论和操作方法，破译了蒋介石军队及其特务系统的大量密电，为中共中央粉碎国民党的反共高潮和在各地制造的反共活动，保卫陕甘宁边区和各抗日根据地，做出了重大贡献。彭富九说："'密码破译等价原则'理论的建立及其在实践中的成功运用，是我军技侦史上一个新的里程碑。在这个丰碑上，王永浚的名字是排在第一位的。业内人士称他为'剥表技术之父'。"

为了表彰王永浚的突出贡献，1939年7月，毛泽东在奖给王永浚的大笔记本上亲笔写下了"在奋斗面前没有什么困难"的题词。这是对王永浚的崇高奖励。

(《中共党史资料》2008年第4期　王德京)

▶挺起共产党人的精神脊梁
　　——毛泽东延安题词的故事

希望继续努力

——为刘岘题词

我不懂木刻的道理,但我喜欢看木刻。刘岘同志来边区时间不久,已有了许多作品,希望继续努力,为创造中华民族的新艺术而奋斗。

1939年11月

刘岘是我国著名的木刻艺术家。他原名王之兑,字泽长,号慎思,笔名刘岘。河南兰考人,生于1914年。他20世纪30年代中期在上海新华艺专学习,是无名木刻社成员。鲁迅曾热情支持他的木刻工作,写信指导并为其作品写序。

全民族抗战爆发后,刘岘奔赴延安,在鲁迅艺术文学院任教,后又到陕甘宁边区文协美术工作委员会工作。除了自己创作,他还负责着边区的木刻活动。大约在1939年,他曾亲手拓了几十幅表现边区生活、军民面貌的木刻作品,如《伏击敌火车》《晓雾行军》《延河溜冰》《挖窑洞》等,并呈送给毛泽东,以期得到他的指教。

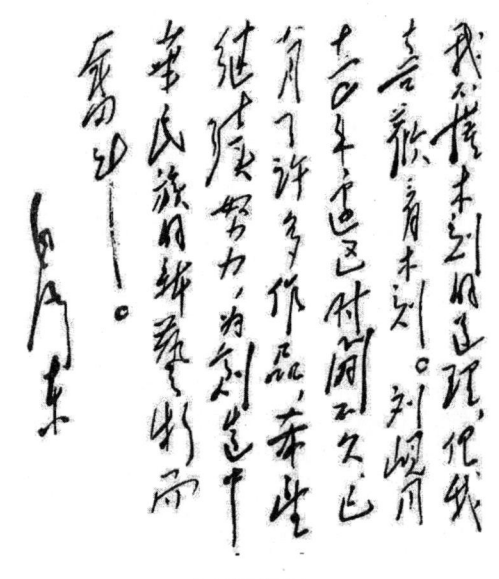

为刘岘题词

毛泽东看了刘岘的木刻作品后，觉得虽无色彩，也颇耐人寻味，于是便挥笔写道：

我不懂木刻的道理，但我喜欢看木刻。刘岘同志来边区时间不久，已有了许多作品，希望继续努力，为创造中华民族的新艺术而奋斗。

写完以后，他就交给了当时的鲁迅艺术文学院院长赵毅敏。赵毅敏便马上把这幅题词带到了刘岘住的窑洞里。刘岘展卷一阅，很是兴奋。他的木刻过去受到过鲁迅的支持，没想到这次又能得到毛泽东的鼓励。于是，他就把毛泽东这幅亲笔题词悬挂在自己窑洞的墙壁上，以此来激励自己的创作。

新中国成立以后，刘岘在木刻上的创作题材更加广泛，制作了《托尔斯泰》《高尔基》《马雅可夫斯基》《鲁迅》《老支书》等一系列人物木刻，并创作了《碧波万顷夺石油》等一些新的社会题材的作品，特别是20世纪50年代至60年代，是他创作的鼎盛时期。他在吸收外国技巧的同时，还继承了中国绘画的粗犷、工笔、写意、写实等技巧，再加上他刀法圆润洒脱，线条刚柔相济，从而形成了独树一帜的艺术风格。尤其值得一提的是，当毛泽东发出了"百花齐放，推陈出新"的文艺号召之后，他特地创作了101幅《百花齐放》的插图，以示拥护和响应。

即使到了晚年，在握刀已感吃力的情况下，他仍没有停止木刻，并且还开始了中国画的创作。而毛泽东给他的那幅题词，经过精心装裱，也一直挂在他的工作室里，时时作为对自己的鞭策和鼓励。

(《毛泽东题词题字珍闻》　孙琴安)

▶挺起共产党人的精神脊梁
　　——毛泽东延安题词的故事

胜利是我们的

——为马进题词

正确的方向　艰苦的作风　胜利是我们的

1940年

1917年3月，马进在北京出生，1937年6月8日加入中国共产党。历任北京仁立地毯厂党支部书记，陕北米脂县委干事、调研员，张家口市委政策研究室研究员，山东海防办事处机关党支部书记，济南市委政策研究室研究员，青岛市纺织工会女工部部长，华东纺织管理局青岛分局劳动处处长，山东省第一轻工业厅副厅长。

早年因家境贫寒，马进10岁起便在北京慈善挑花厂做童工，14岁进入北京仁立地毯厂。1936年冬季，马进利用工余时间到北大民众夜校读书，在那里结识了任夜校教员的中共党员王冀卿、许德富，并经他们介绍加入中国共产党。之后，开始在北京、天津参加由华北联络

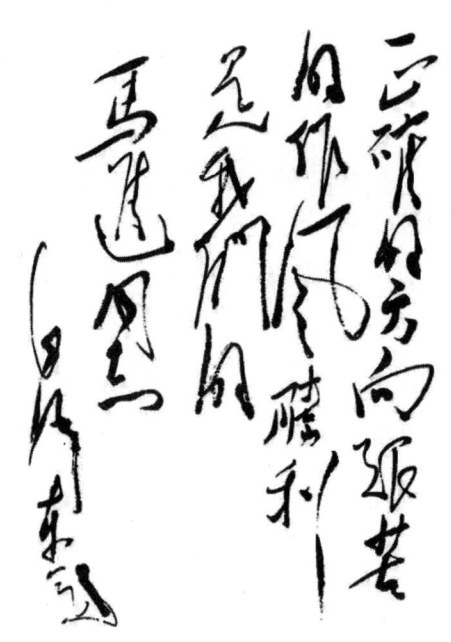

为马进题词

局领导的地下革命工作。

1938年9月,组织安排马进去革命圣地——延安。在延安,马进先后到抗大和中央党校进行培训。1939年6月进入延安中国女子大学高级班学习。学习期间,她靠一本字典和顽强的拼劲,被评为学习模范。1940年,为奖励她以优秀成绩完成学业,毛泽东为她题词:

  正确的方向 艰苦的作风 胜利是我们的

  马进同志

毛泽东题

在几十年的革命生涯中,马进始终遵照毛泽东对她题词的要求,为党和人民的事业奋斗了一生。

(《毛泽东题词题字珍闻》 展群)

▶挺起共产党人的精神脊梁
　　——毛泽东延安题词的故事

为革命服务

——为魏一斋题词（1940年）

　　魏一斋生于1906年11月，其父靠种地为生，养有三子二女，家教甚严。魏一斋是魏家幼子，父亲给他起名魏兴谦，意为谦恭做人，到延安后他改名魏一斋。受祖风熏陶，少年魏一斋敦厚诚实，聪敏好学，学业优异。16岁考入山东潍县文华中学（现广文中学）读书。在校期间，思想进步，参加了中共地下党组织领导的中华民族解放先锋队，时常阅读《向导》《新青年》《共产党宣言》等革命读物，并与追求进步的同学一起宣传打倒军阀、帝国主义和土豪劣绅，废除不平等条约，实行耕者有其田，勇敢地揭露当地军阀反动派的黑暗与腐败，以热血激情迎接北伐军。

　　中学毕业后，考入济南齐鲁大学医学院，学习妇科，从此走上学医、从医的道路。1934年，大学毕业后留校任妇产科医师。1936年进北平协和医院进修，结业后留任医师，与我国著名医学家林巧稚相处共事。

　　全民族抗战爆发后，魏一斋到安徽巢县普仁医院工作。1938年春，他参加共产党领导的抗日救国团体，积极进行救亡活动，结识共产党员刘砡夫，随即要求去延安。但钱之光却希望他留在武汉协和医院，以便协助一批新四军伤病员免费住院治疗，他照办了。同年夏，遵照武汉八路军办事处的安排，担任了武汉协和医院妇产科主任。在此期间，利用职务之便使新四军一批伤病员，其中包括予川、李先念等同志得以免费住院治疗。

1938年9月，武汉告急，武汉协和医院迁往重庆。经王梓木、钱之光介绍，在西安八路军办事处协助下，魏一斋9月16日到达延安。

在延安期间，历任中央卫生部直属卫生所医务主任、八路军医院医务主任，中央医院医务主任、院长，兼亚洲学生医疗院院长、西北联防司令部重伤医院院长、西北联防司令部卫生部副部长等职，并一直兼任中央医科大学教师和中央主要领导人的保健大夫。1941年1月，加入中国共产党。他对党忠诚、工作认真、服务热忱，医学知识渊博、群众威望高，成为边区医务工作者模范人物，受到当时中央领导人的赞扬。

1940年1月，毛泽东撰写了《新民主主义论》，发表前广泛征求意见，特别邀请了中央医院的魏一斋、金茂岳、邵达、刘允中等主任和医生参加有关会议，听取意见。6月，魏一斋利用齐鲁医科大学校友的特殊关系，成功地动员红十字会医疗队的金茂岳等医生留在延安工作，使他们感到在延安工作备受尊重，大有用武之地，从而为中央医院的建设留住了人才。中央主要领导得知中华红十字会医疗队金茂岳等医生决定留延安工作的讯息，十分高兴。随即，毛泽东和朱德特意邀请医术精湛的魏一斋和金茂岳共同进餐。进餐时，毛泽东、朱德与两位医生交谈了有关中央医院建设问题，征求二人的意见。毛泽东鼓励二人向白求恩大夫学习，努力办好医院，为革命作贡献。随后，毛泽东为其题词"为革命服务"，旨在鼓励。

当时，大后方一些民主人士和前方抗战将领，出于敬佩之情，时常捎些衣物和食品给毛泽东。毛泽东舍不得食用，就转送给中央医院的婴儿和重病号。其余礼品则让中央管理局妥善保管，逢年过节时，再分赠给中央医院等单位的高级知识分子，魏一斋就曾得到过毛泽东赠送的羊皮大衣和毛毯。还有一次，宋庆龄托人带几块表到延安。毛

▶挺起共产党人的精神脊梁
　　　　——毛泽东延安题词的故事

泽东知道医生很需要掌握时间,便把这几块表全部送给了医院,魏一斋和医院各科主任都得到一块赠表。

（《中国档案》2009 年第 12 期　阚景奎　赵华伟　周钦生）

肯学肯干，又是革命的，必定是有益的，必定是有前途的

——为王仲方题词（1941年）

延安时期，毛泽东特别关注青年的成长，为他们写了大量的题词，给予教诲、勉励和支持。1974年4月4日，王仲方捐献给中央的一幅题词"肯学肯干，又是革命的，必定是有益的，必定是有前途的"，现保存于中央档案馆。

王仲方，我国著名法学家，1921年生于安徽芜湖，1937年参加革命。新中国成立后，任中央宣传部办公厅主任、中国法学会会长等职。

1937年全民族抗战爆发后，同一大批接受过"一二·九"运动洗礼、参加过抗日救亡活动的青年知识分子一样，王仲方怀着革命理想，奔赴革命圣地延安。年仅16岁的王仲方，被安排在抗日军政大学第3期第10队学习，曾担任中央领导讲课的速记工作。据他回忆，毛泽东到抗大等校讲课时，他经常背着一块小木板做速记。1941年春节，王仲方和几名青年来到杨家岭给毛泽东拜年，毛泽东十分高兴，欣然写下"肯学肯干，又

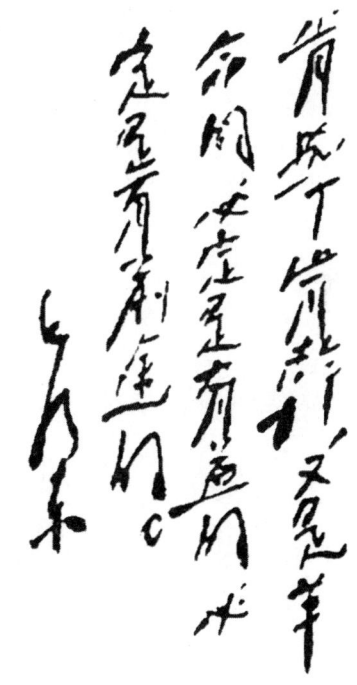

为王仲方题词

▶ **挺起共产党人的精神脊梁**
　　——毛泽东延安题词的故事

是革命的，必定是有益的，必定是有前途的"这一题词。题词对青年的成长提出了三点要求：肯学、肯干、具有坚定的革命精神。首先，要有刻苦学习的劲头，向书本学习，向实践学习，向同志学习，既要学习革命经验，又要学习实践方法；其次，要有吃苦耐劳、肯学肯干的作风，这是成才的必然条件；其三，要有正确的政治方向和坚定的革命意志。具备这三者，必定有益于成长，必定有远大的前途。王仲方把这幅题词珍藏在身边多年，他认为其"严肃而亲切，具体而深刻"，字里行间充满对青年一代的勉励、鞭策之意。

（《党的文献》2011年第4期　如菊）

既来之，则安之

——为王观澜题词

既来之，则安之，自己完全不着急，让体内慢慢生长抵抗力和它作斗争，直至最后战而胜之，这是对付慢性病的方法。就是急性病，也只好让医生处治，自己也无所用其着急，因为急是急不好的。对于病，要有坚强的斗争意志，但不要着急。这是我对于病的态度。书之以供王观澜同志参考。

1941 年 12 月 16 日

王观澜，浙江临海人，原名金水，字克洪。1925 年加入中国共产主义青年团，随即转为中共党员。1927 年大革命失败后，被党组织派往苏联学习。

1931 年年初，王观澜听从党组织的召唤，秘密回国，前往江西中央苏区工作，曾任闽粤赣军区政治部组织部长。中华苏维埃共和国临时中央政府成立后，毛泽东当选为主席，指派王观澜担任《红色中华》总编辑。

当时，王观澜和毛泽东的住处仅一墙之隔。一向重视宣传工作的毛泽东，经常到《红色中华》编辑部去看望大家，指导工作，同王观澜促膝谈心，交换意见，两人成了知心朋友。

后来，中央苏区领导层在斗争方针上出现分歧，王明"左"的错误占据了上风，排斥毛泽东的领导。

挺起共产党人的精神脊梁
——毛泽东延安题词的故事

王观澜坚决站在毛泽东一边,支持他的正确意见。此举引起坚持"左"的错误的同志的不满,王观澜被强行开除党籍,并撤销了《红色中华》总编辑的职务。

毛泽东将王观澜留在中央政府土地部担任秘书工作,并向中央组织局领导表示:在中央政府工作,需要解决王观澜的党籍问题。

面对"左"的错误的强大政治压力,王观澜的革命意志毫不动摇。他不怕戴"狭隘经验主义""富农路线""右倾机会主义"的帽子,毅然根据毛泽东的指示,在中央政府所在地叶坪乡,进行"查田"试点工作。

当时,他们二人思想路线一致,政治观点一致。在受打击排挤期间,相互支持,相互鼓励。夜晚,两人提着油灯,边走边说,一起深入农村,宣传农村阶级分析的道理,组织农民学会农村阶级分析。后来,王观澜干脆把铺盖搬到农民家中,因为与农民群众朝夕相处,所以了解的情况更多、更细、更实,毛泽东深为赞赏。

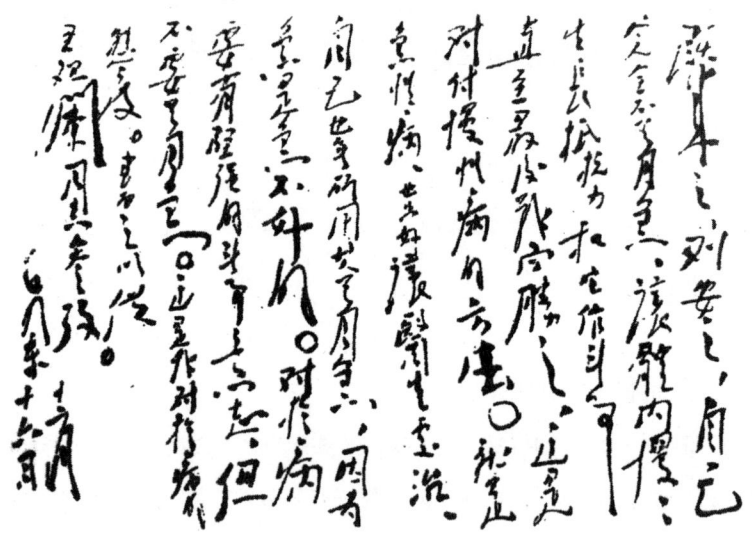

为王观澜题词

叶坪乡"查田"试点工作的胜利，在苏区引起了强烈反响，受到广泛欢迎。

与此同时，王观澜根据毛泽东的指示，抓紧时间认真总结叶坪乡查田的经验，起草了以经济剥削占有比重作为划分农村阶级基本标准的文件。毛泽东看了很高兴。他以原稿为基础，进一步加工修改，定稿为《怎样分析阶级》，由当时中央工农民主政府通过颁布，作为划分农村阶级成分的标准（后编入《毛泽东选集》第一卷时又改名为《怎样分析农村阶级》）。

由于这篇光辉著作是毛泽东和王观澜在政治逆境中患难与共、密切配合、相互合作完成的，所以毛泽东总是念念不忘，经常向别人介绍是他"和王观澜同志合作写的"。

在中央红军反"围剿"斗争中，由于毛泽东、叶剑英、李富春等人据理力争，王观澜终于恢复了党籍，被任命为中华苏维埃共和国土地部副部长、中央土地委员会副主任。

1934年10月，王观澜踏上了长征路。遵义会议后，毛泽东的领导地位被重新确定，中共中央任命王观澜担任中央工作团主任。

红军到达陕北后，中华苏维埃共和国中央政府设立西北办事处，王观澜担任土地部部长和中央农民运动委员会主任。

第二次国共合作形成后，党中央决定成立中央统战委员会，王观澜担任常委，同时任陕甘宁边区党委副书记和统战部部长。

王观澜在长征路上埋下的肠胃病根，到陕北后由于过度劳累，身体虚弱，经常发作，而且越来越严重。

毛泽东得知这一情况后，专门把他找去，关切地问："观澜同志，你每天都是怎样做工作的?"他如实汇报：每天无论工作怎样多，总要处理完毕才睡觉。毛泽东听了说："做事情要分轻重缓急，你这样怎么行呢？我们要让懒人学勤快，让勤快人学巧干。"一席话，使王观澜十

挺起共产党人的精神脊梁
——毛泽东延安题词的故事

分感动。此后,他更加拼命地工作,却没有认真领会毛泽东的忠告。结果,肠胃病加上严重的神经衰弱症,终于使这个久经沙场的硬汉子病倒了。

王观澜躺在延安中央医院的窑洞里,心里还是焦急地想着革命工作,这种情况很快被毛泽东知道了。一天早晨,毛泽东在傅连暲的陪同下,走了五六里山路,涉过一条小河,从杨家岭来到中央医院看望王观澜。严重的失眠,已经使王观澜连续几天几夜没有睡好觉了,他面容憔悴,头痛难忍,在床上无力动弹。毛泽东悄悄走到他的床前,在一张窄条硬板凳上坐下,握着老战友的手,亲切地安慰说:"观澜同志,不能睡就静静地躺着,不要着急,总会睡着的。"

那次看望之后,毛泽东仍惦念着王观澜的病情,12月16日,他用毛笔写给王观澜一幅题词:

既来之,则安之,自己完全不着急,让体内慢慢生长抵抗力和它作斗争,直至最后战而胜之,这是对付慢性病的方法。就是急性病,也只好让医生处治,自己也无所用其着急,因为急是急不好的。对于病,要有坚强的斗争意志,但不要着急。这是我对于病的态度。书之以供王观澜同志参考。

毛泽东
十二月十六日

这幅题词,鼓舞了王观澜同疾病和死亡斗争的勇气。在这同时,陈云等中央领导同志也先后来看望他。他后来回忆说:"那时虽然我几十天饮食不进,全靠输液保持身体必需的营养,但我始终愉快乐观,因为我感到我是生活在充满了同志的高度关怀和细致照顾的环境中,有党和毛主席的教导,我是能够战胜疾病的。"

王观澜的生命曾几度处于危急之中。尽管当时延安处于敌人的重重包围封锁之中,物资供应严重不足,生活条件极端困难,但党中央对王观澜的病情极为关注,组织了中西医专家会诊,医务人员千方百计地为其精心治疗。

  毛泽东更是体贴入微,他知道王观澜的肠胃消化不良,特地把自己平时土法烤馒头片的铁鏊(现存延安历史博物馆)送去。因王观澜手脚发凉,头晕失眠,又把自己用的热水袋送给他。在当时极其艰苦的物质条件下,毛泽东、李富春还把仅有的一点点营养品给王观澜送去,使他极弱的身体逐渐得到恢复。

(《毛泽东题词题字珍闻》 李新芝)

▶ 挺起共产党人的精神脊梁
　　——毛泽东延安题词的故事

努力救人事业

——为金茂岳题词（1941年）

全民族抗战时期，在革命圣地延安的中央医院，有一位著名的产科大夫，名叫金茂岳。由于他医术精湛、成绩卓著，成为当时闻名遐迩的"红都名医"。他曾得到毛泽东等三大领袖题词，中央组织部部长陈云介绍他加入中国共产党，他也曾遭到王明的无端陷害——这些不凡的传奇经历，使他成为陕甘宁边区的"公众人物"。

金茂岳很幸运，在1940年到1941年两年的时间中，毛泽东曾两次请他做客吃饭。他曾当面聆听毛泽东、朱德的亲切教诲，还曾得到毛、朱、周三位领袖的题词鼓励。

1941年，金茂岳决定留延安不久，毛泽东与朱德邀请金茂岳吃饭，那天还请了同是齐鲁大学毕业的中央医院医生魏一斋。毛泽东、朱德与他俩广泛交谈了中央医院的建设问题，征求他们的意见，鼓励他们要在政治上学习提高。毛泽东说："从医，也不能脱离政治。高级知识分子来边区工作，开始投身革命，在工作实践中会遇到很多困难，最重要的是联系自己的思想实际，加强政治学习。改造世界观非常重要！有了坚定的政治立场，才能安心工作。有了明确的方向，才不致迷失方向。"鼓励他们向白求恩学习，努力办好医院，为革命作贡献。金茂岳点着头，一一铭记在心。

吃完饭后，毛泽东、朱德应他俩的请求热情地给他们题了词。毛泽东给金茂岳的题词是"努力救人事业"。他教导金茂岳：医生工作是救人事业,我们共产主义更是救人事业。共产主义事业是革命事业,是消灭剥削和压迫,解放全人类,使人民自己当家做主,真正得到自由,得到幸福。朱德给金茂岳写了"不但医人,还要医国"的题词。朱德亲切地讲了题词包含的深刻道理:医生医人很好,还得医国。我们国家还处在生死存亡关头,日本帝国主义侵略我们,我们要赶走日本帝国主义,要救国,要治国。所以,医人、医国是一致的,但主要的任务是先医国,因为日本帝国主义要灭亡中国。赶走日本帝国主义,国家解放了,独立了,事情就好办了。因此,医人,还要医国。

远在重庆的周恩来对中央医院和金茂岳他们也十分关心。他回延安时,专程到中央医院视察,并欣然为金茂岳题词"为边区卫生工作创新纪元"。他还在重庆动员了一批医务干部,组织了一批药品器材,支援中央医院。

领袖们的题词和谈话,使金茂岳受到深刻的教育。他后来回忆起这件事时激动地说:"领导的这些话,把我从事的医务工作同伟大的革命事业、同祖国的前途和命运密切地联系在了一起","给我指出了工作的方向和前进的道路","我感到这是一种强大的动力,鼓舞着我勇往直前……我决心用实际行动来回答领导对我的希望。"

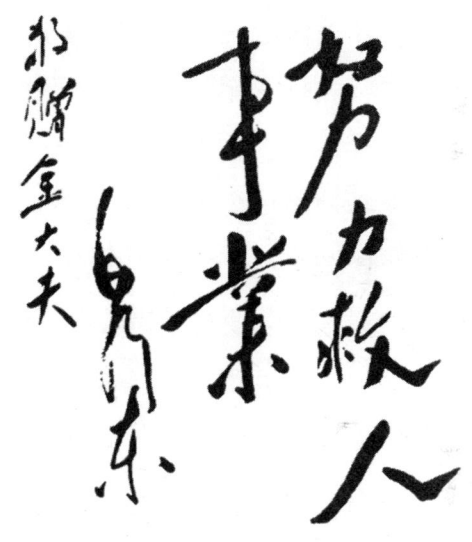

为金茂岳题词

(《纵横》2013年第5、6期　牛之营)

▶挺起共产党人的精神脊梁
　　——毛泽东延安题词的故事

又学习，又玩耍

——为金德崇题词（1941年）

金德崇和几个兄妹随父亲金茂岳到延安那年，还是个9岁的孩子。他和堂兄先被安排在医院干点杂活，不久就到安塞白家坪上了延安保育院小学。1941年11岁的金德崇上六年级。这年的元旦，延安的各级机关、学校等单位都放了假，金德崇从学校回到延安城北中央医院的家中。他见爸爸金茂岳备好马，准备和中央医院的院长傅连暲和各科主任到杨家岭去给中央首长们拜年，就闹着要跟爸爸一起去。金茂岳开始没同意，在场的几位叔叔伯伯都给他说情，金茂岳同意了。

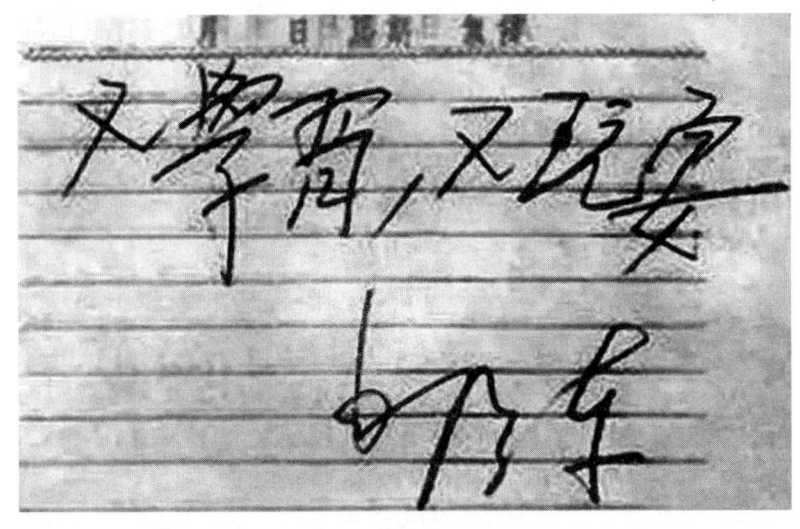

为金德崇题词

中央医院离杨家岭有十多里路，金德崇被大人们带着不大会儿就赶到了。叔叔伯伯们先给毛泽东拜了年，然后给朱德、任弼时拜年。

又走到王明窑洞,王明夫人孟庆树见到金德崇,送给他一个红色的日记本。小本子很漂亮,红布面上有"救亡日记"四个烫金大字,金德崇从来没见过,他喜欢得简直爱不释手。大人们继续拜年,这时金德崇摆弄着小本子忽发奇想,这么好的日记本,如果能让中央首长们在上边题些词该多好啊。他马上把自己的想法跟父亲说了,金茂岳说:"可以呀,你自己去找他们吧。"

金德崇拿着小本子,跑着返回毛泽东的窑洞,他想请毛泽东先题字。但望着正在看杂志的毛泽东不知道怎么开口,就怯生生地说:"主席伯伯,您能不能给我题个字呢?"

毛泽东听了,扭头打量着小家伙,然后微笑着说:"你要我给你题个什么字呢?"

毛泽东这一问,金德崇倒不知说什么好了。

一会儿,毛泽东笑着又问:"你喜欢啥子嘛?"

"我喜欢玩。"金德崇冲口说。

"还喜欢啥子嘛?"毛泽东又问。

"还喜欢读书,喜欢学习。"

"好,那咱们就写个'又学习,又玩耍'吧。"

毛泽东说着便拿起笔,在他的小本子上写下了这六个字。写完了还问金德崇满意不满意。金德崇高兴得几乎跳起来,他拿着日记本飞快地向外跑去。

金德崇跑向另一个窑洞,见朱德和任弼时正在下象棋,他凑上去说:"首长,给我题个字吧。"说着把日记本递过去。朱德一看毛泽东已经题了字,就说:"咱们也题吧。"这样毫不费力,朱德给他题写了"小朋友努力学习",任弼时题写了"长大当个革命家"。他又到陈云的窑洞,陈云给他题写了"将来做一个有益人类、为大家服务的人"。

金德崇高兴极了,他得意地把小本子给爸爸看,金茂岳说:"好好

挺起共产党人的精神脊梁
—— 毛泽东延安题词的故事

用心看，这些意味深长的话，够你受用一辈子的。"

说来事有凑巧，金茂岳见儿子那么欣喜的样子，也很高兴，就告诉金德崇："过两天延安文化界人士还要聚会吃晚餐，到时候我还带你去。"

金德崇急切地等待着。那天傍晚，金德崇叫爸爸带着早早地来到聚餐地点，等待着那些延安名人的到来。金德崇找的第一个目标，是蓝眼睛高鼻子的美国医生马海德。他凑上去问："马伯伯，请您给我题个词好吗？"

马海德用他的蓝眼睛盯了小伙子一会儿，用很慢的中国话笑着说："第一，马海德不姓马；第二，你是谁？第三，你要我写什么？"

金德崇一听，原来是忘了介绍自己是谁，于是马上做了自我介绍。

马海德翻看着小本子上前面的题词，向金德崇摇了摇大拇指，然后掏出钢笔，刷刷地题上了字。金德崇接过一看，不认识，一副傻眼的样子。马海德笑着说："新年快乐！你们是未来的新中国！这些字你将来会认识的。"

金德崇虽然不认识这些字，但他的小本子上多了一种外国文字，这不更有特色吗？

他拿着小本子走进人群，先后请林伯渠、南汉宸、胡耀邦、凯丰、王首道、马可、华君武、艾思奇、贺敬之等一大批在延安的名人题了词。这样传着传着，大家把他的日记本当成了签到簿，很多人都在上面签了名，有些没写的还专门过来补签上。

金德崇如获珍宝，无论是战争岁月，还是和平时期，他都随身带着，不时地拿出来翻看学习。他精心地保存了60多年。如今，日记本已经成为一件不可多得的革命文物，它和三大领袖给他父亲的题词一样，显得弥足珍贵。

(《纵横》2013年第5、6期 牛之营)

▶ 四、
人物题词 /

老当益壮

——为瞿宪文题词（1942年）

瞿宪文，浙江萧山县人，1911年参加辛亥革命，1925年至1927年参加国共合作领导下的大革命，1927年加入中国共产党。他30余年来，一贯忠实于党的事业，在白区担任过护党、军运等工作，在延安曾历任红军大学、抗日军政大学、党校等医务主任以及中共中央直属卫生处门诊部主任兼保健科长等职务，中华人民共和国成立后，曾任卫生部中医进修学校副校长及中医研究院图书馆主任等职。

为瞿宪文题词

瞿宪文一贯努力学习，坚决贯彻执行党的方针、政策、指示，出色地完成党所交给的任务。平时生活俭朴，并以节资支援家乡农业建设。1942年六十寿辰时，毛泽东亲笔题词"老当益壮"四字祝贺。

（《中医杂志》1962年第4期）

▶挺起共产党人的精神脊梁
——毛泽东延安题词的故事

埋头工作，努力学习

——为严炳武题词（1943年1月31日）

1937年8月，根据国共两党达成的协议，红军改编为国民革命军第八路军，组织上把严炳武调到了情报部门，这对他的文化知识的要求更高了。严炳武拿出当初长征时的吃苦劲头，天天埋头学习，很快成为同期学员中的佼佼者。1938年7月，他光荣地加入中国共产党。在抗日战争和解放战争时期，先后历任军委二局科员、组长、副科长，情报技术部办公室机要处科长等职。

1941年前后，国民党不断掀起反共高潮，胡宗南50万大军包围了陕甘宁边区，实行军事和经济封锁，给边区军民带来了极大困难，根据地军民积极响应毛泽东"自己动手，丰衣足食"的号召，开荒种粮、养猪种菜、纺线织布。严炳武所在部队开展了技术模范工作者运动，以推动技术工作向前发展。在著名的大生产运动中，严炳武利用一切可以利用的时间，勤奋学习文化，钻研业务知识，以适应工作和作战的需要。工作中他不怕

为严炳武题词

苦，不怕累，生活上努力帮助同志克服困难。上山背柴背木炭时，他总是尽自己最大的力气去干。

　　1943年年初，他被评为"特等模范工作者"。同年1月31日，毛泽东和朱德为他题了词。毛泽东的题词是"埋头工作，努力学习"，鼓励他进一步学习文化知识，将来做一个对人民有用的人；朱德的题词是"有一分热，发一分光"，勉励他在平凡的工作中发热发光。组织上还发给他奖金3万元（旧币）。

（《党史纵览》2014年第9期　何广华　何明圆）

▶挺起共产党人的精神脊梁
　　　——毛泽东延安题词的故事

为西北局受奖生产英雄的一组题词

(1943年2月3日)

全民族抗战进入相持阶段后，日本帝国主义对中国共产党领导下的抗日根据地，实行灭绝人性的烧光、杀光、抢光"三光"政策。国民党消极抗日，积极反共，破坏抗日民族统一战线，包围封锁陕甘宁边区及各抗日根据地，停发八路军、新四军经费，加之华北等地连年遭受自然灾害，致使整个抗日根据地经济发生极大困难，军队供给濒于断绝，陷入没粮吃、没衣穿、没被盖、没经费的困境。

为了克服面临的严重经济困难，支持长期抗战，战胜日本侵略者，中共中央于1939年年底、1941年年初在延安两次召开生产动员大会，毛泽东号召陕甘宁边区军民"自己动手，生产自给"，动员抗日根据地全体党政军民，自力更生，克服困难，渡过难关。

在毛泽东和党中央的号召和部署下，陕甘宁边区和各抗日民主根据地掀起了轰轰烈烈的大生产运动。解放区抗日民主政府办了许多自给工业；军队发展了以自给为目标的农业和部分工商业；机关、学校也发展了自给经济；农民广泛组织起来发展农业生产。敌后军民在频繁的反"扫荡"作战中，实现劳武结合，一面战斗，一面生产。抗日军政大学、中央党校及各机关、各级党政干部也利用学习、工作之余投入到了大生产运动中。

大生产运动的开展，不仅减轻了人民群众的负担，也带动了人民群众的生产，使解放区克服了严重的物质困难，粉碎了敌人的封锁，为争取抗战胜利奠定了物质基础,密切了党政军民关系,树立了自力更生,艰苦奋斗的延安精神,同时也为我党我军积累了一些经济建设的经验,培养了一大批经济工作干部。

为了使边区大生产运动持续开展并向纵深发展,边区党政军在大生产运动中举办了农业展览会、工业展览会,开展了生产竞赛、劳动竞赛等。通过这些活动,涌现出了一大批先进集体和英雄模范人物。在大生产运动中,三五九旅、延安县委县政府和延安县南区合作社等单位表现尤为突出。

1943年1月14日,中共中央西北局在延安召开了生产英模表彰大会,对在边区大生产运动中作出显著贡献的3个单位和王震等22人进行了表彰奖励。毛泽东亲笔在这些生产英雄们的奖状上题词。

以下是1943年2月3日《解放日报》对西北局在延安召开的生产英模表彰大会的情况报道:

西北局最近召开之高级干部会议,对边区党务、政治、军事、文教均曾加以缜密讨论,对经济建设工作的讨论,尤为周密详尽。西北局为提高干部对于经建工作之认识,鼓励干部奋力工作起见,特于闭幕之前,就近年来领导国民经济建设及公营经济事业成绩昭著而又刻苦奉公、在群众中有信仰之干部选拔王震等22名,予以隆重奖励;而对三五九旅、延安县委县府及延安县南区合作社3单位更予以团体的奖励。

3单位及22名受奖同志姓名及其主要成绩,均由西北局书记高岗亲自在大会宣布,一一上台领奖。由林伯渠发奖。团体奖品为西北局赠送之红绸锦旗;个人奖品则除毛毯外,更有由毛泽东同志亲笔逐一题字之奖状,尤为珍贵。受奖之时,全场掌声如雷,得奖者公推王震同志代表答词。他首先说:此次授奖,由高岗宣布成绩,由林伯渠亲手授奖,仪式隆重,令人兴奋。王(震)同志随即阐述22位劳动英雄

▶挺起共产党人的精神脊梁
——毛泽东延安题词的故事

获得成绩的原因。他说:"这是有毛主席、朱德司令提出了在长期抗战中发展生产、克服困难的正确方针,毛主席号召我们要自己动手,朱德司令亲身指导实行屯田政策;这是由于中共西北局和边区政府的正确政策;这是由于广大干部、战士和人民热烈地响应毛主席、朱德司令的号召和拥护西北局和边区政府的经济建设政策。我们今天的成绩,表现了广大干部、战士和人民的积极性和创造性。我们谨领了光荣的奖品。这是光荣,是在党的正确政策指导下,是干部和群众努力的结果,但是我们的工作还不免有许多缺点。在兴奋鼓舞之余,我们当更加努力,求得克服缺点,坚决去执行新的经济建设的任务,深信今后将获得更大的成绩。"

西北局赠三单位锦旗题字:"三五九旅:发展经济的前锋。""延安县委县府:发展经济的模范。""延安县南区合作社:模范的合作社。"

"有创造精神"——王震:三五九旅旅长兼政委。成绩见"三五九旅"条。

"切实朴素,大公无私"——何维忠:三五九旅供给部长兼政委。成绩见"三五九旅"条。特别在工矿业方面领导深入,切实朴素,大公无私。

为王震题词

为何维忠题词

"坚决执行屯田政策"——晏福生：前三五九旅某团政委，积极领导完成了开辟南泥湾的艰苦任务，各业生产成绩好，制度严格，管理生产人员严格。部队生活水准提高，供给充裕，以食油论，每人每天即可食油5钱。两年来该团补充被毯1700条，现有锄头千余把。

"以身作则"——罗章：现任三五九旅供给部政委。为人极刻苦，党性强，原任旅除奸科长时，积极领导该科及军法处四五十人积极生产，他已年近四十，却亲自率领部下锯木板，捞柴，远路背米，拉炭，由绥德来延安不骑马，自己背行李小米，急行到达。由于他的刻苦领导，改善了机关生活，予人影响甚大。

为晏福生题词

为罗章题词

"坚决执行党的路线"——黄静波：清涧县长。一、1940年至1942年开荒6.964垧（西北地区1垧合3亩或5亩），组织二流子生产有成绩。二、1941年至1942年全县植棉4000垧，恢复了全县纺织，除人民自用外，今年可出口小布7万丈。三、恢复了造丝业，1942年收2万斤，植桑3万株。四、植果树、牧畜、合作社亦有发展。

"善于领导群众"——刘秉温：延安县长。成绩见"延安县委县府条"。

"善于领导群众"——王丕年：延安县委书记。成绩见"延安县委县府"条。

"实事求是，不尚空谈"——惠中权：靖边县委书记。一、二年

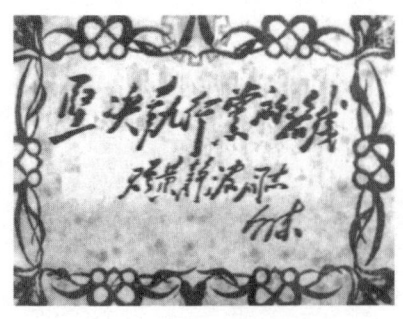

为黄静波题词

为刘秉温题词

增修水利 7000 亩,发现并推广了水漫地办法,1942 年试修 1000 亩。二、注意牲畜繁殖,1941 年组织群众割草 500 万斤,1942 年培养草原 4000 亩,种苜蓿 2000 亩。三、合理解决了靖边地主农民间地权纠纷。四、积极培育经建工作干部。五、机关生产得法,有成绩。

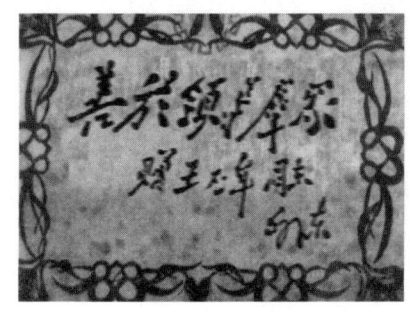

为王丕年题词

为惠中权题词

"合作社的模范"——刘建章:延安南区合作社主任。成绩见"南区合作社"条。

"忠实,努力,不夸不骄"——王世泰:边区保安司令员。一、尊重法令执行政策最坚决。如 1940 年遵守边府法令停闭所开之商店,交出自己生产所收获之粮食,如 1941 年以一排优秀战士发于建设厅纸厂,又发给了军委后勤部 25 名干部,如 1942 年补助生产薄弱机关 55 万元,并遵守党的号召向盐业公司等处投资和拨调干部。二、贯彻实行了团以下之进行农业、副业、手工业生产、小规模运输业,其他工厂商业大运输业统一由司令部管理的政策。三、1943年经费均能自给大部，服装自给一部，粮食自给小部。

"坚决执行党的政策"——杨林：保安司令部供给部长。成绩见"王世泰"条。

为刘建章题词

为王世泰题词

"机关生产的模范"——范子文：西北局秘书处长。机关生产最好。一、由1939年的1500元生产基金，6匹牲口，发展到有农产3处，木炭厂、磨坊、小木铺各1座，运输牲口16匹，羊子200只，积蓄了相当生产基金。二、1942年上半年，除粮食外各项支出自给75%。三、1939年至1942年收获细粮105石，菜14万斤。四、机关伙食较好，补充日用品甚多。

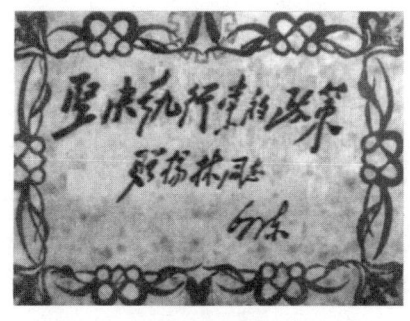

为杨林题词

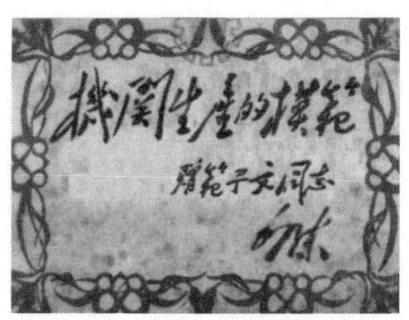

为范子文题词

"无限忠心"——胡起林：延安县政府四科科长。一、对难民移民安置工作特别关心，有办法，积极领导着新民乡的建立，从1941年年初到 1942 年年底，该乡由 69 户 437 人增至 668 户 2211 人。二、强迫二流子生产和提倡变工扎工都是他首先提出来的。三、1941 年运盐，任务艰巨，他亲自去领导的一个区，在全县做得最好，办法最多。四、工作积极，凡工作均能妥当完成，虽有肺病不肯休息。五、注意调查研究，工作细致。

"密切联系群众"——马文瑞：陇东特委书记。主要为坚决完成了 1941 年陇东运盐 6 万驮的艰巨任务，办法较多，而所发生的问题最少。

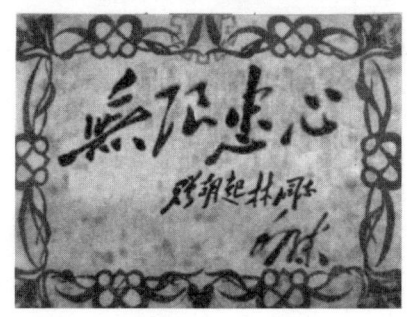

为胡起林题词

为马文瑞题词

"一刻也不离开群众"——马锡五：陇东分区专员。成绩与马文瑞同，曾亲到两县督运，并曾亲自到三边视察沿路情况。

"忠心耿耿　为党为国"——王维舟：三八五旅旅长。一、亲自寻找地址，建立了大凤川农场。二、部队经费自给大部。三、维护法令，领导生产干部严格。四、注意节约。

为马锡五题词

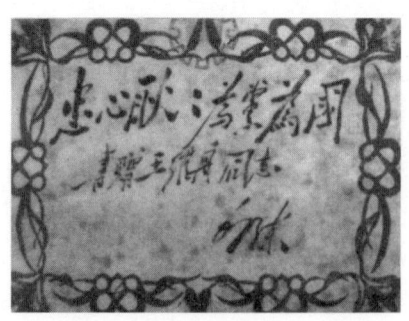

为王维舟题词

四、人物题词

"面向群众"——李丕福：华池县长。一、1938年至1941年全县开荒14万亩。二、1941年组织群众运盐2万驮，应运公盐4400驮，完成后超过300驮。1942年组织群众运盐及公盐任务亦完成。三、指示合作社1941年为群众代买铧700页。1942年调剂荞麦种30石。四、机关生产办法好。

"党的利益在第一位"——习仲勋：关中分委书记、专员兼某旅政委。统一领导关中党政军民，巩固边区，使人民安居乐业发展生产。关心群众，在群众中有威信。在他七年如一日的刻苦领导之下，关中人民生活显著提高，现民众平均每人收麦4石。他在提高劳动力推广种小麦种荞麦方面均有成绩。

为李丕福题词

为习仲勋题词

"生产教育，二者兼顾"——文年生：警备一旅旅长。一、由极少基金，刻苦经营，现有运输牲口235匹，骡马店19处，纺织工厂1所，商店3所。二、经费自给80%。三、领导积极，生活艰苦。

"为群众谋利益"——任成玉：赤水县委书记。到赤水工作三年以来：一、纺织业全县由400把纺织车发展到3500把，由74架纺布机发展到700架。二、安置难民300户，开荒3000亩，在群众中发现修堰地办法，2年试修3000亩，增产粮三、四百石。三、以农工办法解决机关自己任务，种地300亩，设立了木厂、盐店、骡马店、油房、皮房。

"艰苦奋斗，不屈不挠"——贺晋年：前警一团团长。一、1942

▶挺起共产党人的精神脊梁
——毛泽东延安题词的故事

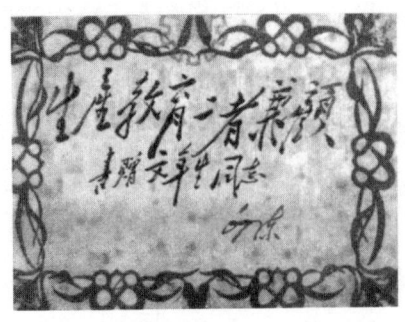

为文年生题词

为任成玉题词

年夏季解决三边若干违反法令、破坏金融事件,能贯彻党的指示,有成绩。二、1942年部队自给200万元。

"不怕困难"——罗成德:三边分区专员。一、积极帮助军队机关在盐池打盐,帮助解决了食粮、用具和盐场。二、1941年组织三边群众运盐2万驮,1942年三边设草店9处,境内运输草料不缺。三、强迫二流子百余人参加工厂和改造。四、拥军积极,能掌握政策。

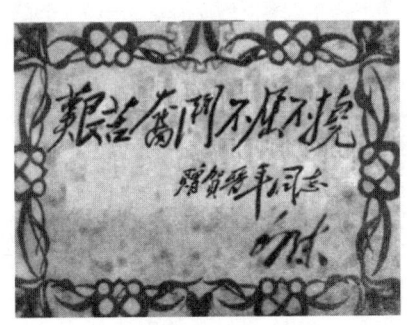

为贺晋年题词

为罗成德题词

三五九旅:一、坚决执行了党的农业第一的政策,开垦了25000亩土地,辛勤建设了南泥湾,解决了一部分粮草及各种用品。二、建设了各种工业如纺织、肥皂等共约10种。三、建立了600多匹运输牲口及47个骡马店。四、除粮食外,1942年全部开支自给67.55%。五、全旅生产计划、生产制度与供给制是统一的。六、节约有成绩,有制度。

延安县委县府：一、五年来（1938—1942）共安置难民38000余人。二、积极组织开荒，组织劳动力（如札工、变工、集体工、强迫二流子生产等），五年来开荒34万余亩，超过原有熟地数。三、领导了南区合作社及其他各区合作社，今年全县合作社扩大股金数占全边区合作社扩大数之半。四、1937年有羊8000头，现有羊6万头。五、1941年首先运盐，1942年8000驮运盐任务亦能较早完成。六、机关生产办法好，有成绩。

南区合作社：突破成规，与群众密切联系，建成了新型的模范合作社。至1942年7月，拥有社员1112户，股金200万元，现有资产值500万元，工作方式活泼，经营获利得法，能为群众解决问题，亦能帮助政府工作，确尽了联系公私经济的任务。

（部分摘自《解放日报》1943年2月3日）

▶挺起共产党人的精神脊梁
　　　——毛泽东延安题词的故事

埋头苦干

——为陈振夏题词（1944年5月）

陈振夏，时任陕甘宁边区石油厂厂长。他在早年便是一个工程师和革命者。他出身贫苦，幼年不得不靠卖苦力挣钱来维持生计。他曾在上海模范工厂当过练习生，前后三年左右的时间，深深地体会到了中国工人阶级的痛苦，了解到了他们悲惨的生活和低下的待遇。1927年大革命前夕，上海工人举行"五卅"罢工的时候，陈振夏在中华电气制作所工作，他积极投身于工人运动，领导了该所的工人罢工，并因为他卓越的领导和指挥才能当选为罢工委员会委员长。正当斗争激烈时，他被日本帝国主义所收买的流氓用斧头砍伤，拘禁在警察所里，释放后在招商局工作，做过工程师。

1938年，陈振夏来到了边区石油厂工作，成为中国共产党领导下的石油战线上的第一任厂长。其时，油厂已荒废了很久，大部分机器都失落在附近100里的老百姓家里。陈振夏便和老工人一起，沿途到老百姓家里去收集，花费了许多心血，才找到了一些必要的器材。他们当时还面临着经费困难的问题，打的新井开工后不久，便因为缺少燃料

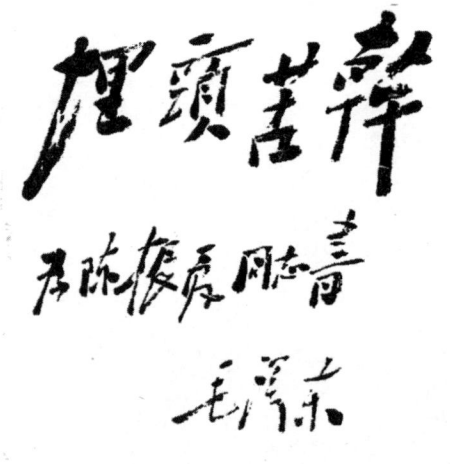

为陈振夏题词

208

而停工。这时，陈振夏便和工人们一起上山砍柴、开荒，解决燃料和粮食问题。他白天和大家一起工作，晚上回来自己还要埋头修理机器。他一面根据老工人的经验自己揣摩和研究，一面找懂得地质学的人来搞专业研究。1940年12月，新井终于涌出了油。这是陈振夏厂长和全体工人多年来克服重重困苦所得到的第一个胜利的回报。在艰苦卓绝的战争年代，陈振夏艰苦创业，忘我劳动，与工人和技术人员一起攻克生产难关，先后开发10口新油井，修复两口旧油井，提炼出汽油、灯油、柴油、润滑油等大量产品，为八路军和边区人民提供了军需产品和民用产品。

为此，陈振夏受到毛泽东的高度评价，毛泽东为他题词"埋头苦干"，以表彰他的功绩，勉励大家为中国石油工业作出更大的贡献。他还荣获陕甘宁边区政府"劳动英雄"和"特等劳动模范"的光荣称号。1945年2月，陈振夏加入中国共产党。入党后的陈振夏干劲更足了，在毛泽东题词的激励下，尽责尽力领导炼油厂全体干部职工生产汽油、煤油、擦枪油等，为夺取解放战争的胜利、建立新中国作出了更大贡献。

（《毛泽东题词题字珍闻》　孟红）

▶挺起共产党人的精神脊梁
　　——毛泽东延安题词的故事

坚持到底

——为李强题词（1944年5月）

1938年初春，抗战的号角将远在苏联的无线电专家李强召回到革命圣地延安，先是担任军工局和无线电局的副局长（局长由中央军委参谋长滕代远兼），主持全面工作，1941年升任局长，在这里他为人民兵工事业奋斗了9年。

军工局创建伊始，一穷二白，困难重重，除了有着40多名工人的修械所，及建立于红军时代的被服厂、印刷厂外，基本上没有什么工业基础。李强相信"事在人为"。他一方面做好干部职工的思想教育工作，一方面带领大家苦干实干，既搞基础建设，又搞调查研究。经过一年时间的艰苦拼搏，延安的军工企业已初具雏形。

面对陕甘宁边区被封锁的形势和前线的迫切需要，李强多次对各军工企业的领导说："只要你们能生产出武器、弹药和各种需要的产品来，要什么条件我都设法保证。"没有技术工人，军工局就设法召集了一批造枪工人；缺少原料，就用铁路上的轨道代替；没有铜，就让前线战士收集废子弹壳，运到后方，再装上子弹头，称为复

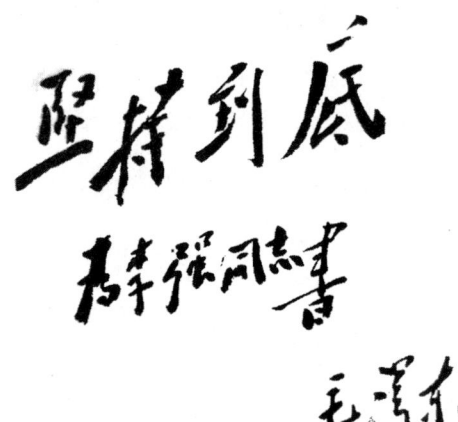

为李强题词

装子弹；没有专用设备，就用手工加工……终于在1939年4月25日生产出陕甘宁边区第一支七九步枪，又名"无名氏马步枪"，

这也是我军军工史上自己制造的第一支步枪。当年5月1日，毛泽东等中央领导同志在延安举办的第一届工业展览会上，把兵工厂生产的第一支步枪握在手中掂了又掂，瞄了又瞄，兴奋之情溢于言表。

延安的军工生产有了快速发展，在1939年至1943年的五年中，李强领导下的军工企业共生产步枪9758支，子弹220万发，手榴弹58万余枚，掷弹筒1500门，掷弹筒弹19.8万发，八二迫击炮弹3.8万发，修枪万支，修炮4门，还为地方民兵生产了地雷上千万枚，为保卫陕甘宁边区，加快推进夺取抗战胜利的进程作出了积极贡献。尤其是在那么一种艰难困苦环境下培养出来的延安精神，更是成为我们党的优良传统和宝贵财富。

为此，毛泽东题词嘉奖了李强。在边区工厂厂长暨职工代表会议上，共有5位同志被中央军委授予"边区特等劳动模范"的光荣称号，而李强是唯一的军委局级领导干部。当李强接过毛泽东赠予的亲笔手书"坚持到底"的题词时，台上台下报以热烈的掌声。这次大会的宣言书还特别提出："要学习军工局长李强同志，他领导、计划、布置、设计并亲自动手，推动和帮助了边区重工业的各种主要发明和创造精神。"这是党中央对李强为军工事业作出积极贡献的充分肯定和高度评价。

(《毛泽东题词题字珍闻》　孟红)

▶挺起共产党人的精神脊梁
　　——毛泽东延安题词的故事

热心创造

——为钱志道题词（1944年5月）

全民族抗战爆发后不久的1937年10月，钱志道正在太原研究防毒面具。1938年春，当他看到《新华日报》上刊载的八路军需要防毒工作人员的启事后，有心报国的他便毅然决然奔赴延安了。

来到延安后，钱志道受到了党和边区人民的热情欢迎，他改变了过去所学与所用相脱离的研究方向，把自己的科学知识应用到边区所待发展的化学工业上。这样，他就由一个研究纯理论化学的专家变成一个基本化学工业的模范工程师了。

在延安、杨家沟、茶坊和紫芳沟工作期间，钱志道经常深入基层，了解情况，指导工作。钱志道与沈鸿工程师合作，设计了制造基本化学工业所需的机器，他还使其他几种重要化学品也都制造成功。生活上，他严格要求自己，从不计较小问题，更不计较个人得失。工作时，他到了废寝忘食的地步。别人称他三不怕：不怕脏、不怕臭、不怕危险。

为钱志道题词

▶ 四、
人物题词 /

  1939年5月，钱志道任中央军委军工局三厂厂长兼工程主任时，工厂的主要任务是复装子弹和制造手榴弹。当时，在既没有专业技术人员，又没有原材料这样十分简陋的条件下，他团结工人，克服各种困难，孜孜不倦地工作，先小型试制，再扩大生产雷汞、硫化锑、拉火药、子弹底火药，复装子弹和手榴弹。1940年9月，朱德到茶坊视察工作，号召三厂职工多生产枪弹支援前线。为了提高复装子弹和制造手榴弹的能力，他积极采取措施，修造设备，依靠工人，迅速提高了产量，复装子弹由日产三四百发提高到千发以上。之后，他又受命筹建紫芳沟化学厂即军工局一厂分厂，用钱志道的话说："一切从零开始。"尽管他没有见过火炸药工厂，但强烈的事业心和边区自力更生、艰苦奋斗的精神，促使他边学习、边研究、边实践，并在军工局局长李强的领导和军工局一厂机械总工程师沈鸿的密切合作下，群策群力，共同奋战，终于把生产工艺和工艺流程设计出来了。它既适合边区的物质条件，又适应发展边区军事工业的要求。建设军火化工厂需要材料和关键器材，陕甘宁边区受国民党的严密封锁，每前进一步都困难重重。1940年11月，他和战友冒着极大的危险，赴国民党控制下的西安采购，使工厂得到部分补充。在他的组织下，与职工们一道投入施工，仅用了一年多时间，便在贫困的黄土高原上建起一座从基本化工产品到火药、炸药的制造工厂。

  而且在技术水平上，特别是他主持设计和安装的硫酸（铅室法）、硝化甘油（硝化喷射分离器法）、硝化棉（汤姆逊法）等工艺装置在当时国内是先进的。紫芳沟化学厂建成后，开始生产了硝化甘油、硝化棉以及黑炸药、木粉吸收硝化甘油的高级炸药、单基发射药和双基发射药，并创造性地在手榴弹中装入强棉（含氮量13%左右），使枪弹、手榴弹、掷弹筒弹和迫击炮弹的威力有了明显的提高，在战斗中起到了震慑敌人的作用。此外，在他和华寿俊的领导下，化学厂还为边区造出了钞票纸,解决了边区印刷边币(即陕甘宁边区贸易公司流通券)问题;制出了氯酸钾,不仅解决了军火上的大问题,同时使火柴制造也得到了重要原料。钱志道对工厂实施科学管理,为化学厂制定了《安全注意事项》,并以身作则,身体力行。他很关注职工文化技术水平的提高,亲自教学,培养干部。

由于钱志道成绩卓越,在陕甘宁边区厂长暨职工代表会议上,被评为"特等劳动英雄",受到毛泽东的接见并为他题词"热心创造"。同月,《解放日报》以《模范工程师钱志道同志创立边区基本化学工业》为题,介绍了他的事迹,称赞他是"理论与实际结合的模范,在他的坚毅努力与刻苦经营之下,奠定了边区基本化学工业的基础"。1944年12月,在延安召开的边区群英大会上,他又再度当选为特等劳动英雄,被誉为"模范工程师"。

(《毛泽东题词题字珍闻》 孟红)

革命老战士

——为林伯渠六十寿辰题写祝词

你是我国革命老战士,自辛亥以来,在历史进程中,你总站在革命的最前线。你领导陕甘宁边区政府,给新民主主义的各制度立定了规模。

中国人民的解放快要胜利了,你的生日,将是中国人民最欢喜的一天。

1945 年 3 月 28 日

林伯渠,原名林祖涵,湖南常德市临澧人,1886 年 3 月 20 日出生。1921 年 1 月经李大钊、陈独秀介绍加入上海的中国共产党早期组织,成为我党最早的一批党员之一。1927 年大革命失败后,林伯渠参加了南昌起义。1933 年进入中央革命根据地,先后任中华苏维埃共和国临时中央政府国民经济部部长、财政部部长。1934 年 10 月参加长征,1937 年 9 月至 1949 年 12 月任陕甘宁边区政府主席,对陕甘宁边区的巩固与发展作出重要贡献。1937 年起,多次担任国共谈判的中共代表,后又任国民参政会参政员,积极开展抗日民族统一战线工作。新中国建立后被任命为中央人民政府秘书长。1954 年,林伯渠当选为全国人大常委会副委员长。1956 年,在中国共产党第八次全国代表大会及八届一中全会上再次当选为中央委员和政治局委员。1960 年 5 月 29 日,林伯渠在北京病逝,享年 74 岁。

▶挺起共产党人的精神脊梁
　　　　——毛泽东延安题词的故事

1945年3月28日，正好是林伯渠虚龄六十寿辰，中共中央决定为他举行祝寿活动，并致函祝贺。同日《解放日报》发表了经毛泽东亲自修改的中共中央为他寿辰献的祝词。毛泽东在祝词中称赞说："你是我国革命老战士，自辛亥以来，在历史进程中，你总站在革命的最前线。你领导陕甘宁边区政府，给新民主主义的各制度立定了规模。""中国人民的解放快要胜利了，你的生日，将是中国人民最欢喜的一天。"

▶ 四、
人物题词 /

努力向前

——为刘书林题词（1945年8月）

1942年春，刘书林正在晋西北的抗大七分校学习，晋绥军区政治部组织部部长薛少卿亲自到校，执行一项特殊任务。经过认真选拔，最后确定辛子和、陈儒茂和刘书林3人，带着晋绥军区的介绍信，徒步4天到延安中央办公厅报到。因陈、辛两位同志年龄偏大，仍回到七分校学习，而刘书林则被留下在毛泽东身边做警卫工作。

1943年5月，因前方斗争极为残酷，中央为保护干部，把抗大在各个解放区分校的学员集中到延安，抗大七分校在陇东的合水县建校。毛泽东为了让身边的工作人员更好更快地成长，将来为革命作更大的贡献，让刘书林回到抗大七分校一大队二队学习。

1945年8月，日本投降。当时，刘书林在抗大七分校一大队的八队，在培养部队参谋人才的学员队学习。抗大七分校一大队由陇东回到晋绥，途经延安时，学校派刘书林去接毛泽东来给抗大学员作报告，刘书林激动地回忆了到枣园去接毛泽东及毛泽东给他题词的经过：

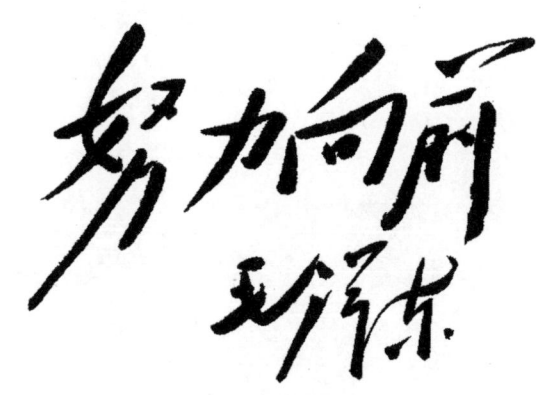

为刘书林题词

217

▶挺起共产党人的精神脊梁
　　——毛泽东延安题词的故事

　　我奉命到枣园迎接主席。枣园对我而言是轻车熟路。我和门卫讲了一下就来到主席办公生活的地方看望同志们,那时李锦还在,我来到主席跟前,主席正在办公。"主席,我是刘书林,学校派我来接您给我们学校讲话。"主席高兴地站起来,热情地握着我的手:"小鬼,你回来了。欢迎欢迎啊!"我到主席住地的时候,主席已吃过晚饭。主席又叫来大师傅,给我做了大米饭,又炒了两个菜。主席坐在我的对面,亲自给我夹菜。

　　等候吃饭的时间,主席询问了我的学习和工作情况。我把夏天生产、春冬集训,一人平均种两亩地,边生产边学习的情况,向主席汇报。主席听后非常高兴。饭后我取出一个油光纸小本,递给主席,请主席给我作指示。主席在上面题写了"努力向前"四个大字。晚上六七点钟,我随主席坐车来到中央礼堂,听取了主席讲的《抗日战争胜利后的时局和任务》的报告。

(《毛泽东题词题字珍闻》　张玉贞)

为和平、民主、团结而奋斗

——为卢国琦题词（1945年9月6日）

全民族抗战胜利后，蒋介石三次致电毛泽东，邀请毛去重庆，共商国是。

毛泽东到重庆后，忙于应酬各界人士。在渝社会名流欢欣鼓舞，郭沫若、于立群、邓初民、冯乃超、翦伯赞、周谷城等，相约去毛泽东住处拜访。见面时，周谷城即问："过去你常写诗，现在还写吗？"

毛泽东风趣地说："近来没有情绪了。从前是白面书生，现在成了'土匪'了。"

因为当时国民党政府骂共产党是"共产共妻""杀人放火、青面獠牙"的"土匪"，此话引起在座的人们哄堂大笑。

南社诗人柳亚子缠着毛泽东要诗。1945年9月6日，毛泽东偕同周恩来、王若飞走访柳亚子，并以旧作《沁园春·雪》相赠。没想到半路上却杀出个程咬金，柳亚子邻居的小孩卢国琦——一个中学生，人小胆子却不小。他拿着纪念册，闯进柳亚子家，对毛泽东说："毛先生，你们都是当今了不起的人物，我非常敬佩你们，今天能见到你们，特别高兴。请你们给我题几个字，做个纪念吧！"

毛泽东一看，原来是个孩子，便笑着问："要和我们交朋友？"

卢国琦说："拜你为师！"

毛泽东说："好，咱们交个朋友。"

说罢，接过纪念册和钢笔，就写道：

▶挺起共产党人的精神脊梁
　　——毛泽东延安题词的故事

为和平、民主、团结而奋斗

毛泽东

　　接着，周恩来、王若飞也都题了字。周恩来的题字是"民主团结，和平建国"；王若飞的题字是"在和平民主团结的基础上，实现独立统一富强的新中国"。

　　可是小国琦还不满足，他把纪念册送到柳亚子面前说："请柳伯伯也给题字！"柳亚子笑着接过纪念册，挥笔写道："国琦小友纪念册，润之、恩来、若飞都有题字，余亦随声。并做七绝一首：兰玉庭阶第一枝，英雄崇拜复何疑；已看三杰留鸿爪，更遭髯翁补小诗。"

（《毛泽东题词题字珍闻》　师宁）

> 四、
> 人物题词/

诗言志

——为徐迟题词（1945年9月）

徐迟，浙江省湖州市吴兴人，早年从事外国文学翻译和介绍，是现代诗人、散文家。

1945年8月28日，毛泽东应蒋介石之邀到重庆参加国共谈判。向往共产党、倾心毛泽东的徐迟得知此消息后心情格外激动。当日，他抑制不住亢奋的心情，漏夜挥笔，写下了一首赞颂毛泽东的诗歌：《毛泽东颂》。

29日上午，他急匆匆地将诗稿送到《新华日报》编辑部。30日，这首诗就刊登了出来。这首诗，徐迟是用"史纲"的笔名发表的，不过，陪都文艺界的朋友都知道，"史纲"就是31岁的青年诗人徐迟，因为他常以此名在《新华日报》上发表引人注目的诗文。由于徐迟这首诗道出了大众的心声，道出了人民的愿望，道出了时代的最强音，因此在山城引起了强烈的反响。

在白色恐怖笼罩下的国统区，徐迟第一个采用诗歌的形式公开歌颂共产党的领袖人物。

就在《毛泽东颂》发表后的第二天，中苏文化协会为庆祝《中苏友好同盟条约》的签订，举办鸡尾酒会，徐迟应邀出席。毛泽东在周恩来等人

为徐迟题词

> 挺起共产党人的精神脊梁
>   ——毛泽东延安题词的故事

的陪同下缓步走进会场,龙飞虎、乔冠华等紧随其后。当毛泽东迎面向徐迟走来,周恩来马上把徐迟介绍给毛泽东。这是徐迟第一次见到毛泽东。

1945年9月16日,与陪都文艺界交往颇深的外科大夫李颢,在重庆一家大饭店举行结婚典礼。由于李颢是我国著名翻译家、《莫泊桑全集》中译者李青崖先生的大公子,所以,来参加婚礼的文艺界人士比医学界的还多,很多作家和艺术家都应邀出席。徐迟是李颢很要好的朋友,所以,他也来了。

婚礼开始前,乔冠华把徐迟叫到一旁,说:"今天下午三点钟,你和马思聪两人一起到红岩村去,到时候有车子来接你们。"徐迟听了真是喜出望外:"真的吗?我可以见到'他'了吗?""当然是真的。"乔冠华说道,"今天他只接见你们两人,你今天不要再出洋相了。"徐迟高兴得几乎要跳起来。在场的马思聪听到这个消息也异常兴奋。

三点将到,一辆小汽车准时开来把二人载去了红岩村。

在红岩村底楼的小客厅里,他们见到了毛泽东和周恩来。一阵握手、问候和寒暄之后,毛泽东首先和马思聪交谈起来。徐迟坐在周恩来旁边,静静地倾听。马思聪向毛泽东提出了"普及"与"提高"的问题,他觉得这两者在大后方是比较难兼顾的,在这个问题上他感到有点困惑。毛泽东对此做了一些解释说:"既要有普及工作者也要有写提高作品的作者,鲁迅是一个写提高作品的作者,但如果大家都来当鲁迅那就不好办了。"说到这里大家都笑了起来。按徐迟的理解,毛泽东的意思是:像马思聪这样的大音乐家,完全可以去写一些提高的作品。

随后毛泽东问徐迟在写什么。徐迟心想:他大概已经知道我写了献给他的那首诗才这样问我吧。于是就说:"写了不少,但都写不好,不好我宁可放着不拿出来,改好了再拿出去发表。"毛泽东笑了笑说:

"你是要不鸣则已,一鸣惊人啰。"大家又是一阵笑声。后来,此事传了出去,说毛泽东说的,徐迟想要"一鸣惊人"。这则轶闻在文艺界被传为佳话。

这次谈话进行了半小时左右,随后徐迟和马思聪又返回市区,去赶赴新婚夫妇的晚宴。

伟人的接见让徐迟的心情难以平静,一天,他突然想起自己有一本精美的册页,上面已有关山月画的两幅敦煌壁画临摹《舍身饲虎图》、叶浅予做的两幅戴爱莲舞姿素描和马思聪写在五线谱上的他的《第一交响乐》主题及其变奏的音乐符号。这些都是些弥足珍贵的瑰宝。但他还想在另一空白页上请毛泽东留下墨宝。于是,他将册页给了乔冠华,希望乔代他请求毛泽东在上面为中国诗人或者说为大后方诗人赠言题字。乔冠华理解徐迟的心情,爽快地把册页拿走了。

大约一星期后,乔冠华把这本题好了字的册页还给了徐迟。徐迟小心翼翼地打开册页一看,上面题的是"诗言志"三个字和"毛泽东"的落款。

一天,徐迟请郭沫若欣赏毛泽东的墨宝,大文学家、大书法家郭沫若一看,大声叫好,并自行研墨提笔,在毛泽东题字的旁边写下了他自己的即兴之作,一首新词《沁园春》。

徐迟把这本有伟人和多位名人真迹的册页视为无价之宝,20世纪80年代,他把这件记载着他和领袖,以及几位文化界名人友谊的瑰宝,交给了国家档案馆保存。不过,中共中央办公厅为了给徐迟一个慰藉,专门给他勾填了一册逼真的复制本,作为永久纪念。

(《毛泽东题词题字珍闻》 颜坤琰)

▶挺起共产党人的精神脊梁
　　　——毛泽东延安题词的故事

努力工作，忠实于党

——为陈昌奉题词

努力工作，忠实于党，忠实于人民！祝你胜利。

1946 年 5 月 17 日

陈昌奉从小家庭贫困，十几岁时，离家参加了红军，在中国工农红军第四军军部副官处当号兵、勤务员，不久调到毛泽东身边做警卫工作。

1934 年 10 月，陈昌奉跟随毛泽东走上了漫漫长征路。

陈昌奉是红军时期给毛泽东当警卫员较早、时间较长的人员之一。1936 年，毛泽东送他到红军学校去学习。毕业后到西北保卫局保卫队任指导员，后又到延安公安局工作。

全民族抗战胜利后，党中央决定派大批干部到新区和敌后去工作，1946 年 5 月，陈昌奉被调到山东前线部队工作。离开延安前，毛泽东亲笔给陈昌奉题词，鼓励他努力为党工作。多年后，

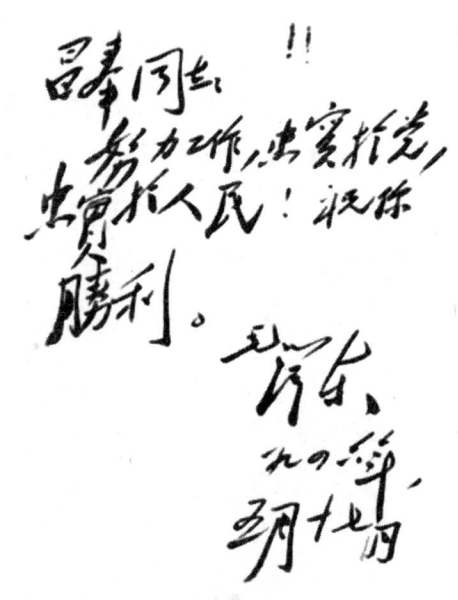

为陈昌奉题词

陈昌奉回忆起毛泽东给他题词的经过：

一天，接到中央组织部通知，要我去谈工作。去后，组织部决定我到山东去。

那时，我对调动工作已经很习惯了，可这一次有点不同，心情上掀起了很大的波澜——要离开主席了！再不容易看到主席了！

回到家，我什么也没顾得，脑子里只有一个念头：去看看主席，再看他老人家一眼啊！于是我拿起了电话，接到主席那里。主席叫我明天上午去。

吃完早饭，我就和我的爱人抱着刚满周岁的孩子往主席住的地方王家坪走去。

到了王家坪，贺清华同志在门口迎接了我们。他热情地说："主席一早就在办公室等你们哪！"

我们兴奋地跟着贺清华同志走进院子。

主席出来了。他穿着一身中山服。比之前胖了一些。我赶忙走上前去打了个敬礼，主席亲切地把我们让到他的会客室里。

主席关切地问我："要到什么地方去呀？"

我告诉主席到山东去。

"那要离开陕北了！有什么困难没有？"主席说。

我说没有什么困难。

主席又问我，爱人和小孩是否也一同走，路上有无困难等，我回答后，又嘱咐我好好关照他们。

谈了一会儿，主席又逗着我们的小孩，一面问我们关于小孩的一些情况。

后来主席坐了下来，谈到我去山东的问题，他说，到了新地区工作，会遇到很多困难，要想办法克服。并再三嘱咐我，要和群众打成一片。说话的时候，他让贺清华同志拿来了两包自制的饼干和一些牛

> 挺起共产党人的精神脊梁
> ——毛泽东延安题词的故事

肉干，递给我说："你们要走了，我也没有什么好的东西送给你们，这点东西留着给小孩路上吃。"

这个时候，我拿出了早已准备好的小本子，对主席说："主席，我要离开您了，您给我写几个字吧！"

主席立刻让贺清华同志拿来了墨盒、毛笔，在本子上留了如下的题字：

昌奉同志：

　　　努力工作，忠实于党，忠实于人民！祝你胜利。

　　　　　　　　　　　　　　毛泽东

　　　　　　　　　一九四六年五月十七日

写好之后，他又拿出一张他自己的照片送给我。

我们事前听贺清华同志说，主席十点半有会，所以到了那个时间我们就站了起来。

主席说："不要忙，我去开会，你们在这里玩；在这里吃过饭再走！"一面就对贺清华同志说："把他们留下来吃饭！让陈昌奉自己挑几样菜！"

我们对主席说，因为行期已近，急着回去做些准备，不在这里吃饭了。

主席看我们执意要走，也就没有再强留。他亲自送我们到门口，并一再嘱咐我们要好好地工作，要注意身体。

1946年5月18日，我离开了延安。

（《毛泽东题词题字珍闻》　李新芝）

▶ 四、
人物题词

人民的光荣

——为祝贺朱德六十寿辰题词

朱德同志六十大寿　人民的光荣

1946 年 11 月 30 日

　　1946 年秋冬之交，人民解放战争正处在一个重要时刻：解放区的自卫作战已取得了可喜的进展，尽管中国人民解放军在军事上处于劣势，却在 7 月至 11 月间消灭了进攻解放区的国民党军队 39 个旅，约占它总数的五分之一；但蒋介石仍过高估计自己的力量，以为可以凭借他们在军事上的优势，实行速战速决。

　　他不顾中国共产党一再发出的警告，在 10 月 11 日强行侵占华北解放区政治军事中心之一的张家口。当天下午，便撕毁政治协商会议上达成的有关协议，单方面宣布将召开"国民大会"。11 月 19 日，中共中央代表周恩来结束同国民党进行了一年多的和平谈判，返回延安。国民党军队积极准备向陕甘宁边区发动进攻。延安正处于紧张的备战气氛中。

　　这年 12 月 1 日，是朱德六十寿辰。人们

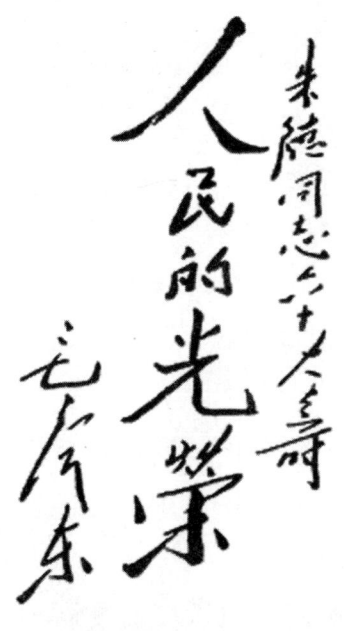

为祝贺朱德六十寿辰题词

▶挺起共产党人的精神脊梁
　　——毛泽东延安题词的故事

在这个严峻的历史时刻为自己的总司令祝寿，有着一种特殊的心情，自然地把朱德的名字同中国人民的命运联系在一起，形成热烈、真挚的感人情景。

祝寿前夕，《解放日报》在11月27日发表了中共中央祝贺朱德六十寿辰的祝词和《朱德将军年谱1886—1946》，从11月29日起，延安全城悬旗三天。党、政、军、农、工、商、学各界，纷纷举行庆祝活动。有的献上刚从前线缴获的胜利品，有的献上自己亲手种植的丰收果实。

中共中央及各中央局，毛泽东、刘少奇、周恩来、彭德怀、林伯渠、刘伯承、邓小平、贺龙、聂荣臻、叶剑英等都为朱德的六十寿辰题词、撰文、致电，表示祝贺。

毛泽东的题词是"朱德同志六十大寿　人民的光荣"。刘少奇的题词是"朱总司令万岁"。

11月30日，是祝寿活动的高潮。《解放日报》以整整两版的篇幅，刊登毛泽东、刘少奇、周恩来等的题词，刊登各中央局的贺电，刊登彭德怀、林伯渠、陆定一、习仲勋等的祝寿文章，刊登陕甘宁边区政府副主席、民主人士李鼎铭的题词"为亿万人民寿"。寿堂设在中央大礼堂大厅内。寿堂正中墙壁上是毛泽东的题词和中共中央的贺词"万年长青"，周围墙壁挂满了各方送来的贺词贺联。下午一时，朱德穿着灰布军装，身披斗篷，乘吉普车来到寿堂，接待络绎不绝的各界祝寿代表。他亲切地对大家说："你们不必祝贺我，我要祝贺你们，祝贺党，祝贺人民。"当时正在延安的一些外宾，如美国著名记者斯特朗、苏联医生米尼科夫斯基等也前来祝寿。

这天晚上，在中央大礼堂举办祝寿晚会。陕甘宁边区政府主席林伯渠首先致辞。接着刘少奇上台讲话，他称赞："朱总司令六十年来为中国人民所作的事业，是中国共产党和中国人民最优秀的结晶，给予党和人民极大的光荣。"周恩来在晚会上宣读了他的祝词，他那热情洋溢、铿锵有力的声音，激起了全场一阵又一阵的掌声。最后由朱德致答词。

同延安的热烈气氛一样，各解放区军民也以各种形式表达对朱德六十大寿的祝贺。哈尔滨市各界代表5万余人集会庆祝，东北行政委员会副主席高崇民致祝词。晋绥解放区各界代表5万余人集会庆祝，贺龙司令员致祝词，参议会副议长、民主人士刘少白讲话，称赞朱德"有如冬日之可爱"。晋察冀军区、华中军区也都集会庆祝，聂荣臻、粟裕分别致祝词。冀鲁豫军区在集会祝寿的同时，还在11月30日举办了一个缴获进攻解放区的国民党军队的武器展览会，陈列战利品629门大炮、18辆坦克，作为向朱德祝寿的礼物。

在国民党统治区的共产党人和进步人士，也纷纷祝贺朱德的六十寿辰。

（选自《朱德传》 金冲及著）

▶挺起共产党人的精神脊梁
——毛泽东延安题词的故事

坚强的老战士

——为祝贺徐特立七十寿辰题词（1947年1月）

徐特立，湖南长沙人。早年从事教育工作，是毛泽东在湖南第一师范读书时的老师，他严谨的治学态度给毛泽东留下了深刻的印象。20世纪初，徐特立留法勤工俭学，学成回国后，50岁时加入了中国共产党。

徐特立入党后，先后参加过南昌起义、中国工农红军长征。红军到达陕北后，徐特立担任中华苏维埃中央政府教育部部长。陕甘宁边区政府成立后，他担任边区教育厅厅长，着手抓边区的教育事业。他工作勤勤恳恳，为陕甘宁边区的教育事业作出了重大的贡献。

在延安时期，徐特立十分热爱和尊敬毛泽东。当人们提起他是毛泽东的先生的时候，他总是说："从前我在湖南第一师范教过书，当过毛主席的先生，那是真的；那只是一日之师，而毛主席是我的终身之师。"徐特立要求大家向毛泽东学习。他说："泽东同志值得我们学习的地方是很多的，特别是他精通马列主义理论，善于运用马列主义的立

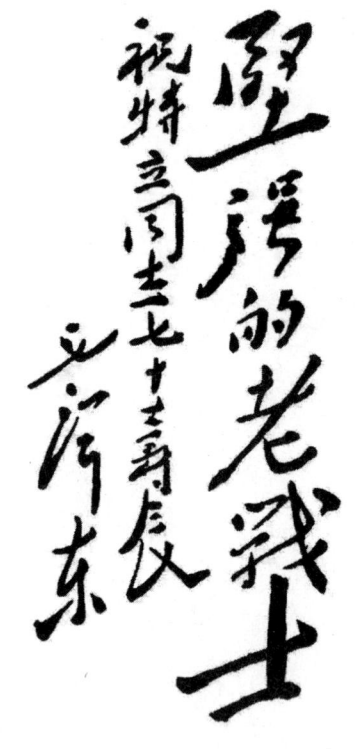

为祝贺徐特立七十寿辰题词

场、观点和方法来解决中国革命的实际问题。此外在政治、军事、经济、历史、文学各方面都有很深的造诣。他的知识是多方面的，非常渊博。他的最大特点就是坚持理论联系实际，实事求是的原则，不自以为是。"

　　毛泽东对他的老师徐特立更是十分敬佩。1937年1月30日，在延安各界为徐特立举行六十寿辰庆祝大会的时候，毛泽东怀着对师长的尊敬心情，写了一封感情真挚的信给徐特立，为他祝寿。毛泽东在信中说："你是我二十年前的先生，你现在仍然是我的先生，你将来必定还是我的先生。""你是处处表现自己就是服从党的与革命的纪律之模范，而在有些人却似乎认为纪律只是束缚人家的，自己并不包括在内。你是革命第一，工作第一，他人第一，而在有些人却是出风头第一，休息第一，与自己第一。你总是拣难事做，从来也不躲避责任，而在有些人则只愿意拣轻松事做，遇到担当责任的关头就躲避了。所有这些方面我都是佩服你的，愿意继续地学习你的，也愿意全党同志学习你。"毛泽东的这封信，充分地表达了一位学生对老师的崇敬之情，高度概括了徐特立为中国人民的解放事业作出的重大贡献，热情地赞扬了他作为一名共产党员的崇高品德。

　　1947年1月29日，是徐特立七十寿辰。这时，国民党胡宗南正准备进攻延安，毛泽东一方面要为老师祝寿，另一方面还要显示延安军民沉着应战，以鼓励边区军民。在徐老生日的前几天，毛泽东派了一辆大卡车把正在绥德的徐特立接回延安。

　　在寿辰的前一天晚上，毛泽东同朱德等中央领导亲临徐老居住地祝贺，俗称"暖寿"。29日，中共中央办公厅、边区政府在延安举行了热烈的庆祝大会，各解放区负责人也纷纷来电祝贺，中央主要领导均为徐老题词。毛泽东的题词是"坚强的老战士"。这是毛泽东对他老师的光辉一生的崇高评价。

（《毛泽东题词题字珍闻》　李新芝）

▶挺起共产党人的精神脊梁
　　——毛泽东延安题词的故事

光明在前

——为任远志题词（1947年春）

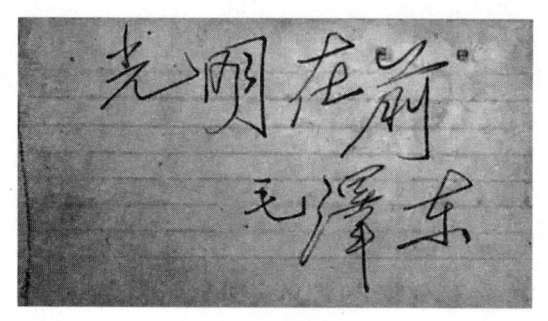

为任远志题词

　　1947年转战陕北时，任远志姐妹曾经跟着任弼时与毛泽东、周恩来住在王家湾一孔窑洞里。那时的炕家家户户都有虱子，有臭虫，任远志和妹妹都染上了虱子，浑身都是。任远志就把被子拆了，到河沟里去洗。3月的河水冰冷冰冷的，洗完了以后就发高烧。任弼时便在脸盆里装一盆水，一边办公，一边弄个毛巾给任远志敷头降温。周恩来看任弼时很辛苦，也跑过来给任远志敷头。

　　不到一个月后，大部队要转移，任远志必须离开毛泽东他们，有点舍不得。那天，任远志拿着个小本子跑到毛泽东面前说："毛伯伯，请你给我题个字吧，我要过河了。"毛泽东说："啊，你要走了？"任远志说："是，爸爸说你们很忙，我们在这里给你们添麻烦，我病了，你们都为我操心，我要走了。"毛泽东摸着任远志的头说："大女儿你要走了，我给你题个什么字呢？"想了一下，然后拿她的笔在小本上写下"光明在前"——这幅字至今珍藏在军事博物馆。

（《访任弼时大女儿任志远》　挽风）

光明在前　努力奋斗

——为蒋英题词（1948年）

蒋英是毛泽东的秘书叶子龙的爱人，她曾在中央办公厅机要室工作，为毛泽东等中央领导服务。回忆毛泽东给她的题词，她说1947年3月，她带着两个孩子随中央后委从延安撤退，一路行军，风餐露宿，东渡黄河，到达山西临县三交镇，并在这一地区参加并发动群众土地改革，工作、生活都异常艰苦。1948年年初，从中央前委所在地杨家沟到三交镇办事的同志给她带来一封信，信封上用毛笔写着"蒋英"两个字。在延安时，蒋英曾多次为毛泽东抄写文稿，对他的字很熟悉，一看信封就知道是毛泽东写的，拆开信封，抽出信纸，上面有八个大字：

光明在前　努力奋斗

毛泽东

这题词是对在基层艰苦努力工作的同志的激励，它更增强了同志们对中国革命最后胜利的信心。

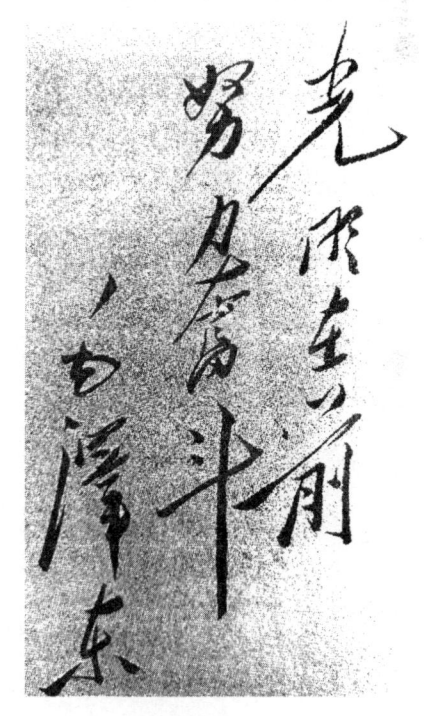

为蒋英题词

（《毛泽东题词题字珍闻》　李新芝）

五、挽词、挽联、挽诗

- ☆ 共产主义是三民主义的好朋友
- ☆ 为人民而死　虽死犹荣
- ☆ 忠心耿耿　为党为国
- ☆ 生的伟大　死的光荣
- ☆ 抗战到底，浩气长存
- ☆ 死难烈士万岁
- ☆ ……

▶ 五、
挽词、挽联、挽诗 /

共产主义是三民主义的好朋友

——为纪念孙中山先生逝世十三周年及追悼抗敌阵亡将士大会题挽联

1938年3月12日,毛泽东在延安出席由八路军政治部发起召开的纪念孙中山先生逝世十三周年及追悼抗敌阵亡将士大会,并发表演讲,还题写挽联"国共合作的基础为何,孙先生云:共产主义是三民主义的好朋友;抗日胜利的原因安在?国人皆曰:侵略阵线是和平阵线的死对头"。

▶挺起共产党人的精神脊梁
　　　　——毛泽东延安题词的故事

抗战到底，浩气长存
——为延安各界举行的追悼抗日阵亡将士
及死难同胞大会题挽联

　　1938年7月7日上午，延安各界举行追悼抗日阵亡将士及死难同胞大会，并举行抗日阵亡将士纪念碑奠基典礼。毛泽东出席大会，敬献挽联"抗战到底，浩气长存"，并在大雨中领导进行抗日阵亡将士纪念碑奠基典礼，在哀乐声中为死难者敬献花圈。

> 五、
> 挽词、挽联、挽诗 /

哀悼我们教育战线上的勇士

——为杨兰史题挽词

哀悼我们教育战线上的勇士　杨兰史同志永远不死

1938年10月17日

1938年10月,在中国大地上正处于国共合作抗日之际,毛泽东在延安为年轻有为的抗日军政大学教授杨兰史题写悼词。

杨兰史,原名杨衍祥,广东省大埔县百侯镇人(土地革命时隶属于闽西苏区),1907年出生,刚满周岁时,父亲病逝、母亲改嫁,杨兰史成为孤儿,靠祖父杨子和抚养成人。

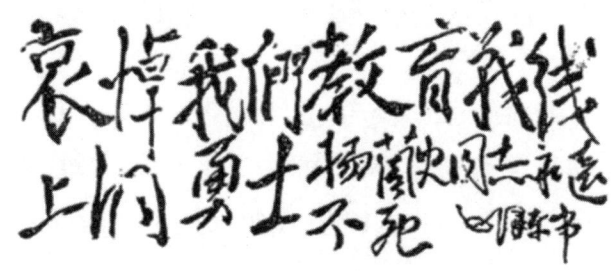

为杨兰史题挽词

杨兰史秉性聪明,从小学到中学,虽生活艰苦,读书却刻苦用功,成为百侯中学品学兼优的学生,被选为学生会主席。在进步教师的指引下,他学习马列主义和进步书刊,提高了阶级觉悟,1926年在校秘密参加中国共产党,通过各种合法组织领导学生运动。同年5月,他与百侯镇工人领导杨伦经等人组织群众游行示威,冲进区公所,揭露区长勾结土豪劣绅贪污公款压迫群众的罪行,迫使国民党政府撤销百侯区长,这一行动震慑

▶挺起共产党人的精神脊梁
——毛泽东延安题词的故事

了敌人,振奋了群众。

1927年8月中旬,八一南昌起义军进入大埔后,他率领百侯中学学生赶到三河坝战斗前线,发动群众支援战斗,经过这次锻炼,他的革命意志更加坚定。1929年春,在亲友资助下,他考入上海复旦大学,在学校党组织领导下他参与本校学生运动。1930年因革命工作需要,他调任中共中央(上海)无线电台工作。1931年他与曾三、王逸群、岳夏等人由地下交通线秘密接送,从上海绕道香港,经汕头、大埔、永定、上杭进入江西中央苏区,1932年出任我党创办的通信学校校长,培训了大量的通信专业人才,并由党派往各革命根据地和国统区工作,沟通了中央苏区与全国各地地下党的联系。

1934年10月,杨兰史跟随部队参加长征,经历一年多艰苦的战斗到达延安。1936年上半年,杨兰史奉命参加中国人民抗日军政大学(简称"抗大")的筹办工作,任教授(后担任政治教育科长)。他长期带病坚持工作,以马列主义理论并结合抗日战争的形势需要,培养出大批革命干部,奔赴抗日前线,毛泽东称他是"我们教育战线上的勇士"。

杨兰史因长期参加艰苦的革命斗争,操劳过度,积劳成疾,患上肺结核、脑膜炎,由于当时物质条件差、医药短缺,虽经多方抢救,终被病魔夺去宝贵的生命,于1938年10月17日在延安病逝,时年31岁。

杨兰史逝世后,中共中央机关干部和抗大教职员工共数千人,为哀悼杰出的年青有为的杨兰史,纪念他为革命事业和抗大付出辛勤的功绩,在朱德主持下于10月21日举行了隆重的追悼大会。毛泽东出席追悼会。中共中央、党的领导人及各机关、单位都送了花圈。党中央的挽词是"忠于革命学校工作的典型工作者!"毛泽东写了"哀悼我们教育战线上的勇士 杨兰史同志永远不死"。朱德的悼词是:"二万五千里长征的英雄又弱了一个!"刘少奇的悼词是:"学而不厌,诲人不倦。"周恩来的挽词是:"悼念兰史同志忠于党、忠于无产阶级、忠于革命直至最后一息!"彭德怀的挽词是:"中国共产党和中国人民的一个严重损失!"叶剑英的挽词是:"学习杨兰史同志在政治上的坚定性!"追悼会后,党中央出版了悼念杨兰史烈士的《特辑》,以作纪念。

1939年6月18日,抗大三分校校长许光达给杨兰史的祖父杨子和先生写了一封信(随信寄去一册追悼《特辑》),信中说:"……兰史同志虽死,但他的革命精神将永远存在无数同志的心中!先生有这样一个忠实于革命事业的后辈,实有无限的光荣!"

(《福建党史月刊》2010年第7期 赵惠)

▶挺起共产党人的精神脊梁
　　——毛泽东延安题词的故事

为杨十三题挽词

国家在风雨飘摇之中，对我辈特增担荷；燕赵多慷慨悲歌之士，于先生犹见典型。

1939年7月21日

杨十三，因他在堂房弟兄中排行十三，故名杨十三。1889年出生于河北省迁安县。1916年，毕业于直隶省公立高等工业专门学校（即今河北工业大学前身），1920年留学美国，1923年获得硕士学位；同年回国，受聘于直隶省工业试验所，任化学工业课课长，致力于研究造纸；1929年，应聘于河北省工业学院，任化学工程学系教授。1937年他加入"华北人民抗日自卫委员会"，任委员。受中国共产党的影响，他的反帝爱国思想日益坚定。

1933年，长城抗战中，杨十三动员家乡群众支援中国军队。1937年天津沦陷后，杨十三投笔从戎，组织华北人民武装自卫会。1938年春，杨十三回到冀东参加抗日武装暴动，任抗日联军洪麟阁部政治部主任。暴动中，杨十三率所部攻克玉田、丰润县城。1938年10月，暴动队伍西撤时受挫，洪麟阁牺牲，杨十三身患重病，但仍坚持设法与八路军联系。最后终于与八路军总部取得了联系，八路军总指挥朱德、副总指挥彭德怀亲切接见了他。1939年5月，杨十三应朱德电召，赴太行山八路军总部，被总部留下搞军工；同年7月21日，在反"扫荡"战斗中牺牲在山西省襄垣县上遥镇，时年50岁。

为了表彰杨十三对中华民族解放事业的坚贞不渝的高贵品德，八路军总部为杨十三举行了隆重的追悼大会,朱德主持,彭德怀致悼词。悼词中说:杨十三的逝世,使我军失去了一位亲密合作的忠实朋友,使冀东人民失去了他们的抗日领袖,使我们国家失去了一位爱国热情极高的科学家……

毛泽东送了题为《追悼冀东抗日英雄杨十三》的挽联:

国家在风雨飘摇之中,对我辈特增担荷;燕赵多慷慨悲歌之士,于先生犹见典型。

(《党史博采》2005 年第 11 期　曾文友)

▶挺起共产党人的精神脊梁
　　——毛泽东延安题词的故事

既坚决又灵活

—— 为延安各界追悼"平江惨案"死难烈士大会题挽联

　　顽固分子罪不容诛，挟成见作内奸，专以残害爱国英雄为能事；共产党员应该警惕，既坚决又灵活，乃是对付民族败类之方针。

1939年8月1日

　　自国民党五届五中全会以后，国民党顽固派就不断在全国各地制造摩擦。1939年6月12日，根据蒋介石的秘密命令，国民党第二十七集团军派兵包围新四军驻湖南平江嘉义镇的通讯处，残杀新四军参议涂正坤、八路军少校副官罗梓铭等六人，这件惨案称为"平江惨案"。

　　8月1日，毛泽东出席在延安南门外体育场举行的延安各界人士追悼"平江惨案"死难烈士大会，发表题为《用国法制裁反动分子》的演说。毛泽东首先对国民党反动派屠杀革命同志、抗日战士提出抗议，他指出，现在应该杀死什么人？应该杀死汉奸，杀死日本帝国主义者。但是，中国和日本帝国主义者打了两年仗，还没有分胜负。汉奸还是很活跃，杀死的也很少。革命的同志、抗日的战士却被杀死了。什么人杀死的？军队杀死的。军队为什么杀死了抗日战士？军队是执行命令，有人指使军队去杀的。什么人指使军队去杀？反动派在那里指使。这些反动派，他们是准备投降的，所以恭恭敬敬地执行了日本人和汪精卫的命令，先把最坚决的抗日分子杀死。这件事非同小可，我们一定要反对，我们一定要抗议！接着毛泽东驳斥了国民党顽固派的统一观,提出自己的统一观。他说:中国应该统一,不统一就不能胜利。但是什么叫统一呢?统一就是要大家抗日,要大家团结,要大家进步,要有赏有罚。现在统一了没有呢?没有。"平江惨案"就是证据。我们早就要求全国统一。第一个,统一于抗战;第二个,统一于团结;第三个,统一于进步。然而近来日本帝国主义的捣乱更加厉害了,国际帝国主义帮助日本也更加积极了,中国内部的汉奸,公开的汪精卫和暗藏的汪精卫,他们破坏抗战,破坏团结,向后倒退,也更加积极了。他们想使中国大部投降,内部分裂,国内打仗。现在国内流行一种秘密办法,叫做什么《限制异党活动办法》,其内容全部是反动的,是帮助日本帝国主义的,是不利于抗战、不利于团结、不利于进步的。这种办法就是破坏团结的种种罪恶行为的根源。毛泽东最后指出,我们今天开这个大会,就是为了继续抗战,继续团结,继续进步。为了这个,就要取消《限制异党活动办法》,就要制裁那些投降派、反动派,就要保护一切革命的同志、抗日的同志、抗日的人民。

毛泽东还为召开延安各界人士追悼"平江惨案"死难烈士大会题写挽联:

顽固分子罪不容诛,挟成见作内奸,专以残害爱国英雄为能事;
共产党员应该警惕,既坚决又灵活,乃是对付民族败类之方针。

(《1937—1947年十年纪事——毛泽东在延安》 刘益涛)

▶挺起共产党人的精神脊梁
　　——毛泽东延安题词的故事

民族英雄　虽死犹生

——为谢子长题挽词（1939年8月）

谢子长，1897年1月出生在陕西省安定县枣树坪一个农民家庭。原名世元，又名德元，号浩如。谢子长1918年就读于省立一中，次年转入榆林中学。受五四运动影响，1922年中学未毕业，就回乡创办了一所小学，意图教育救国。但是，他看到的是军阀、豪绅盘剥压榨百姓，使百姓苦不堪言，穷人家的孩子上不起学。残酷的现实使谢子长放弃了"教育救国"的理想，他毅然投笔从戎，考入太原学兵团学习军事。

1924年，他离开太原学兵团，回到了家乡，开始办县民团，并任团总，谢子长的目的就是，掌握枪杆子，"除豪霸、振衰弱"。这期间，为了探求革命真理，谢子长曾奔赴北京、天津，联络陕西旅京人士，进行反对陕北军阀的活动。这期间他接触到了中共北京地区的党组织，1925年，经北京地委批准，谢子长加入了中国共产党。

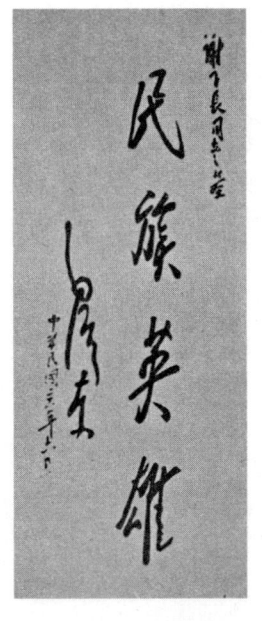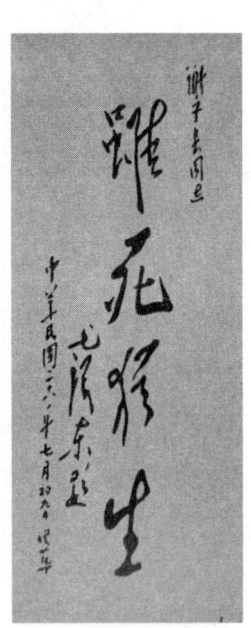

为谢子长陵题词

五、挽词、挽联、挽诗

　　1926年年初,谢子长根据党的指示,回家乡安定县继续办民团,利用团总身份进行革命活动。1927年2月,他被选为安定县地方行政会议主席团成员和农民协会促成会委员。曾创办青年军事干部训练班和农民运动讲习所,开展反帝反封建的宣传教育,组织和领导农民协会打击封建官僚,惩办土豪劣绅,被群众誉为"谢青天"。

　　大革命失败后,1927年8月1日,周恩来、朱德等人领导举行南昌起义。同年9月,毛泽东在湖南领导举行秋收起义。10月,谢子长与唐澍、李象九等人在陕西领导举行清涧起义,担任西北革命军游击支队副指挥。1928年5月参与领导了渭华起义,任西北工农革命军军事委员会委员兼革命军第三大队大队长。

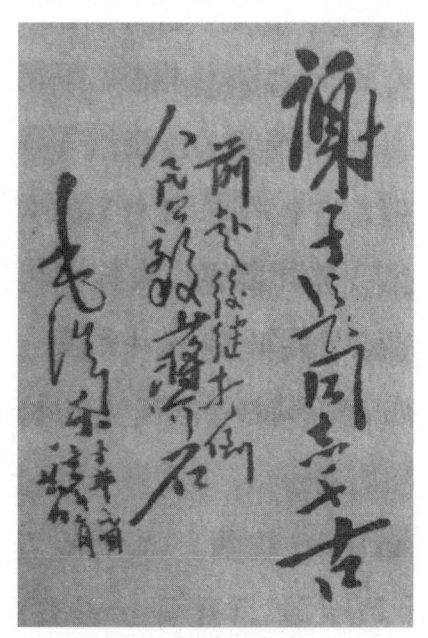
为谢子长题挽词

为谢子长题写碑文

　　起义失败后,谢子长回到陕北开展武装斗争,任中共陕北特委军委委员。1930年8月任中共陕北行动委员会军事指挥部总指挥。

　　1929年至1931年,他先后在陕北、宁夏、甘肃等地做兵运工作。

挺起共产党人的精神脊梁
——毛泽东延安题词的故事

1931年10月,和刘志丹等人一同将南梁游击队和陕北游击支队合编为西北反帝同盟军,后改编为中国工农红军陕甘游击队,任总指挥,率部转战陕甘地区,创建革命根据地。

1933年夏,谢子长被派往察绥抗日同盟军第十八师,负责党的组织工作,协助师长许权中指挥作战。同年1月回到陕西,任中共中央北方代表派驻西北军事特派员。他在极端困难的条件下,恢复了陕北红军游击队第一支队,壮大了第二、第三支队,建立了第四、第五支队,并协助地方党组织建立赤卫军、少先队、妇女会等,扩大了党和红军的影响,建立了以安定、延川为中心的陕北革命根据地。

1934年7月,谢子长任陕北红军游击队总指挥,率部奇袭安定县城,占领县政府,救出被敌人逮捕的数名党员和革命群众,使红军军威大振,推动了陕北游击战争的开展。8月,谢子长兼任红二十六军四十二师政治委员,率红四十二师三团及陕北游击队第一、二、五支队,进行陕北、陕甘苏区第三次反"围剿"斗争,连续取得清涧河口、横山董家寺、安定县县城等战斗的胜利。在河口战斗中,谢子长不顾个人安危,在前线指挥作战,胸部被敌弹击中,身负重伤。他忍住剧痛,坚持指挥,直到战斗完全胜利。

由于医疗条件有限,他的伤势不断恶化,1935年2月21日在安定县灯盏湾逝世,时年38岁。

1939年8月,在英雄故里修建烈士陵墓。有关部门找到毛泽东,要他为谢子长陵墓题词,同时题写碑文。毛泽东听了汇报后,立即挥笔写下了"民族英雄""虽死犹生",并为谢子长陵墓题字:

民族英雄谢子长同志之墓

接着,毛泽东为谢子长题写了碑文。毛泽东题写的碑文内容是:

谢子长,名德元,安定人,一九二五年在北平加入共产党,自此即以共产主义为解放中国人民之道路,创农民讲习所,组织农协,领导人民参加反帝反军阀运动，人民因有谢青天之称。一九二七年，大革命失败后，子长起义于清涧，继参加渭南暴动①，败不丧志，奔走西北、华北各地。"九一八事变"后，于陕甘之间组织反帝同盟军，改为中国工农红军陕甘游击队，即是第二十六军之前身。一九三三年赴察哈尔参加抗日同盟军，失败后回陕北组织第二十七军，协同刘志丹诸同志，创建了陕甘宁边区。一九三四年于河口之役负伤，一九三五年春因伤逝世。党政军民各界感子长之功德，改安定县为子长县以志纪念。

于政府及人民为子长立墓之时，书以叙之。

毛泽东
中华民国二十八年②七月初九日

1946年2月17日，谢子长的遗骨由枣树坪迁至齐家湾埋葬。19日上午，谢子长陵落成典礼和公祭大会在齐家湾隆重举行。毛泽东又一次为谢子长陵题词：

谢子长同志千古　前仆后继　打倒人民公敌蒋介石

(《毛泽东题词题字珍闻》　李新芝)

---

① 即渭华起义。
② 即1939年。

▶挺起共产党人的精神脊梁
　　——毛泽东延安题词的故事

学习白求恩同志的国际精神
——为白求恩题挽词

学习白求恩同志的国际精神，学习他的牺牲精神、责任心与工作热忱

1939 年 12 月 1 日

白求恩是加拿大共产党党员、胸外科专家，1938年他受加拿大共产党和美国共产党的派遣，不远万里，来到中国，帮助中国的抗日战争。1939年11月不幸病逝。1939年12月1日，延安各界在中央大礼堂为其举行追悼大会，毛泽东书写了挽词"学习白求恩同志的国际精神，学习他的牺牲精神、责任心与工作热忱"，并于12月21日为八路军政治部、卫生部编辑的《诺尔曼·白求恩纪念册》撰写了《学习白求恩》一文，这就是后来编入《毛泽东选集》第二卷的《纪念白求恩》。

亨利·诺尔曼·白求恩，1890年3月3日出生在加拿大安大略省的格雷文赫斯特。受祖父影响，白求恩从8岁起就开始对医学感兴趣，并决心长大也做一名外科医生。后来，白求恩考入多伦多大学开始学医。1918年，白求恩参加了英国海军，成为上尉军衔的外科医生，直到第一次世界大战结束。1922年被录取为英国皇家外科医学会会员。

1935年7月，白求恩作为加拿大医学界的代表，到苏联的列宁格勒参加国际生理学大会，同时，对世界上第一个社会主义国家的社会

五、挽词、挽联、挽诗

状况和医疗事业进行考察，令其耳目一新，心情振奋。他回国以后，在这一年就秘密加入了加拿大共产党，决心为人类解放事业和共产主义事业而奋斗。1936年11月3日，白求恩出发奔赴马德里，志愿参加反法西斯斗争。

在战场上，他对输血进行了很多探索性的工作，并发明了世界上第一个流动血库和输血技术，大规模的给伤员输血，挽救了许多伤员的生命。全民族抗战爆发以后，白求恩通过在美国洛杉矶宣传抗日的中国著名教育家陶行知的介绍，决心到中国去！不久，他受加拿大共产党和美国共产党的派遣，于1938年1月8日告别亲人，从加拿大的温哥华市登上海轮，远渡重洋，经香港、武汉、郑州和西安，于3月底到达延安。周恩来、朱德分别在武汉、西安会见了白求恩。

毛泽东在白求恩到达延安的第二天晚上，就在凤凰山麓住处的窑洞里会见了他。两人在烛光下亲切地从夜里十一时长谈到次日凌晨二时。毛泽东邀请他留在延安主管八路军边区医院。白求恩说："我请求到前线去。一个军医的战斗岗位应该是离火线最近的地方。我从加拿大带来的20多箱医疗器材，足够建一个战地医疗队的需要。"毛泽东非常兴奋，表示赞赏，在分别时还风趣地说："你长得很像列宁。"白求恩说："因为我是列宁主义的实践者嘛！"白求恩当晚在日记中写道："我在那间没有陈设的房间里和毛泽东面对面坐着，倾听他从容不迫的言谈的时候，我回想到长征，想到毛泽东和朱德在那伟大的行军中怎样领导红军经过二万五千里长征长途跋涉，从南方到了西北崇山峻岭的黄土地带。由于他们当年的战斗经验，使得他们今天能够以游击战来困扰日本军队，使侵略者的优越武器失去效力，从而挽救中国。""我现在明白了，为什么毛泽东那样感动每一个和他见面的人。他是一个巨人，是我们世界上最伟大的人物之一。"

1938年5月，白求恩离开延安率领战地医疗队奔赴晋察冀前线，

▶ **挺起共产党人的精神脊梁**
　　——毛泽东延安题词的故事

一路考察，一路诊疗，于1938年6月17日到达军区司令部驻地山西省五台县金刚库村，受到军区司令员聂荣臻等人的欢迎。他在给毛泽东的信中写道："我深深地感到必须向中国同志学习，学习他们为美丽的国家而与野蛮的法西斯进行英勇搏斗的伟大精神。"

　　1938年9月15日，由白求恩建议创办的晋察冀根据地第一所"模范医院"在松岩口正式建成。白求恩不仅医术精湛，而且医德高尚，还是一个医改倡导者和医学发明家。从1929年到1936年间，是白求恩在医学上卓有建树的时期，他改进了12种医疗手术器械，包括肋骨剥离器在内的许多医疗器械直到今天仍然广泛应用于外科手术中。此外，他还发表了14篇胸外科方面的学术论文。

　　八路军的医务队伍，多数是农村战士参军以后边干边摸索成长起来的，没有得到基本训练。白求恩看到这种情况，就亲自编写教材，亲自讲课。白求恩在救治成千上万个战士生命的同时，还完成了重要医学著作《游击战争中师野战医院的组织和技术》，被称为"他一生最后心血的结晶"。白求恩到了中国，看到医疗条件太差，医生水平很低，战士得不到妥当的治疗，十分焦急，决心建一所正规的医院，进行教学，培训医生。从敌强我弱、战火纷飞的形势来看，建设这样一所医院是不现实的，但出于对白求恩的尊重，首长还是批准了他的计划。经过几个月的努力，白求恩心爱的医院建成了，他决心把它变成"模范医院"。但建成开业仅仅三周，日军的炮火便把它毁掉了。白求恩明白了，在敌强我弱的游击战区，医疗也应该是游击形式，流动医院。于是，他就地取材，设计了可由两头骡子负驮的手提式手术室。有些伤员分散在游击区居民家里，他和医疗队冒着危险去为他们做手术。4个月里，行程1500余里，做手术315次，建立手术室和包扎所13处，救治伤员1000多名。为了适应战争环境，方便战地救治，组成流动医院，组织制作了药驮子，可装做100次手术、换500次药和配制 500 个处方所用的全部医疗器械和药品，被称为"卢沟桥药驮子"，制作了换药篮，被称为"白求恩换药篮"。

1939 年 11 月 1 日，白求恩在为一名重伤员做手术时，不慎划破手指，感染中毒发生败血症。聂荣臻命令医院和部队不惜一切代价抢救白求恩。11 月 12 日，白求恩写了遗嘱："亲爱的聂司令员：今天我感觉非常不好——也许我会和你们永别了……我唯一的希望就是能够多做贡献……每年要买 250 磅奎宁和 300 磅铁剂，专为治疗患疟疾者和贫血病患者。千万不要再到保定、天津一带去购买药品，因为那边的价钱要比沪、港贵两倍……最近两年是我平生最愉快、最有意义的日子。让我把千百倍的谢忱送给你和其余千百万亲爱的同志！"在生命的最后一刻，白求恩还对身边的同志说："请转告毛主席，感谢他和中国共产党给我的帮助。我相信，在毛主席的领导下，中国人民一定会获得解放！"

白求恩不幸逝世后，中共中央发了唁电。朱德也致电他的亲属并撰文表示沉痛哀悼和深切慰问。陕甘宁边区政府的挽联是"万里跋涉，树立国际和平，堪称共产党员模范；满腔热血，壮我抗战阵垒，应作医界北斗泰山"。延安《新华日报》还发表专文，沉痛悼念"我们伟大的伤员救星陨落了！"

《纪念白求恩》这篇著作，虽然只有 1000 多字，但是意蕴深邃。毛泽东首先运用列宁主义的观点，充分肯定白求恩精神是国际主义的精神，是共产主义的精神。同时，毛泽东高度赞扬"白求恩同志毫不利己专门利人的精神，表现在他对工作的极端的负责任，对同志对人民的极端的热忱"。接着，毛泽东严肃批评了党员队伍中存在的五种不良现象：一是"对工作不负责任，拈轻怕重，把重担子推给人家，自己挑轻的"；二是"一事当前，先替自己打算，然后再替别人打算"；三是"出了一点力就觉得了不起，喜欢自吹，生怕人家不知道"；四

▶ 挺起共产党人的精神脊梁
　　　　——毛泽东延安题词的故事

是"对同志对人民不是满腔热忱，而是冷冷清清，漠不关心，麻木不仁"；五是"见异思迁"，"鄙薄技术工作以为不足道，以为无出路"。毛泽东明确指出："这种人其实不是共产党员，至少不能算一个纯粹的共产党员"。毛泽东号召全党："每一个共产党员，一定要学习白求恩同志的这种真正共产主义者的精神。"在文章的结尾，毛泽东情理兼备、语重心长地写道："我们大家要学习他毫无自私自利之心的精神。从这点出发，就可以变为大有利于人民的人。一个人能力有大小，但只要有这点精神，就是一个高尚的人，一个纯粹的人，一个有道德的人，一个脱离了低级趣味的人，一个有益于人民的人。"

中华人民共和国成立以后，白求恩的陵墓由河北省唐县迁至石家庄华北军区烈士陵园，并建有白求恩纪念塑像。"白求恩奖"成为全国卫生界的最高奖项。

（人民网 2011 年 1 月 7 日　王健）
（http：//dangshi.people.com.cn/GB/138903/13678866.html）

▶ 五、
挽词、挽联、挽诗 /

学界泰斗，人世楷模

——为蔡元培题挽词

香港九龙奥士甸道蔡孑民先生家属礼鉴：孑民先生，学界泰斗，人世楷模，遽归道山，震悼曷极，谨电驰唁，尚祈节哀。

1940 年 3 月 7 日

1868 年 1 月 11 日，蔡元培出生在浙江省绍兴府的山阴县。4 岁，蔡元培入家塾。11 岁，父亲蔡光普因病早逝。1884 年，考取秀才。18 岁时，设馆教书。蔡元培 22 岁时中举人，同年迎娶了他的第一位夫人王昭。25 岁时，经殿试中进士，被点为翰林院庶吉士。殿试策论成绩为二甲三十四名（等于全国统考第三十七名），内容是"西藏的地理位置"。27 岁时，春应散馆试，得授职翰林院编修。就在这一年，甲午战争爆发，蔡元培开始接触西学，同情维新。1898 年 9 月返绍兴，任绍兴中西学堂监督，提倡新学。

蔡元培 34 岁时，到上海代理澄衷学堂（现上海市澄衷高级中学）校长，即为首任校长。1901 年 9 月，被聘为南洋公学经济特科班总教习。1902 年 1 月 1 日，蔡元培在杭州与他往日的学生黄仲玉女士举办了他一生中的第二次婚礼。蔡元培 35 岁时，同蒋智由等在上海创办中国教育会并任会长，创立爱国学社、爱国女学，均曾被推为总理。1903 年，爱国学社的活动引起清政府的警觉，下令侦讯。蔡元培辗转青岛、日本、绍兴、上海等地，一方面学习德语，准备赴德留学以躲

▶挺起共产党人的精神脊梁
　　——毛泽东延安题词的故事

避风头，一方面仍从事教育和革命活动。

1903年，蔡元培为抗拒俄国政府觊觎中国北方领土，与上海反清革命志士以对俄同志会的名义办了《俄事警闻》（后改《警钟日报》）。1904年，他在上海组织建立了光复会。1905年，同盟会成立，光复会并入，孙中山委任蔡元培为同盟会上海分会负责人。40岁时，他在驻德公使孙宝琦的帮助下前往德国柏林，入莱比锡大学听课和研究心理学、美学、哲学诸学科。一面学习，一面任唐绍仪（后任民国政府第一任内阁总理）四个侄子的中文教师。在德四年，他编著了《中国伦理学史》等一批学术书籍。1911年11月上旬，辛亥革命爆发不久，在陈其美去电催促下，蔡元培取道西伯利亚回国。

1912年1月4日，民国元年，中华民国临时政府在南京成立，他就任南京临时政府教育总长。1915年6月，他与李石曾、吴玉章等发起组织华法教育会，在法国勤工俭学，希望以此组织帮助更多华人到欧洲求学，后来的周恩来、邓小平等均是通过这个组织的帮助后顺利在法国学习的。

1916年11月8日，蔡元培与吴玉章一起乘船由马赛回国，抵达上海。1916年12月26日，受命担任北京大学校长。1917年，蔡元培聘请《新青年》主编陈独秀为文科学长，并聘请李大钊、胡适、钱玄同等"新派"人物在北大任教，实行"教授治校"的制度，提倡学术民主，支持新文化运动。1917年，蔡元培邀请著名哲学家梁漱溟到北京大学讲授印度哲学。1917年，徐悲鸿应蔡元培之邀从日本东京返北京，任北京大学画法研究会导师。1917年7月，胡适从美国学成回国进入北大。

青年毛泽东也曾受到过蔡元培的照拂。1918年8月，长沙新民学会的一些成员决定赴法勤工俭学。毛泽东没有赴法勤工俭学，准备留在北大一边工作，一边读书。他原想有份清洁工作就可以了，蔡元培知道后,写信给李大钊,安排毛泽东在图书馆工作。青年毛泽东再也不为在京的生活犯愁了,而更重要的是他有了自学读书、结识名流学者和有志青年的机会。毛泽东由此而结识陈独秀、李大钊,从而为他的早期政治活动奠定了基础。为此,毛泽东极为敬佩蔡元培,恭恭敬敬地称其为"夫子大人"。追溯中国共产党的历史,建党初期的五十几个党员中,北大的共产党员就占了相当的比例,如陈独秀、李大钊、张申府、邓中夏、张国焘、罗章龙、刘仁静、陈公博、谭平山、谭植棠、高君宇、何孟雄等。可以毫不夸张地说,北京大学之所以成为中国早期共产主义运动的发源地,它的必然合理性来源于"思想自由,兼容并包"的宽松环境,受惠于蔡元培博大宽阔的胸怀和容纳异己的雅量,是北大之大的历史功勋。

1919年6月15日,蔡元培在他发布的《不愿再任北京大学校长的宣言》中说:"我绝对不能再作不自由的大学校长;思想自由,是世界大学的通例。"后由于北大师生极力挽留,蔡元培答应只做北大师生的校长。1920年年初,蔡元培与李石曾、吴敬恒,利用庚子赔款,创办中法大学于北京。蔡元培任校长。1920年2月,蔡元培下令允许王兰、奚浈、查晓园三位女生入北大文科旁听,当年秋季起即正式招收女生,开中国公立大学招收女生之先例。

"九一八事变"后主张抗日,拥护国共合作。1932年,蔡元培与宋庆龄、鲁迅等发起组织中国民权保障同盟,积极开展抗日爱国运动。曾致电救杨开慧,援救许德珩等爱国民主人士,营救丁玲、朱宜权等共产党员。1936年8月25日,中共中央致信国民党中央并转全体国民党员,提出在抗日的大前提下,国共两党实行第二次合作。9月22日,毛泽东以晚辈后生的名义给蔡元培发来一函,再提中国共产党关于第二次国共合作的倡议,信中说:"五四运动时期北大课堂,旧京聚会,湘城讲座,数聆先生之崇论宏议,不期忽忽二十年矣……从同志从朋友称述先生同

▶挺起共产党人的精神脊梁
　　——毛泽东延安题词的故事

情抗日救国事业,闻之而欢欣者,更绝不止我一人,绝不止共产党,必为全民族之诚实儿女毫无疑义也。然而,百尺竿头,更进一步,持此大义,起而率先,以光复会同盟会之民族伟人,北京大学中央研究院之学术领袖,当民族危亡之顷,作狂澜逆挽之谋,不但坐言,而且起行,不但同情,而且倡导。"蔡元培虽然没有给毛泽东复信,但是,对国共两党的抗日态度,却有着自己的独立思考。他对前来探望的刘海粟说:"现在大片国土沦丧,人民流离失所,当权者对救国大业是包而不办。"不满情绪溢于言表。反之,他对抗日民族统一战线却是心驰神往。1938年4月23日,吴玉章由欧洲回国,途经香港,前来拜访,两人亲切交谈,吴玉章重叙抗日民族统一战线的话题,他听后高兴地对吴玉章说:"国共能重新合作、共赴国难,为国家民族之大幸也。"

　　中国共产党始终敬仰蔡元培的高风亮节。1940年2月5日,陕甘宁边区自然科学研究会在延安成立,毛泽东和陈云等出席会议并讲话,公推蔡元培为名誉主席。半个月后,延安举行各界宪政促进会成立大会,毛泽东出席会议并作著名的《新民主主义的宪政》的演说,会议又通过蔡元培为名誉主席团成员。3月5日,蔡元培病逝于香港。3月7日,毛泽东即发来唁电:"香港九龙奥士甸道蔡子民先生家属礼鉴:子民先生,学界泰斗,人世楷模,遽归道山,震悼曷极,谨电驰唁,尚祈节哀。"

　　3月9日,中共中央又发来唁电,并派廖承志专程前来吊唁。4月14日下午,延安各界千余人在中央大礼堂举行蔡元培、吴承仕二先生追悼大会,会场悬满挽联,周恩来送的挽联是"从排满到抗日战争,先生之志在民族革命;从五四到人权同盟,先生之行在民主自由"。

(《世纪风采》第8期　张家康)

(http：//dangshi.people.com.cn/n/2015/0825/c85037-27513478.html)

五、
挽词、挽联、挽诗

尽忠报国

——为张自忠题挽词（1940年8月15日）

张自忠，字荩忱，1891年出生于山东临清，是著名抗日将领，国民党第三十三集团军总司令。他曾在台儿庄战役中重创日寇板垣师团，获得临沂大捷；收复枣阳桐柏，获得鄂北大捷和襄东大捷。是抗战时期为中华民族的救亡图存而战死沙场的中国军队最高级别的将领。

张自忠早年就读于天津北洋法政学堂。1914年，23岁的张自忠痛感国家不幸、民族多难，意识到要挽救民族危亡，仅靠坐在学堂里埋头苦读是远远不够的，必须拥有强大的武力才有取胜的希望。经过深思熟虑，他毅然决定投笔从戎。

两年后，张自忠参加了冯玉祥的西北军。在冯玉祥将军部下，深受冯玉祥爱国思想的影响，胸怀大志的张自忠严格要求自己，奋发进取，先后任排长、连长、营长、团长、旅长、师长等职，成为冯玉祥将军器重的一名高级将领。

"九一八事变"后，西北军被改编，成立了第二十九军，当时，张自忠任第二十九军第三十八师师长，承担长城防务。1933年，日军进逼长城一线，张自忠率领部队在喜峰口狠狠打击来犯的侵略者，立下了赫赫战功。

全民族抗战爆发后，受宋哲元委托，张自忠暂代冀察政务委员会委员之职，留在北平与敌谈判，当时是"战"是"和"还无定论，留在北平谈判，有可能背负"汉奸"之罪名。对此，张自忠坦然地说：

挺起共产党人的精神脊梁
——毛泽东延安题词的故事

"现在战与和都成了问题,看情形事情不会一下子得到解决,为了国家和民族的长远利益,为了我们二十九军能安全脱离险境,我愿意担当这个重任,个人毁誉在所不计。"北平沦陷后,因张自忠拒绝日寇要他通电反蒋、反共等无理要求,行动受到了限制。于是他托病隐蔽起来,并于 9 月初潜离北平。张自忠在国家危难时刻,能舍己,顾全局,忍辱负重,他的行为是只有真正的忠臣良将才能做得到的。

1937 年,张自忠返回由三十八师扩编而成的五十九军任军长。从此,他以誓死报国之志,驰骋在抗战的最前线,多次给日寇以沉重打击。

1938 年春,指挥五十九军在临沂城郊与日军精锐板垣师团进行激战,

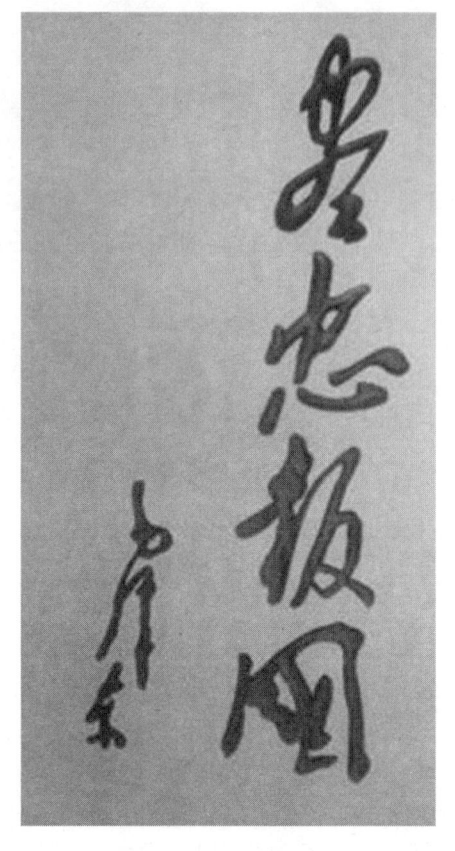

为张自忠题写挽词

经七昼夜血战,取得临沂保卫战的胜利,奠定了台儿庄大捷的基础。而后升任第二十七军团军团长,兼五十九军军长。随后在徐州会战和武汉会战中,张自忠率部顽强抗敌,所向披靡。因其出色的表现和战绩,晋升为第三十三集团军总司令。后兼任第五战区右翼兵团总司令。

1939 年 5 月,敌酋冈村宁次调集十余万日军进犯随县、枣阳。张自忠率三十三集团军从外线夹击敌人,并率领骑兵第九师及总部手枪营出其不意,冒险东渡襄河,拦腰截击敌军主力,给日军以沉重打击,为赢得"随枣会战"的胜利立下了大功。随枣会战后,第三十三集团军在冬季攻势中再立大功,张自忠也因而晋升为第五战区右翼兵团总

五、挽词、挽联、挽诗

指挥。

1940年5月,"枣宜会战"爆发。当时第三十三集团军只有七十四师的两个团驻守襄河西岸。张自忠作为有中将军衔的集团军总司令,本可不必亲率部队出击作战,但他不顾部下的再三劝阻,坚持由副总司令冯治安留守襄河西岸,而他自己亲率仅剩的两个团加总司令部直属特务营渡河作战。

5月1日,张自忠亲笔谕告所部各将领:"看最近之情况,敌人或要再来碰一下钉子,只要敌来犯,兄即到河东与弟等共同去牺牲。国家到了如此地步,除我等为其死,毫无其他办法。更相信只要我等能本此决心,我们国家及我五千年历史之民族,决不致亡于区区三岛倭奴之手。为国家民族死之决心,海不清,石不烂,决不半点改变。愿与诸弟共勉之。"

在以后的几天里,日军沿襄河东岸迅速向北推进,战局日趋恶化。为扭转战局,援救友军,张自忠决定东渡襄河,赴第一线督战。出发前,他亲笔留书并肩作战多年的副总司令冯治安说:"……到河东后……设若与一七九师、三十八师取不上联络,即带马师之三个团,奔着我们最终之目标(死),往北迈进。无论作好作坏,一定求良心得到安慰。以后公私,均得请我弟负责。"

5月7日拂晓前,张自忠率部渡过宽阔浩荡的襄河,奔赴河东战场,挥师北向,一路疾进。在张自忠的指挥下,河东官兵拼死搏杀,有效地遏制了日军的攻势,并截断了日军的后方补给线。在战斗危急时刻,他命总部非战斗人员撤离战场,并把身边仅有的手枪连派出去参加战斗,他自己始终不离阵地,往来督战。15日,日军万余人分南北两路夹攻。激战至16日拂晓,张自忠被迫退入南瓜店十里长山。日军以飞机大炮将南瓜店轰成一片火海。张自忠自晨至午,一直疾呼督战,午时,他左臂中弹仍坚持指挥作战。午后,大股日军以飞机、大

▶ 挺起共产党人的精神脊梁
　　——毛泽东延安题词的故事

炮助战,从东、南、西三方面向第三十三集团军的总部指挥所包围上来。双方战到下午 2 时,张自忠身边只剩下寥寥数人。日军冲上阵地,张自忠力战不退,身中数弹,一代名将,壮烈殉国,时年 49 岁。

　　弥留之际,张自忠将军留下最后一句话:"我力战而死,自问对国家、对民族、对长官可告无愧,良心平安!"

　　张自忠英勇殉国的壮举震动了全国,当时重庆各大报纸都以显著位置刊登了消息。张自忠在抗战时期的光辉战绩和亲临战场以身殉国的爱国主义精神,国共两党都给予了高度赞扬和评价。1940 年 8 月 15 日,为纪念张自忠尽忠报国的赤胆忠心,延安各界举行了隆重的追悼大会,毛泽东为这位抗战英烈题写挽词"尽忠报国"。

　　1982 年,张自忠被追认为革命烈士。人民政府为他扩建了陵园,竖碑立祠。北京、天津、武汉等大城市也恢复了"张自忠路"的路名。

(《毛泽东题词题字珍闻》　李新芝)

为张冲题挽词

　1941年8月11日,时任国民党中央组织部代理副部长兼国民党军事委员会顾问事务处处长的张冲在重庆病逝。8月13日,毛泽东等致电张冲家属,进行吊唁:"惊闻淮南先生逝世,至深哀悼,特电致唁。"并题写挽词"大计赖支持,内联共,外联苏,奔走不辞劳,七载辛勤如一日;斯人独憔悴,始病热,继病疟,深沉竟莫起,数声哭泣已千秋"。

▶挺起共产党人的精神脊梁
　　——毛泽东延安题词的故事

忠心为国，虽死犹荣
——为张浩题挽词

工人先锋，战士楷模
忠心为国，虽死犹荣

1942年3月6日

张浩，原名林育英，1897年生，湖北黄冈人。1919年创办淡新通俗讲演社。1922年加入中国共产党。1923年春赴长沙领导人力车夫罢工，后到安源路矿任工人俱乐部消费合作社营业主任、党支部书记。1924年赴苏联入莫斯科东方劳动者共产主义大学学习。1927年年初，任中共汉口市委书记，公开身份是国民党军事委员会副官兼特务队长。1930年12月被捕。1932年1月经组织营救出狱，任中华全国总工会常委、中华海员总工会党团书记。1933年赴莫斯科任中华全国总工会驻赤色职工国际代表和中国共产党驻共产国际代表团成员。1935年任中共中央白区工作委员会副书记。1937年被选为中央军事委员会委员。

1940年4月30日，陕甘宁边区工人和各界群众两万多人，在延安青年文化沟广场举行集会，庆祝"五一"国际劳动节。张浩出席大会，并作了激昂慷慨的演讲。由于他不顾多病的身躯，长期忘我地工作，终积劳成疾，在演说时，突发脑溢血病，从此卧床不起。虽经多方医治，但病情仍日益加剧。不久，他的心脏肿大三倍，肝脾肿大，肺也水肿，进而全身水肿，腿脚肿得穿不上鞋袜，腿上的皮一块块往下掉。然而，他仍以坚韧不拔的毅力与病魔搏斗，并努力做一些力所能及的工作。

1941年1月，发生了震惊中外的"皖南事变"。这时，党内有些同志把形势估计得过于严重，认为这是第二个"四一二事变"，准备同国民党决裂。张浩得知消息后，十分关注时局的发展，立即写信给毛泽东，分析了国内外形势，指出："目前的主要矛盾仍为帝国主义争夺世界霸权的战争，国内的阶级矛盾虽然存在着、发展着，但仍为次要矛盾。"他认为"皖南事变"不同于"四一二事变"，其中一个原因，"就是我们有力量，即有布尔什维克的党中央，有八路军、新四军，有抗日民主根据地，有广大的抗日民众，有许多的中间分子同情我们等等"。因此，他主张继续坚持党的抗日民族统一战线的政策。毛泽东在回信中肯定了他的意见，要他好好保养身体，并亲自到医院看望了他。

1942年年初，中共中央决定在全党范围内开展整风运动，清除"左"的错误的遗毒。躺在病床上的张浩，十分关心党的这一伟大的马克思主义教育运动。他和一起住院的关向应经常在一起研究、总结党内斗争的经验教训，提出为我党早期职工运动的卓越领导人林育南、何孟雄、李求实等烈士平反昭雪，彻底推倒王明"左"的错误领导强加给他们的种种诬蔑之词。党中央接受了他们的建议，1945年中央通过的《关于若干历史问题的决议》，肯定了这些同志的历史功劳。

1942年3月，张浩的病情继续恶化。在弥留之际，他说："我奋斗了二十年，现在看到了曙光却要走了，没有看到胜利，终生遗憾。"他恳请党中央，在他死后将他埋葬在青年文化沟桃花岭。巍峨的桃花岭，松树郁郁苍苍，和党中央、毛泽东的驻地杨家岭隔河相望。

张浩敬仰毛泽东，忠于党中央，他无限深情地说："我要天天望着党中央毛主席。"后来,党中央批准了他的遗愿。毛泽东还情意深长地说:"让张浩同志天天监督我们。"表示了对张浩的敬重。

1942年3月6日凌晨,我国工人运动的卓越领导者之一、伟大的共产主义战士张浩的心脏停止了跳动。3月9日上午,张浩的公祭仪式在中央党校门前的广场上隆重举行。中央的代表报告张浩的生平事略,同时号召大家向张浩学习:"第一,学习他对敌人英勇不屈的精神。他生前足迹遍中国,三次负伤两次被捕,在敌人刺刀的前面,不改布尔什维克的本色。第二,学习他对群众的密切联系。当他在工人中工作时,工人们都称他是'自己人'。他到处给工人们以信心,使他们不怕一切奋勇向前。第三,学习他在党内正派的作风。他服从组织,爱护同志,从善如流,嫉恶如仇。"送葬开始后,毛泽东、朱德、任弼时和徐特立等中央负责同志,亲自为张浩执绋、抬棺、奠土入穴,将烈士葬于桃花岭山顶。党中央还为烈士竖碑,碑上镌刻着毛泽东题写的"张浩同志之墓"六个大字。毛泽东还为张浩题写"工人先锋,战士楷模""忠心为国,虽死犹荣"两联挽词。

1947年,胡宗南进犯延安时,烈士墓和碑均遭破坏。中华人民共和国成立后,烈士墓修葺一新。

为戴安澜题挽诗

1941年日军侵占东南亚，1942年3月，国民党戴安澜将军率第二〇〇师远征缅甸，抗击日寇，戴师抗击五倍之敌，以伤亡800勇士的代价，歼敌5000有余，成为抗战史上光辉的一页。1942年5月在率师返国途中戴将军遭日军伏击，身受重伤，不幸牺牲。毛泽东书写挽诗《五律·挽戴安澜将军》："外侮需人御，将军赋采薇。师称机械化，勇夺虎罴威。浴血东瓜守，驱倭棠吉归。沙场竟殒命，壮志也无违。"

▶挺起共产党人的精神脊梁
　　——毛泽东延安题词的故事

办事认真，有责任心

—— 为杨松题挽词

杨松同志办事认真，有责任心，我们应当记住他，学习他。

1942 年 11 月 23 日

杨松，原名吴绍镒，1907 年 11 月 14 日生于湖北省孝感市大悟县。1926 年 8 月加入中国共产主义青年团，1927 年春由共青团中央介绍去莫斯科中山大学读书，并加入中国共产党，后到海参崴共产国际太平洋职工秘书处工作。1934 年 9 月初，中共驻共产国际代表团派杨松（化名吴平）到吉东工作，指导吉东以及东北的抗日斗争。

"九一八事变"后，东北人民冲破国民党政府的不抵抗政策，投入到抗击日本侵略者的伟大斗争中。中国共产党派出大批党员干部，在全东北创建了十几支抗日游击队。1933 年 1 月 26 日，中共中央向中共满洲省委发出了《一·二六指示信》，提出了建立反日统一战线的主张，并要求在游击队的基础上建立东北人民革命军。从 1933 年 5 月开始至 1935 年末，中共满洲省委贯彻中央指示，先后在南满、东满、北满、吉东各大游击区建立东北人民革命军、反日同盟军等共六个军，并以这些由中国共产党领导的队伍为核心，与义勇军、反日山林队等各种形式的抗日武装力量建立起联合指挥部，东北抗日游击战争有了很大的发展。但是，在贯彻统一战线政策时，仍然受到当时存在的"左"的错误的统治和影响，各地建立的联合指挥部，或为之做出的努力，包括周保中、

五、挽词、挽联、挽诗

李延禄等联合、改造其他抗日部队的工作，都曾受到中共满洲省委的批评，说这是搞"上层勾结"；各地党组织领导的反日会，还没有真正成为各抗日阶级、阶层共同抗日的群众性组织。正是在这个时候，杨松来到东北工作。他的任务是纠正吉东乃至整个东北统一战线工作中仍然存在的一些"左"的错误，进一步扩大抗日民族统一战线。

当时，日伪对东北的统治已经十分严密，日伪军对抗联部队的"讨伐"十分频繁。在这样严峻的环境下，杨松不畏艰险，夜以继日，先后巡视了密山、勃利、穆棱和宁安各县的工作，帮助这些地方整顿党的组织，整顿抗日队伍。他以对革命事业极端认真负责的态度，坚决贯彻党的抗日民族统一战线政策，或者亲自指导这些地方的党组织起草会议的决议，或者通过向各地发出指示信件来指导工作。在抗日斗争的策略方针上，杨松主要批评了过去在吉东局领导下各地存在的"左"的错误，要求进一步贯彻中央指示，打破关门主义，建立更广泛的抗日民族统一战线。在密山，在杨松指导下召开了县委扩大会议。根据中共代表团的指示精神，会议确定了联合一切抗日义勇军和抗日山林队，建立抗日民族统一战线；抗日同盟军专打日本侵略者和卖国贼，中国兵不打中国兵；联合不当亡国奴的满军民团；主张有钱的出钱，有粮的出粮，有人力的出人力，共同抗日救国的行动纲领。他还根据代表团指示，积极准备在1935年召开东三省人民代表大会，成立抗日救国的人民政府，争取中华民族独立和国家统一。为此，他参与起草了《东北人民革命政府组织条例》。在巡视密山之后，杨松又到穆棱巡视。在他的指导下，中共穆棱县委于1934年10月上旬召开扩大会议。会议总结了过去工作中的经验教训，决定要进一步广泛开展统一战线工作，派人到反日山林队中去进行工作，把抗日会变成群众性组织，吸收一切反日群众参加。1934年12月，杨松又到宁安巡视，帮助宁安县委纠正"左"的错误。

▶挺起共产党人的精神脊梁
　　——毛泽东延安题词的故事

　　杨松还以吉东特委的名义给中共饶河中心县委、东满特委和反日联合军第五军党委写信，就抗日统一战线问题提出指导性意见。他在这些信件中指出，为了粉碎敌人秋、冬季"大讨伐"，要加强各抗日队伍的联合，要派得力的同志到反日山林队中去进行统一战线工作。

　　杨松在巡视、指导工作过程中，十分注意总结各地的经验。"东北抗日联军"的名称就是他吸收了南满杨靖宇、北满赵尚志及吉东周保中等抗联领导人建立"抗日联军总指挥部""反日联军总司令部"等经验提出来的。根据这些经验，他在1935年5月11日致中共满洲省委的报告中正式提出：我们主张组织东北抗日联军，主张以现有第一、第二、第三、第四、第五军为骨干，联合其他义勇军、抗日山林队等共同组织，取消原有的各种抗日组织名称，而统一改称为东北抗日联军。后来他亲自起草了《东北抗日联军编制系统暂行条例草案》。

　　杨松在吉东不仅从策略方针上指导了当地的统一战线工作，还做了大量的实际工作。他帮助中共密山县委以密山游击队和李延禄率领的人民抗日革命军为基础建立了抗日同盟军第四军（后来的抗联第四军），指导宁安县委将周保中领导的绥宁反日同盟军第五军改编为反日联合军第五军（后来的抗联第五军）。

　　杨松工作认真踏实，注重调查研究。为了掌握建立统一战线的第一手情况，他不避艰险，跋山涉水，翻山越岭，亲自到义勇军和反日山林队中去做调查研究，与反日山林队首领进行谈话，了解他们的思想，做联合抗日的工作。他会见了活动在吉东地区的反日山林队"小白龙""打东洋""义君""西边好"等队的领导人，同他们进行了谈话，肯定了他们的抗日义举，讲解了中国共产党抗日民族统一战线的主张，号召他们同共产党领导的抗日队伍联合作战，抗日到底。他离开东北后，参与起草了《东北抗日联军统一军队建制宣言》。

　　杨松曾于1935年6月到海参崴，向来到此地的中共驻共产国际代表团成员康生、吴玉章等汇报了他在吉东的工作。他根据自己了解的东北抗日统一战线的情况,提出了发表一个适合当时形势的新文件的建议。中共代表团负责人王明接受了这一建议。随后,代表团认真研究了杨松的汇报和建议,决定由王明负责起草这一新的文件。这就是后来的《为抗日救国告全体同胞书》("八一宣言")。他的上述一系列工作,为后来东北抗日联军的组成以及以此为标志的东北抗日武装统一战线的形成作出了重要贡献。

杨松在吉东地区工作一年多,之后又在莫斯科、海参崴继续指导东北抗日斗争两年多。工作中,他刻苦学习马列主义理论,用以指导实践,曾主持起草了《东北人民革命政府纲领(草案)》等一系列党的重要文件,写出了《论七年来东北抗日游击运动的经验与教训》《全国对日总抗战与东北抗日民族革命运动》等一批具有马列主义理论高度的文章,系统地介绍了我党领导的东北抗日运动,总结了斗争经验。这些文件和文章,是杨松指导东北抗日斗争的心血结晶,对于宣传和介绍东北抗联的英雄业绩,使全国乃至世界了解东北抗日联军及其英勇斗争,都起到了重要作用。

杨松于1935年9月离开东北。1937年12月下旬,党中央召开政治局会议后,杨松虽然在莫斯科,仍被任命为中共中央宣传部第一副部长。1938年2月,杨松从莫斯科回到党中央所在地延安,开始主持中宣部的日常工作。同年12月,杨松又兼任中共中央宣传部秘书长和宣传科科长。

杨松博学多才,勤奋刻苦,懂英语、俄语。他除了在中宣部任职外,还在中共中央马列学院任教,给在职干部上大课,讲授"中国现代革命运动史""民族问题""政治经济学""古典哲学"等课程。他在处理日常公务及讲课之余,还致力于写作。1938年至1941年8月,他任中共中央创办的《解放》周刊编辑、编委。其专著《论民族》长

▶挺起共产党人的精神脊梁
　　——毛泽东延安题词的故事

达 7 万余字，在《解放》周刊上连载。

　　1938 年 9 月 29 日至 11 月 6 日，中共中央在延安召开扩大的六届六中全会。杨松以东北地方领导干部和抗日联军代表的身份出席会议。他在会议发言中热情地报告了东北人民抗击日本帝国主义的英雄业绩，高度赞扬了东北优秀儿女的爱国主义精神。这次会议发出了《给东北抗日联军杨靖宇司令转东北抗联全体官兵电》。杨松的报告，对于中共中央了解东北抗联的英勇斗争，起到了重要作用。

　　1941 年 5 月，延安创办《解放日报》。中共中央任命博古为解放日报社社长，杨松则被中共中央任命为《解放日报》第一任总编辑。无论是在中宣部还是在《解放日报》，杨松始终保持那种对工作极端认真的态度。他不顾疾病缠身，以超人的毅力，在报纸发刊后的一个月内，写出了 29 篇社论。这是常人难以做到的。杨松常常对报社工作人员说："作一个党报工作者不是一件容易的事。"在听了毛泽东的《改造我们的学习》的报告后，他深刻地认识到报纸一定要联系实际。他号召报社的工作人员加强学习，不仅要了解国际、国内形势，更要熟悉边区和根据地的历史和现状，要脚踏实地地进行调查研究。

　　杨松工作认真负责，一丝不苟。他写文章、作报告，事先总要作充分的准备，每天的报纸大样以至报纸的逐字逐句，他都仔细检查。天天如此，从不间断。杨松早在东北做地下工作时，由于环境恶劣，患上了肺病，后来经过治疗已基本痊愈。但到延安后，由于他常年废寝忘食、没日没夜地工作，引起旧病复发。1942 年 11 月 23 日，杨松与世长辞，年仅 35 岁。

　　杨松逝世后，林伯渠、吴玉章等对他的一生作了高度评价。毛泽东亲自送了挽联。挽联上写道："杨松同志办事认真，有责任心，我们应当记住他，学习他。"

（《怀念杨松同志》　　中共黑龙江省委党史研究室编）

▶ 五、
挽词、挽联、挽诗 /

全军失一臂助，民族失一友人

——为印度友人柯棣华题挽词

印度友人柯棣华大夫远道来华，援助抗日，在延安华北工作五年之久，医治伤员，积劳病逝，全军失一臂助，民族失一友人。柯棣华大夫的国际主义精神，是我们永远不应该忘记的。

1942年12月29日

柯棣华原名德瓦卡特·桑塔拉姆·柯棣尼斯。1910年10月出生于印度孟买。父亲是一个通晓大义的民族解放运动的支持者。柯棣华从小就富有同情心和正义感，学习勤奋刻苦。1930年，柯棣华考入孟买卡瓦亨达斯·森德多斯医学院，后因为参加反对英国殖民者的斗争，被勒令退学。他又以顽强不屈的精神重新考学，终于在1936年从孟买格兰特医学院毕业，并考取了英国皇家医学院。

全民族抗战爆发后，中国军民拿起武器，奋起反抗日本侵略者的入侵。印度人民对中国人民的民族解放战争极为同情和支持。印度统一战线组织——国民代表大会决议，为援助中国人民抗日，决定派医疗队去中国。柯棣华受到举国上下"援华热"的鼓舞，放弃去英国上学，毅然加入了由爱德华任队长的援华医疗队。

1938年9月17日，印度援华医疗队到达中国广州，在广州码头，他们受到了中国人民的热烈欢迎，并受到保卫中国同盟主席宋庆龄的迎接。9月29日，医疗队经长沙辗转抵达汉口，被中国红十字会编为

▶挺起共产党人的精神脊梁
——毛泽东延安题词的故事

第十五救护队,先后在汉口、宜昌、重庆等地工作。

在重庆,医疗队员们为了表达与中国人民休戚与共的决心,特意请中印文化协会主席谭云山为他们每个人起一个中国名字。谭云山提议:在他们每个人名字后面加上"华"字。柯棣华的名字就是在这时从原名柯棣尼斯改成的。

在短暂的几个月里,柯棣华和他的医疗队看到的是前线国民党军队的节节败退,后方国民党官员的花天酒地、醉生梦死。他们感到中国共产党及其领导的八路军等抗日军民才是中华民族抗日的希望所在,于是他们决定到延安去。

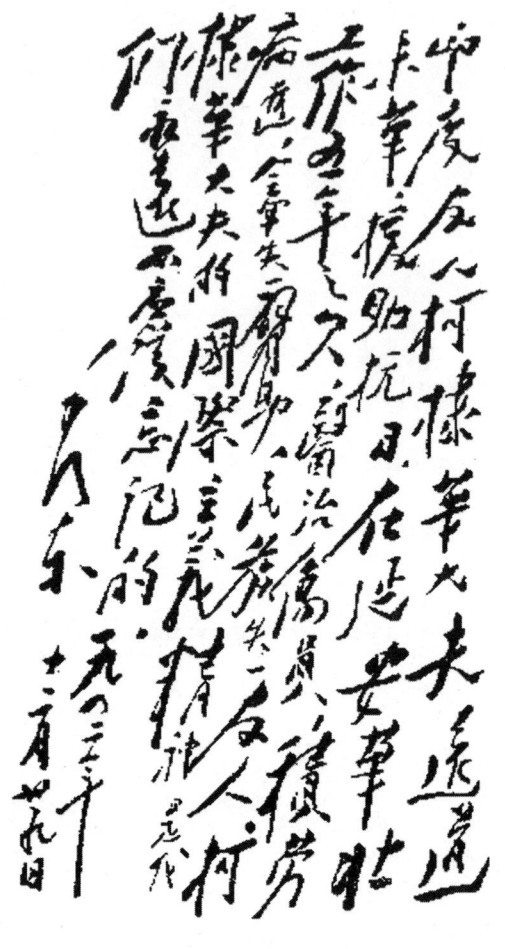

为印度友人柯棣华题写挽词

1939年1月,就在医疗队启程赴延安的前夕,柯棣华接到父亲不幸去世的消息。重庆八路军办事处的同志和其他几位医生劝他回国料理后事,他含着眼泪说:"我的家庭确实遭到了巨大的不幸,但这里千千万万无辜受难的人民更需要我。"

柯棣华强忍巨大悲痛,继续同援华医疗队的队员们一起,离开重庆向延安进发。

1939年2月12日,延安,大雪初晴,空气清新。在凛冽的寒风

▶ 五、
挽词、挽联、挽诗/

中，1000多人组成的欢迎队伍翘首以待。当经过长途跋涉、辗转千里的柯棣华和他的战友们从救护车上走下来的时候，迎接队伍中响起了热烈的掌声。2月14日，延安各界举行了盛大的欢迎会，毛泽东等中央领导出席了大会。毛泽东热情地同援华医疗队的人员握手，并招呼柯棣华等人坐在他的身边。当看到毛泽东穿着带补丁的灰棉制服，脚上是和八路军战士一样的棉鞋，没有领袖架子，是那样和蔼亲切，柯棣华觉得自己和医疗队来到延安真是正确的选择。

他要求到前线工作，他说："我来中国的目的是直接为抗日的军民服务，我是外科医生，也要学白求恩那样，到前方为受伤的战士做手术。"

在等待去前线的日子里，柯棣华这个充满活力的年轻人，把全部热忱献给延安的卫生工作。他去抗大、女大、陕公检查饮用水；他外出巡诊，不管走多远的路也不叫苦。

就在这年的10月，医疗队的X光机由香港运到延安，当天正赶上敌机空袭，整整轰炸了一天，柯棣华却毫无惧色，依然兴致勃勃地给领导、医生、护士们讲解X光机的使用和操作。

从1939年11月4日开始，柯棣华和印度医疗队的同伴们，奔赴抗日前线，出入枪林弹雨之中，走遍了晋东南、冀西、冀南、冀中和晋察冀敌后抗日根据地，数次通过敌人的封锁线。在恶劣的战争环境中，他们和抗日军民一起，过着艰苦的生活，但他们没有任何怨言，仍以饱满的热情投入工作，在沿途施行了50余次手术，诊治了2000余名伤病员。

1940年6月21日，在国际主义战士白求恩陵墓的揭墓仪式上，柯棣华向陵墓献了花圈，他表示：我们决不玷污白求恩的名字，要像白求恩那样，献身于全人类的反法西斯事业。

当百团大战进入第二阶段，晋察冀军区进行涞水战役时，柯棣华

▶挺起共产党人的精神脊梁
　　　——毛泽东延安题词的故事

奉军区司令部之命，出发去军区的南线，负责战地救护工作。在13天的战斗中，柯棣华接收了800余名伤病员，其中施行手术高达558人。他三天三夜未曾睡觉，但始终以最大的热情，坚守在岗位上。

在极其艰苦、紧张的战争条件下，柯棣华不放过可以利用的每一分钟，他勤奋学习，追求革命真理。1941年1月，他"正式参加了八路军"——被任命为晋察冀军区白求恩国际和平医院第一任院长。此时，正是抗日根据地最艰苦、最危险的时候。柯棣华坚定地表示："这里是白求恩工作过的地方，我一定要向他一样，献身反法西斯斗争的伟大事业，决不玷污白求恩的名字！"这是他的心声，也是他此后一切行动的最好的概括。

1942年7月，柯棣华光荣地加入了中国共产党。

在晋察冀抗日根据地两年多时间里，柯棣华始终以白求恩为榜样，工作上极端负责，对同志、对人民极端热忱。他不仅从事医疗工作，还从事教学训练，编写讲义，担负着行政和政治工作。在敌人向根据地残酷"扫荡"时，他和同志们经常沿着山谷峻岭，一边作战，一边转移，一边护理伤病员。他以惊人的毅力和革命乐观主义精神，克服了一切艰难险阻。他同群众血肉相连，把为群众服务看作自己的幸福。在敌人的一次"扫荡"中，他路过一个被日军摧残的村庄，听到断续的呻吟声，就顺声查找，在一间残破的房子里，见到一个由于难产而生命垂危的妇女。他连忙找来游击队和担架，把产妇送到一个临时救护所，连夜为她做手术，挽救了这对母子的生命。正因为这样，伤病员和群众都敬爱他，亲热地称他为"老柯""贴心大夫"和"黑妈妈"。

柯棣华像八路军普通战士那样严格要求自己，自觉革命，从不要求半点特殊。由于敌人的"扫荡"、封锁，根据地的物资供应极度匮乏，部队有时只能吃野菜、黑豆充饥。柯棣华始终拒绝接受各级领导给予的特殊照顾，坚持和大家同甘共苦。组织上分配给他的马，行军途中，他不是让身体不好的同志骑，就是驮东西；分配给他稍大一点的房子，他总是腾出来收住伤病员。他经常穿带补丁的衣服，而把发下的新衣、新鞋省下来，给其他同志穿。他把克服困难当作锻炼自己、改造思想的好机会。他常说："我来是为了革命，不是为了享受。"在艰苦的环境中，他总是乐观、愉快地说："我在此间虽然过着一种前所未有的生活，但我觉得我充满了活力和愉快。我热爱着中国，热爱着正以无穷的威力摧毁法西斯暴行的英勇抗战的军民！"

1942年12月9日，白求恩式的国际主义战士柯棣华，终因积劳成疾，不幸逝世，他为中国人民的解放事业献出了自己宝贵的生命，年仅32岁。

柯棣华是毛泽东盛赞的国际主义精神的代表，1942年12月29日，在延安各界举行的追悼会上，毛泽东题写挽词：

印度友人柯棣华大夫远道来华，援助抗日，在延安华北工作五年之久，医治伤员，积劳病逝，全军失一臂助，民族失一友人。柯棣华大夫的国际主义精神，是我们永远不应该忘记的。

毛泽东

一九四二年十二月二十九日

（《毛泽东题词题字珍闻》　李新芝）

▶挺起共产党人的精神脊梁
　　——毛泽东延安题词的故事

老妇人，新妇道；儿英烈，女英雄

——为葛健豪题挽词（1943年3月16日）

　　葛健豪，原名葛兰英，1865年8月出生于湖南省娄底市双峰县荷叶镇一位清朝官吏家中。中国早期女权活动先驱，女子教育先驱，女革命家。她热衷于女学教育，两度主办女子职业学校；善于教育子女，并积极支持子女从事革命，自己亦在白色恐怖下冒着生命危险投身革命活动；与唐群英、王昌国等为争取女权而斗争，开了宪法收录"男女平权"的先河。后人尊称她为"女中豪杰""革命的母亲"。1943年3月逝世，毛泽东为葛健豪题挽词"老妇人，新妇道；儿英烈，女英雄"。

　　葛健豪是个小脚女人，却坚持和青年女生上体操课。她性格开朗，平易近人，大家都乐意接近她。年纪大的称她"大姐"，年纪小的称她"伯母"。1914年春，毛泽东与蔡和森（葛健豪之子）相识后，对葛健豪很敬佩，亲切地尊称她"蔡伯母"。她自己也很快地成了毛泽东这帮有志青年革命行动的热情支持者和参与者。

　　1915年，葛健豪在湖南女子教员养成所毕业。她回到永丰，想创办一所女子职业学校。蔡和森到湘乡县政府为母亲联系办学之事，得到了县政府的同意，并明确县城办的一所女校为"湘乡县立第一女子简易职业学校"，简称"一女校"；在永丰镇办的女校为"二女校"，由葛健豪任校长。

　　1917年夏，葛健豪为支持儿子同毛泽东等探讨救国救民的道路，

五、挽词、挽联、挽诗

带着一家人第二次来到了长沙。她先在岳麓山下的饮马堂租居一间房子；因人多挤不下，不久又搬到溁湾镇附近的刘家台子。刘家台子是一座墓庐式的青砖瓦屋，房子又多，一家人住得宽敞，还可留客歇宿。因此，这里很快就成了毛泽东、张昆弟、罗学瓒等同学经常聚会的地方。

为了解决家里的生活困难，葛健豪向屋主租了半亩菜地。这时，蔡畅在周南女校教书，她就带着长女蔡庆熙在家种菜。粮食不足，就用蔬菜、蚕豆添补。但招待毛泽东等青年，她从不吝惜。例如，毛泽东同蔡和森等发起的"新民学会"在她家开成立会时，她特地为他们做了一顿丰盛的午餐。当年曾在她家吃过这顿午餐的萧三、罗章龙，每当提及这件事时，总要将她的热情夸奖一番。1919年春，毛泽东的母亲文氏来长沙治病，也得到她十分周到的照顾。

葛健豪跟儿女们一道赴法勤工俭学，是1919年12月25日在上海杨树浦黄浦码头乘法国邮船"央脱来蓬"号起程的。她的这一行动，对当时的青年有过一定的影响。1920年5月14日的湖南《大公报》，曾发表文章说："近来吾湘学界向外发展的势力很大。法国、南洋两方面去的人颇多。这是吾湘一点生机。""其中我最佩服的还有两位：一是徐君懋恂（即徐特立），一是蔡和森的母亲，都是四五十岁年纪的人，还远远地到法国去做工，去受中等女子教育，真是难得哩！""我们做青年的应当如何勇猛精进，莫为那两位窃笑道：你们到底不行吧！"

葛健豪到达法国蒙达尼后，和蔡畅、向警予等六名女生，入了蒙达尼女子中学，蔡和森等则入男子中学。这两所学校相距很近，她与儿子天天可以见面，尽管身处异邦，但同在家里差不多，大家学习都很努力。

葛健豪在法国勤工俭学四年，是她一生富有经历的四年。她刻苦

▶挺起共产党人的精神脊梁
　　——毛泽东延安题词的故事

攻读法文。虽然年纪大,记忆差,又没有外语基础,但她像小学生那样,从一个一个单词学起。每天数她起得最早,睡得最晚,终于取得能说法语和阅读法文报纸的好成绩。她支持儿女自由结婚。如蔡和森同向警予的"向蔡同盟",蔡畅的自由结婚,都得到她的赞同,认为这是"向封建婚姻制度的宣战"。她还参加过勤工俭学生向北洋军阀政府驻法公使馆的请愿斗争,同大家一起冲进公使馆,迫使公使馆续发了三个月的维持费。特别是1922年,蔡和森与向警予已先后回国,蔡畅身怀有孕,于1923年2月在法国生下特特,她既要勤于做工,又要俭以求学,还要为女儿当保姆,真是忙个不停,但她坚持下来了。直到同年秋,党派蔡畅去苏联后,她才带着外孙回国。

　　1928年党的第六次全国代表大会后,蔡和森被派驻共产国际。为不加重母亲的负担,他与妹妹商定,又劝母亲回老家去。就这样,葛健豪于1928年年底从上海回到了老家永丰。她这次回家后,再也没有外出,也再没有见到儿子蔡和森。1931年蔡和森在广州牺牲,党组织和家里的人,都没有将这一消息告诉她。

　　全民族抗战爆发后,党曾派人把葛健豪的孙辈们先后从石板冲接出送往苏联学习。1938年,周恩来、叶剑英来到长沙时,还派人到石板冲,想把她母女接出来。但这位革命老妈妈为不加重党的负担,坚持要和长女住在乡村。后来,党组织就按月汇给她一部分生活费。

　　1943年3月16日,葛健豪去世,享年78岁。临终时,她还一直不知道两个儿子都已经牺牲。她问长女蔡庆熙:"麓仙、和森、成熙(蔡畅)有信回没有?"并要长女写信告诉他们:"母亲已看不到他们的事业的成功了。但革命一定会胜利的。"

群众领袖　民族英雄

——为刘志丹题挽词

我到陕北只和刘志丹同志见过一面,就知道他是一个很好的共产党员。他的英勇牺牲,出于意外,但他的忠心耿耿为党为国的精神永远留在党与人民中间,不会磨灭的。

1943 年

　　群众领袖　　民族英雄

1943 年春

刘志丹,1903 年 10 月出生于陕西省西北部保安县,1924 年加入中国社会主义青年团。不久,转为共产党员。

1925 年,受党指派入广州黄埔军校第四期学习。毕业后被派往冯玉祥国民军联军马鸿逵部,任党代表兼政治处长,致力于西北地区的国民革命。大革命失败后,刘志丹返回陕西参加领导了渭华起义,任西北工农革命军军事委员会主席。1930 年,任中共陕北特委军委书记。

1931 年,"九一八事变"后,组建西北反帝同盟军,后又改编为中国工农红军陕甘游击队,刘志丹任副总指挥。1932 年,创建中国工农红军第二十六军,建立陕甘边革命根据地。

1933 年冬至 1934 年夏,刘志丹指挥二十六军主力,在游击队配合下,作战 30 余次,歼敌 3000 余人,粉碎了国民党军对陕甘边区的

▶挺起共产党人的精神脊梁
　　——毛泽东延安题词的故事

第一次"围剿",进一步巩固和发展了革命根据地。1934年秋,陕甘边苏维埃政府及革命军事委员会正式成立,刘志丹任军委主席。

1935年9月,红二十五军、二十六军、二十七军合编为红十五军团,由徐海东任军团长,刘志丹任副军团长兼参谋长。当时,中央红军已进入甘肃,越过六盘山。蒋介石调动十万大军,向陕甘边和陕北根据地发动了空前的第三次"围剿",妄图一举摧毁这最后一块红色根据地。刘志丹和徐海东密切合作,指挥红十五军团,在延安以南的劳山地区给敌人以迎头痛击。瓦窑堡守敌弃城逃跑,红军乘胜追击,拔除了瓦窑堡周围敌人的全部据点,根据地首府随之迁到瓦窑堡。陕北、陕甘边两块苏区连成一片,成为中共中央和红军长征之后的落脚点。

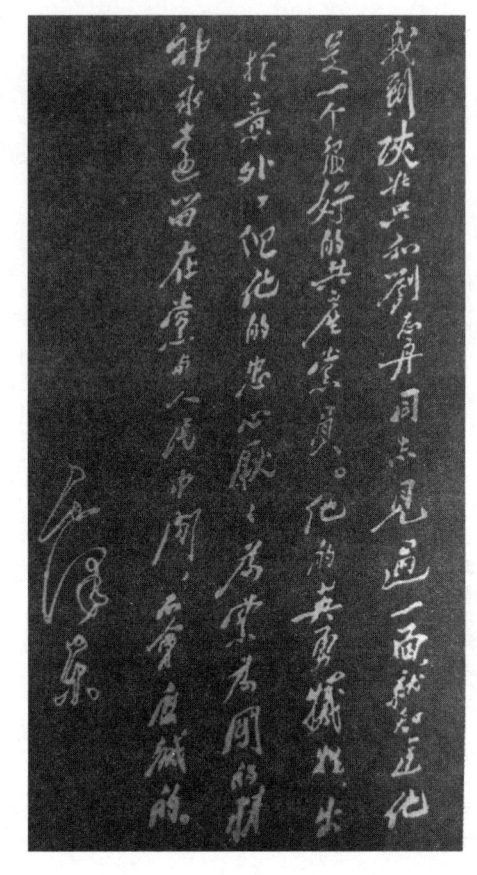

为刘志丹题写挽词

正在反"围剿"斗争胜利进行时,"左"的错误执行者竟然在革命队伍中进行所谓"肃反"。他们采取欺骗手段,以"调往北线指挥作战"为名,将刘志丹骗离前线。随后刘志丹被逮捕监禁,备受折磨,同时把他带着五岁幼女的妻子也打入劳改队。面对着随时可能被杀掉的残酷现实,刘志丹始终泰然自若,他对狱中的同志说:"我们死也不能说假话,黑云总是遮不住太阳的。"始终保持了一个真正的共产党员的革命气节。

五、
挽词、挽联、挽诗

在此千钧一发之时,中央红军于 1935 年 10 月 19 日到达吴起镇。当了解到刘志丹被关押的消息后,毛泽东立即下令:"刀下留人","停止捕人",纠正了错误的"肃反",释放了刘志丹和其他被诬陷入狱的同志。

毛泽东和周恩来亲切地接见了刘志丹。毛泽东安慰他说:"你和陕北的同志受委屈了!"刘志丹毫无怨言,激动地说:"中央来了,今后一切事都好办了!"

此后,党中央任命刘志丹为西北革命军事委员会后方办事处副主任、红军北路军总指挥、红二十八军军长和中共中央所在地瓦窑堡警备司令。

1936 年 3 月下旬,中共中央电令红二十八军从葭县以北东渡黄河,插入晋西北地区,配合中央红军迅速打通奔赴抗日前线的道路。

4 月初,红二十八军在刘志丹指挥下,胜利地渡过了黄河。在接到党中央、中央军委下达的消灭黄河渡口至三交镇之敌的命令后,刘志丹立即率部队出发,接连打败小股之敌,4 月 13 日到达三交镇附近。

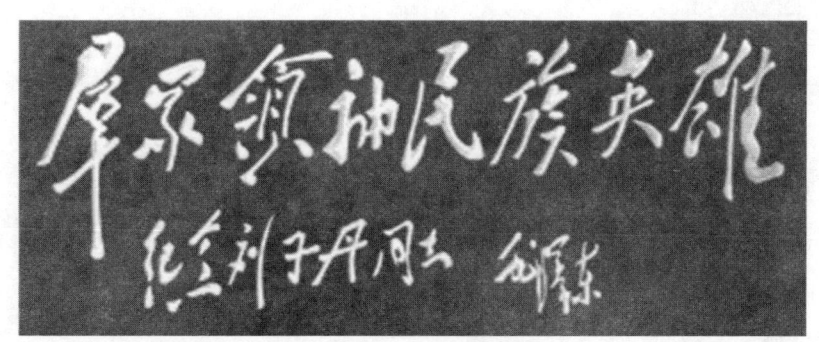

为刘志丹墓题词

三交镇是坐落在山西中阳县西部靠黄河的一个渡口,南北两面环山,两面临水,地势险要,易守难攻,镇内有重兵把守,沿河有坚固

▶挺起共产党人的精神脊梁
　　——毛泽东延安题词的故事

的工事。由于三交镇系秦、晋二省的交通要道，为黄河天险的重要渡口，两军争夺十分激烈。

4月14日拂晓，围攻三交镇的战斗打响了。刘志丹一直在军部指挥战斗。战斗在激烈地进行，战士们英勇作战，歼灭外围之敌，但由于地形对我不利，敌人火力过猛，我军损失较大。刘志丹非常着急，为了战斗的胜利，午后，他不顾个人安危，冒着枪林弹雨，赶到前沿阵地观察敌情，全然忘记了自己的安危。就在他指挥战士们对敌人发起总攻的时候，突然射来的子弹击中了他的左胸，他当即昏迷过去。因大动脉出血，抢救无效，壮烈牺牲，年仅33岁。

24日，根据地首府瓦窑堡数千人集会追悼刘志丹。广大群众和红军指战员莫不为失去这位像自己亲人一样的红军领导人而无比悲痛。

1936年，中央决定将保安县改名为志丹县，以志永久纪念。

刘志丹的牺牲是我党我军的重大损失，毛泽东对他的牺牲非常痛惜。1943年，毛泽东题词，对其予以高度评价：

我到陕北只和刘志丹同志见过一面，就知道他是一个很好的共产党员。他的英勇牺牲，出于意外，但他的忠心耿耿为党为国的精神永远留在党与人民中间，不会磨灭的。

1941年，中共中央西北局和陕甘宁边区政府根据中共中央的决定，在志丹县城北门外炮楼山下开始为刘志丹修建陵园。1943年春，陵园建成，毛泽东再次题词：

　　　　群众领袖　民族英雄
　　　　纪念刘志丹同志
　　　　　　　　　　　　　毛泽东

并为刘志丹墓题字"刘志丹将军之墓"。

（《毛泽东题词题字珍闻》　李新芝）

> 五、
> 挽词、挽联、挽诗 /

领导抗战，功在国家

——为中共中央起草致林森治丧机关的唁电

国府主席林公领导抗战，功在国家。兹闻溘逝，痛悼同深。谨此致唁。

1943 年 8 月 4 日

林森，字子超，福建省福州市闽侯人。1932 年 1 月至 1943 年 8 月任国民政府主席长达 13 年之久。1943 年 8 月 1 日，林森在重庆因车祸患脑溢血病逝。

林森患病后，国内各党派、团体对此十分关注。各地军政长官、各省参议会、国民党各级党部、各党派、各商会、海外华侨团体以及民间组织，甚至外国政要，纷纷来电来函慰问。宋美龄从美国来电表示问候。美国总统罗斯福、英王乔治六世等特发来电报表示慰问。美国大使、苏联大使等外国使节也前往探视林森的病况。

毛泽东亦对林森的病情表示了慰问，并特意委托周恩来为代表前往林森在重庆的林园官邸探视。周恩来前往探视后，发现林森所住的双河桥官邸靠近新建成的成渝公路，林森躺在病榻上就能听见不远处汽车的轰鸣声。为此，周恩来特向重庆当局建议，将这条路进行改道，以确保林森安静休息。很快，当局责成有关施工单位，将成渝公路进行了改道。国民参政会的中共参政员们，也以不同的方式对林森的病况表示关切。

▶挺起共产党人的精神脊梁
　　——毛泽东延安题词的故事

　　7月31日，林森病情开始恶化，8月1日19时，林森在双河桥官邸病逝，终年76岁。据《新华日报》报道，在林森弥留之际，居正、丁惟汾、孔祥熙、于右任、戴传贤、陈果夫、叶楚伧、何应钦等国民党要人，以及文官长魏怀、参军长吕超、主计长陈其采等在侧侍应。

　　林森逝世后，重庆的《中央日报》《新华日报》等主要报纸，都刊载了国民政府文官处发布的林森患病经过的公告及逝世的消息。中共解放区的报纸也迅速报道了林森逝世的消息。

　　国民政府通知五院及各部、各省市政府，并昭告国民周知，外交部通知各国驻华使领馆，并转知外国政府，并昭告侨胞。8月1日起，所有党政军机关停止娱乐活动一个月。全国各机关下半旗致哀一个月，民间下半旗三天。中央广播电台则反复播放林森在1943年元旦发表的抗战演说的广播讲话录音。

　　大殓的灵堂设在林森的双河桥林园主席官邸，8月2日为公祭日。党政军官员及重庆市各界人士首先进行了公祭。重庆市停止交通三分钟，民众肃立，鸣礼炮101响。

　　同日，中共中央在重庆出版的机关报《新华日报》，为林森的逝世专门发表了一篇社论。中共中央亦自延安电唁林森逝世。这是中国共产党从全民族利益出发，对林森在抗战中坚持国共合作的言行给予的评价。毛泽东为中共中央起草致林森治丧机关的唁电："国府主席林公领导抗战，功在国家。兹闻溘逝，痛悼同深。谨此致唁。"

　　罗斯福、乔治六世、戴高乐、斯大林、加里宁、土耳其总统、菲律宾总统、巴西总统、伊朗首相、埃及总理等政界要人，以及世界上的许多党派团体，均发来唁电，对林森的逝世表示悼念。

　　8月15日下午2时，延安各界数千人在边区大礼堂举行了公祭大会。大会由林伯渠主祭，吴玉章与续范亭陪祭，陕甘宁边区分区的两名专员为司仪。林伯渠要求"在抗战空前险恶之秋，坚持抗战，团结进步，反对投降、分裂、倒退，再接再厉，驱敌出国，中华民族自当独立于地球"，全国人民要"风雨同舟，不胜不休，争取自由……"各位发言者都评价了林森的抗战精神，抨击了国民党部分将领对抗战前途的失望、作战不力甚至投降，以及顽固派不顾抗战大局对边区政府的进攻。

（《江苏政协》2003年第1期　刘晓宇）

> 挺起共产党人的精神脊梁
> ——毛泽东延安题词的故事

马本斋同志不死

——为马本斋题挽词（1944年3月17日）

马本斋，字守清，号本斋。回族。1901年2月10日出生于河北省献县，1938年加入中国共产党。他早年投身奉军当兵，逐级升至团长。"九一八事变"后，因不满国民党顽固派的不抵抗政策，毅然弃官返乡。

全民族抗战爆发后，在家乡组织回民抗日义勇队，奋起抵抗日本侵略军。1938年4月率队参加八路军，所部改编为冀中军区回民教导总队，任总队长。1939年，回民教导总队改编为八路军第三纵队回民支队，任司令员。1942年8月，回民支队奉命到达冀鲁豫抗日根据地，被任命为冀鲁豫军区第三军分区司令员兼回民支队司令员。他作战勇猛，身先士卒，在回民支队和广大群众中享有很高威望。回民支队在他率领下，战斗力不断提高，队伍发展到2000多人，成为一支能征善战的抗日劲旅。从1937年至1944年，他率回民支队奋勇杀敌，经历大小战斗870余次，歼灭日伪军3.6万余人，屡建战功。

1944年1月底，回民支队奉命开赴延安。就在部队准备出发的时候，马本斋颈部却生了毒疮（对口疮），由于缺医少药，病情迅速恶化，转至濮阳小屯村冀鲁豫军区后方医院抢救。后来，他又得了急性肺炎，体温高达40摄氏度，时常处于昏迷状态。他抱病为部队做了最后一次动员，叮嘱指战员"要跟着党，跟着毛主席，抗战到底！"带着遗憾，带着向往，1944年2月7日，马本斋在山东莘县不幸病逝。

同年3月17日,延安各界隆重集会,追悼马本斋。毛泽东、朱德、周恩来等中共中央领导人题写挽联,对马本斋给予了高度评价。毛泽东挽"马本斋同志不死",朱德挽"壮志难移汉回各族模范,大节不死母子两代英雄"。周恩来挽"民族英雄,吾党战士"。

1953年,为纪念抗日民族英雄马本斋,东辛庄被正式命名为本斋村,乡政府也设在该村,更名为本斋回族乡。1954年,马本斋的遗体迁至石家庄市华北军区烈士陵园安葬。2009年被评为"100位为新中国成立作出突出贡献的英雄模范人物"。

▶挺起共产党人的精神脊梁
　　——毛泽东延安题词的故事

为母当学民族英雄贤母

——为朱德母亲献挽词

为母当学民族英雄贤母，斯人无愧劳动阶级完人。

1944 年 4 月 10 日

朱德的母亲钟氏生于1858年，一共生了13个儿女。家里生活很苦，可由于母亲的聪明能干，也勉强过得下去。

朱德母亲对孩子管束很严，朱德刚四五岁，就跟着母亲干家务活。长大后，朱德要离开故乡参加革命，母亲不但不反对，还给了朱德许多安慰。

朱德一生无论做事做人都深受母亲的影响。他常说：我感谢母亲，她教给我与困难作斗争的经验。我在家庭中已经饱尝艰苦，这使我在30多年的军事生活和革命生活中再没感到过困难。母亲又给了我一个强健的身体，一个勤劳的习惯，使我从来没感到过劳累。

朱德后来转战川滇，以后又参加共产党，20多年未回过家乡，母亲不断写信鼓励朱德在外面做大事。全民族抗战爆发后，朱德只寄了几百元钱回去，母亲仍然继续劳动，并不依靠八路军、共产党为她养老。

1944年4月10日，延安各界隆重举行追悼八路军总司令朱德的母亲大会，这是中国共产党历史上仅有的一次为党的领导人的母亲举行的公祭仪式。中共中央送的挽联是"八路功勋大孝为国，一生劳动吾党之光"。毛泽东的挽联是"为母当学民族英雄贤母，斯人无愧劳动阶级完人"。刘少奇、周恩来的挽联为"教子成民族英雄，举世共钦贤母范；毕生为劳动妇女，故乡永保好家风"。

五、
挽词、挽联、挽诗/

向为人民利益而牺牲的张思德同志致敬

——为张思德题挽词（1944年9月8日）

1944年9月5日，中央警备团战士张思德牺牲。8日，毛泽东为悼念张思德而作著名讲演《为人民服务》，并为张思德题写挽词"向为人民利益而牺牲的张思德同志致敬"。

1942年10月，中央成立警备团，负责党中央的保卫工作。警卫一连班长张思德因个子大、身体好被调到警卫队工作。他沉默寡言、吃苦耐劳，项项工作都很出色，毛泽东很喜欢他。

1944年，中央决定次年在延安召开党的第七次全国代表大会。为解决与会代表的烤火问题，中央的邓捷负责调人去安塞烧炭。因缺乏会烧炭、打窑的人，就请警备团去人做技术指导。张思德会打窑洞和烟道，和另外两人被派前往，张任副队长。

9月5日，天下着雨。张思德挖一个新的炭窑时，因土质松软，上面雨水渗透，造成塌方。张思德被压在窑内，不幸牺牲，年仅29岁。

战争年代死人的事是经常发生的。但张思德是毛泽东等主要领导同志的警卫员，因此，警卫队队长古远兴决定把消息直接报告毛泽东。

"报告主席，张思德牺牲了。"古远兴走进毛泽东的办公室，见他正聚精会神地批阅文件，几次张口才说出声。

待到听清，毛泽东惊讶地放下笔，双手按着桌子站起来。听完张

▶ 挺起共产党人的精神脊梁
　　——毛泽东延安题词的故事

思德牺牲的简要经过，他沉痛地说："前方打仗死人是没办法的，后方生产劳动死人不应该！"

　　点着一支烟，毛泽东站在窗前，深情地望着安塞张思德牺牲的方向："这件事，你向你的上级报告了没有？"古远兴回答说："没有，我想直接报告给主席就行了。"

　　"这不行，你还要向你的上级报告。"

　　毛泽东皱了皱眉："张思德现在在什么地方？"

　　"还被压在炭窑里。"

　　"怎么能这样呢？要尽快挖出来。放哨看好。山里狼多，不要被狼吃了。要是被狼吃了，你的队长就不要当了。"毛泽东又问，"张思德的遗体挖出来准备怎么处理？"

　　"主席，我打算刨出来就地安葬。"

　　艰苦战争环境，古远兴决定从简办理后事。"不行！"毛泽东不高兴了。他思索了一会，吐出一口浓浓的烟，数着指头给古远兴明确指示："第一，给张思德身上洗干净，换上新衣服；第二，搞口好棺材；第三，要开个追悼会，我要去讲话。"

　　9月8日，中央警备团、中央社会部和中央办公厅的1000多人在延安枣园操场举行隆重的追悼会。警备团团长吴烈主持追掉会，政治处主任张廷桢致悼词。

　　毛泽东神情庄重地走进会场，参加一个普通而伟大的战士的追悼会。他亲自将花圈献在土台子中央，旁边悬挂着他题写的挽词"向为人民利益而牺牲的张思德同志致敬"。

　　毛泽东在悼词中说："'人固有一死，或重于泰山，或轻于鸿毛。'为人民利益而死，就比泰山还重；替法西斯卖力，替剥削人民和压迫

五、
挽词、挽联、挽诗

人民的人去死,就比鸿毛还轻。张思德同志是为人民利益而死的,他的死是比泰山还要重的……"这篇著名的演讲——《为人民服务》后来影响了几代人的思想与行为。

(人民网"历史上的今天"2003年8月1日)
(http://www.people.com.cn/GB/historic/0905/2903.htm)

▶挺起共产党人的精神脊梁
　　——毛泽东延安题词的故事

真诚地为人民服务，鞠躬尽瘁，死而后已
——为邹韬奋题挽词

热爱人民，真诚地为人民服务，鞠躬尽瘁，死而后已，这就是邹韬奋先生的精神，这就是他之所以感动人的地方。

1944年11月15日

邹韬奋是一位民主爱国人士，著名的"七君子"之一。他是我国近代史上杰出的新闻记者、政论家和出版家。他逝世后，毛泽东两次为他题词，赞扬他"热爱人民，真诚地为人民服务"的精神，赞扬他为中华民族的解放、为民主政治奋斗不止的伟大功绩。

邹韬奋，原名恩润，祖籍江西省鹰潭市余江县，1895年出生于福建省永安市。年幼时，在上海南洋公学附属小学读书，他聪明好学，才智过人。1909年14岁时，以优异成绩考入福州工业学校。随着年龄的增长，邹韬奋对自己的兴趣和爱好有了明确的方向，他发现自己并不擅长理工类，他更喜欢文史类，他的理想就是当名新闻记者。1919年9月，邹韬奋破格考入了上海圣约翰大学文科三年级。毕业以后，于1926年在上海担任了《生活》周刊的主编，开始实现自己的理想，施展自己的抱负。他把新闻事业看成是为民众服务、为社会服务的有效手段。他主编《生活》周刊不久，就开辟了《读者信箱》专栏，选刊读者关于各种问题的来信，并作简明的答复，对大量不能发表的来信，则直接答复。他采用平民式的文字，面向实际生活，以短

五、挽词、挽联、挽诗 /

小精悍的文章赢得了读者的喜爱。他尽自己的全力为读者解疑释难，其同情之深厚，关切之周到，谋划之细致，使广大读者感动不已。

"九一八事变"后，日本帝国主义对中国的大规模侵略，大大激发了邹韬奋的爱国热忱。抗日救国成为《生活》周刊的主题。高举抗日旗帜，以团结御侮为目标，公开反对国民党政府对外屈辱投降、对内坚持反共的反动政策，肯定中国共产党及全国人民的抗日爱国思想，公开表明为劳苦大众的利益而奋斗的立场，成了《生活》周刊的主要任务。该刊销售量猛增，打破了中国杂志发行纪录。

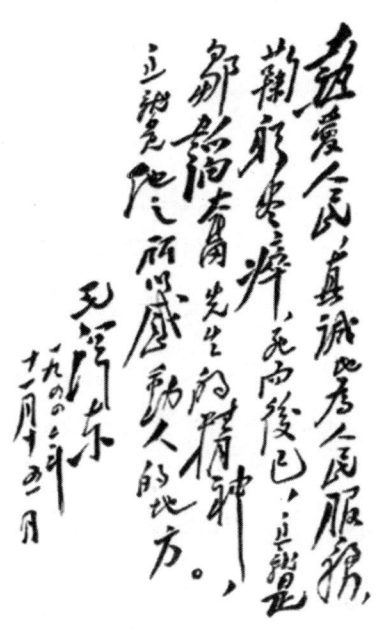

为邹韬奋题写挽词

随着《生活》周刊发生重要的转折，邹韬奋的思想也发生了重要的转变，他越来越倾向于革命的立场，越来越同情中国共产党。

1932年，邹韬奋创办了生活书店。生活书店以促进进步文化事业、服务社会为宗旨，短短几年内，就出版了数十种进步刊物，以及包括马克思主义译著在内的1000余种图书。

1933年，邹韬奋受到国民党的迫害，被迫流亡海外。在这期间，他系统地阅读了大量的马列主义经典著作，通过实地考察和潜心钻研，为其先进的思想立场奠定了理论基础。

1935年，邹韬奋回国。他在上海创办了《大众生活》周刊，积极响应中国共产党的号召，鲜明地提出了"团结抗日、民主自由"的主张。"一二·九"运动后，上海各界救国会成立，邹韬奋被推举为执行委员。次年5月，全国各界救国联合会在上海成立，邹韬奋仍被推举为执行委员。《大众生活》周刊以及邹韬奋以后主编的其他报刊实际上成了救国会的会刊。

1936年11月,邹韬奋与沈钧儒、李公朴和史良等爱国人士因积极参加抗日救国活动而遭国民党政府逮捕,这就是震惊中外的"七君子事件"。邹韬奋坚贞不屈,不怕国民党的威胁,在狱中坚持写作。1937年"七七事变"后,国民党当局迫于舆论压力,于7月31日释放了"七君子"。

邹韬奋出狱后,上海沦陷,他先后前往武汉、重庆等地继续参加抗日救国活动。国民党政府聘他为国民参议员。他把《抗战》和《全民周刊》合并改为《全民抗战》三日刊。这些刊物纵论抗战形势任务,宣传中国共产党的救国政策,声讨日军侵略暴行,揭露国民党反动当局消极抗日的种种倒行逆施和专制暴政,受到读者的广泛欢迎,销售再创中国期刊发行纪录。

在重庆期间,邹韬奋以国民参议员的身份与周恩来等人有了更多的接触,他对中国共产党有了更多的了解,多次提出加入中国共产党的要求。

1941年1月,"皖南事变"后,国民党反动派进一步摧残进步文化事业,迫害民主人士。生活书店五十余处分店或被封闭,或迫令停业,只余重庆一处。《全民抗战》亦于2月22日被封闭。邹韬奋对国民党反动政府这种法西斯暴行提出强烈抗议,愤然辞去"国民参议员"职务,秘密出走香港。在那里,他参与了《华商报》的筹办工作,并恢复出版了《大众生活》。他在《复刊辞》中说:"现在,摆在全国人民面前的紧急问题,就是如何使分裂的危机根本消灭,巩固团结统一,建立民主政治,由而使抗战坚持到底,以达到最后的胜利。"他在港期间发表了不少论文,其中一部分后来编成了《对反民主的抗争》一书,此书对于国民党政府反民主的法西斯独裁政治进行了尖锐

五、挽词、挽联、挽诗

的谴责，抨击了国民党反动派破坏、阻挠民主运动的种种谬论和罪行。

香港沦陷后，邹韬奋等一大批文化人士撤回内地。国民党反动派密令各地特务机关严密搜索邹韬奋的行踪，一旦发现，"就地惩办"。1942年秋，邹韬奋化装离开广东梅县经韶关等地到达苏北抗日根据地，受到当地党政军民的热烈欢迎。这时敌人正在根据地四周纠集兵力，准备对苏北根据地进行新的"扫荡"，形势十分紧张。部队行动频繁，邹韬奋同部队一起行动，一面了解部队作战、生产的情况，一面到处参观抗日民主政府的工作，考察解放区的民主建设。虽然十分艰苦，他却异常兴奋。

但不幸的是，这时邹韬奋的耳病突然转趋严重，从右耳至右颊，常常刺痛。痛得厉害时，里面像有虫蚁咬啮，又像有几十根烧红了的钢针在扎刺。这时正临近新年，邹韬奋到达苏北根据地的消息已经传开，许多人希望听到他的声音，苏北的文艺界邀请他作一次公开讲演，一家报馆也请他写一篇新年献词。邹韬奋极力忍着头痛，提笔疾书，身边的同志劝他歇一歇，他说，明天开大会，我要把长期蕴积在心底的许多话，趁这个机会倾吐出来，我要让大家知道我的言论，我不能使大家失望。邹韬奋在同病魔的搏斗中写完了文章。第二天，他准时来到讲演地点，向从四面八方来的听众发表了热情洋溢的讲话，给大家留下了难忘的印象。

新年刚过，敌人又开始了一次空前规模的残酷"扫荡"。邹韬奋一面饱受战争的艰险，一面与日益恶化的疾病斗争，备受艰辛，但是他的情绪始终很好。他亲眼看到我军将士英勇杀敌，经过激烈的战斗，取得了反"扫荡"的胜利，更深切体会到人民力量的伟大、党领导的正确。

邹韬奋本想去向往已久的延安，更好地为党和人民多做工作，不料耳病却日益严重起来。三天两头发病，饮食难以下咽，夜间无法安眠。疼痛得不到抑制，痛苦万分。正在进行着艰苦战争的解放区缺医少药，根本无法医治，党中央将他送到了上海治疗。经过诊断，被确诊为耳癌，后来发展为脑癌，最终医治无效，于1944年7月24日逝世，年仅49岁。

全国人民哀悼邹韬奋的逝世，在成长中受到邹韬奋影响的广大青年异常悲痛。9月28日，党中央致电邹韬奋的家属吊唁，对邹韬奋的一生加以热烈赞扬，称颂他"二十余年为救国运动，为民主政治，为文化事业，奋斗不息，虽坐监流亡，决不屈于强暴，决不改变主张，直至最后一息，犹殷殷以祖国人民为念，其精神将长在人间，其著作将永垂不朽"。并且追认他为中国共产党党员。

延安各界隆重地举行了邹韬奋追悼会。毛泽东对邹韬奋的逝世甚感惋惜与悲痛，1944年11月15日，为表达无限哀思，他题写挽词：

热爱人民，真诚地为人民服务，鞠躬尽瘁，死而后已，这就是邹韬奋先生的精神，这就是他之所以感动人的地方。

毛泽东
一九四四年十一月十五日

1949年7月，人民解放战争已经取得决定性胜利，新中国曙光在望，邹韬奋"早日实行真正的民主政治，建立独立自由幸福的新中国"的美好愿望很快就要实现了。这时，正在为筹备全国政治协商会议、为筹建新中国而忙碌的毛泽东，在邹韬奋逝世五周年之际挥笔题词：

纪念民主战士邹韬奋

毛泽东

（《毛泽东题词题字珍闻》　李新芝）

五、
挽词、挽联、挽诗 /

学习雪枫同志的英勇精神

——为彭雪枫题挽词

雪枫同志在与敌人斗争中牺牲了,全民族和全党都悲痛这个损失。为了补偿这个损失,应该学习雪枫同志的英勇精神,更加努力扩大解放区,扩大八路军、新四军,促成联合政府和联合统帅部,使日本侵略者在有效的联合打击下早日消灭,使独立民主的新中国早日实现。

1945 年 2 月 7 日

彭雪枫是我军著名的军事家,也是毛泽东的爱将之一。他投身革命 20 年,南征北战,智勇双全,战功卓著,深受毛泽东器重。他所指挥的部队屡为前锋,战功卓著,参加过第三、四、五次反"围剿",二万五千里长征,两次率军攻占娄山关,直取遵义城,横渡金沙江,飞越大渡河,进军天全城,通过大草地……同时,他也敢于坚持原则,犯颜直陈。

然而,就在抗战胜利前夕,豫皖苏抗日根据地创始人、新四军第四师师长彭雪枫在一次指挥作战中不幸中弹牺牲。得知彭雪枫牺牲的消息,毛泽东黯然神伤,不由得泪流慨叹:"小小的八里庄,竟然损我一员大将!"

为了不影响部队的士气,也为了保护身怀六甲的彭雪枫爱人林颖,师领导请示新四军党委后,决定暂缓公布彭雪枫阵亡的噩耗。直到 1945 年 1 月 24 日,彭雪枫牺牲的消息才公布于世,毛泽东、朱德、

▶挺起共产党人的精神脊梁
——毛泽东延安题词的故事

刘少奇、彭德怀等率延安各界代表1000余人,在延安中央大礼堂沉痛追悼彭雪枫。中央大礼堂门口挂着中国共产党中央委员会的挽联"为民族,为群众,二十年奋斗出生入死,功垂祖国;打日寇,打汉奸,千万同胞自由平等,泽被长淮。"毛泽东、朱德、刘少奇、彭德怀和陈毅等也都致了悼词,他们的共同挽词是"二十年艰难事业,即将彻底完成,忍看功绩辉煌,英名永在,一世忠贞,是共产党人好榜样;千万里山河破碎,正待从头收拾,孰料血花飞溅,为国牺牲,满腔悲愤,为中华民族悼英雄"。

1945年2月7日,毛泽东又为彭雪枫题挽词:

雪枫同志在与敌人斗争中牺牲了,全民族和全党都悲痛这个损失。为了补偿这个损失,应该学习雪枫同志的英勇精神,更加努力扩大解放区,扩大八路军、新四军,促成联合政府和联合统帅部,使日本侵略者在有效的联合打击下早日消灭,使独立民主的新中国早日实现。

(人民网2009年8月14日)

(http://politics.people.com.cn/GB/1026/9853913.html)

五、
挽词、挽联、挽诗/

为中国革命死难烈士题挽词

1945年6月17日,中共七大代表及延安各界人士在中央党校大礼堂举行中国革命死难烈士追悼大会。毛泽东为死难烈士题写挽词"为人民而生,为人民而死,你们的事业永与人民同垂不朽;为胜利而来,为胜利而去,我们的任务是向胜利勇往直前"。毛泽东主祭,并献挽词"死难烈士万岁"。公祭时,毛泽东讲话,其中有这样两句话,一句是:"今天中国共产党第七次全国代表大会的代表和延安人民的代表联合在这里开一个追悼大会,追悼几十年来中国革命队伍在各个战线上所牺牲的人。"另一句是:"我们今天的公祭可以一直上溯到一八四〇年平英团那些英雄们,也祭奠他们。"

▶挺起共产党人的精神脊梁
　　——毛泽东延安题词的故事

李少石同志是个好共产党员

——为李少石题挽词

李少石同志是个好共产党员，不幸遇难，永志哀思！

1945 年 10 月

李少石，1906 年生于广东省江门市新会区。1925 年考入岭南大学，1926 年加入中国共产党，长期从事党的秘密工作。在岭南大学时，他结识了廖仲恺的女儿廖梦醒，两人情投意合，互相爱慕。当时，全国工人运动正处于高潮时期，李少石和廖梦醒两人都投身于工人运动，向工人宣传革命道理，号召工人起来追求自身的解放。他们的革命行动引起国民党政府的不满，李少石被学校开除，廖梦醒后来去了香港。在党组织的安排下，李少石转往上海、香港从事地下工作。他在香港和廖梦醒相逢，1930 年两人结婚。

1943 年夏，李少石奉命调往重庆，担任国民革命军第十八集团军驻渝办事处秘书，成为周恩来的得力助手。不过，李少石主要从事内务工作，对外从不公开身份。他勤勤恳恳、默默无闻地干着自己的本职工作，多次出色地完成党组织交给他的任务，从不计较个人得失。

1945 年 10 月 8 日，国民政府军事委员会政治部部长、国共谈判的国民党首席代表张治中决定晚上 6 点在军委大礼堂举行鸡尾酒会，欢送毛泽东，周恩来也应邀参加晚会。

当天傍晚，关心时局、渴求和平的民主人士柳亚子来拜访周恩来，了解国共两党的谈判情况。周恩来热情地接待了他。下午 5 点左右，柳亚子告辞，准备回住地沙坪坝。

周恩来派秘书李少石送柳亚子回沙坪坝。司机熊国华开着郭沫若的小车，5 点左右离开。

随后，毛泽东、周恩来等人去军委礼堂参加晚会。

李少石将柳亚子先生送回沙坪坝。汽车在返回办事处途中，遇国民党兵自车后射击，子弹穿过后备厢射中李少石。

当天在军委礼堂参加晚会的人很多，有国民党的党政军界的要人、各民主党派的领导、民主人士和知名人士等。

晚会开始不久，办事处的两名同志匆匆赶到了军委礼堂，汇报这一意外消息：李少石秘书遇难，生命垂危！周恩来闻讯，飞速赶到医院，李少石躺在抢救室的病床上，面无血色，双目紧闭，奄奄一息。

晚 7 时左右，李少石因抢救无效牺牲了。

周恩来回到军委礼堂，悄悄向毛泽东作了简要汇报。按照毛泽东的指示，重庆办事处为李少石开了追悼大会。宋庆龄等国民党元老和民主党派人士前来参加，多达数百人。办事处、《新华日报》编辑部和印刷部等单位送来了花圈。周恩来亲致悼词，对李少石的一生给予了高度评价。

对于李少石的不幸遇难，毛泽东非常悲痛。他题写挽词：

李少石同志是个好共产党员，不幸遇难，永志哀思！

毛泽东

（《毛泽东题词题字珍闻》　李新芝）

▶挺起共产党人的精神脊梁
　　——毛泽东延安题词的故事

工业先导，功在中华

——为范旭东题挽词（1945年10月）

范旭东，1883年10月24日出生，湖南省岳阳市湘阴县人，出生时取名源让，字明俊，后改名为范锐，字旭东。他是中国化学工业的奠基人，被称作"中国民族化学工业之父"。

范旭东1900年留学日本，先后在工业专科学校、京都帝国大学化学系学习。回国时正值清室逊位、民国初立，政权又落入北洋军阀手中。当时中国的民生市场被洋货垄断：洋面、洋火、洋布、洋盐、洋油（煤油）、精盐几乎全被外国人把持，有"化学工业之母"称呼的碱也是如此。范旭东立志创办中国人自己的盐厂和碱厂。

1915年，范旭东在天津创办久大精盐公司，生产出中国本国制造的第一批精盐。1917年，范旭东等人开始制碱模型试验，解决了一系列技术难题，1918年11月创办永利制碱公司，1926年实现了正常运转，生产出优质纯碱。1937年生产出我国第一批硫酸铵产品。1943年成功开发了联合制碱新工艺。

范旭东在创办实业的同时，积极提倡科学救国，尊重知识，尊重人才，积极参与和支持科学研究工作。早在1922年，范旭东就创办了黄海化学工业研究社。其宗旨和目的，不仅为的是解决制盐和制碱中的一些科研问题，而且培养造就了一批化工科技人才，写下了我国化工科研史上光辉的一页。

1945年10月4日，范旭东因操劳过度突患恶疾（据称是急性肝炎），溘然长逝，终年62岁。重庆《新华日报》悼念范旭东先生的文章写道："范先生的半生坎坷，象征了数十年来中国民族工业的坎坷！中国如不能独立自主，中国政治如不能走上民主的道路，则民族工业是没有方法发展的……假如范先生的心血是灌溉在民主国家的土壤里，我们知道他们的果实一定比现在更加丰硕，更加美丽！"毛泽东为范旭东题挽词"工业先导，功在中华"，郭沫若为范旭东先生题挽词"老有所终，壮有所用，幼有所长；天不能死，地不能埋，世不能语"。

(《中国农资》2005年第5期　张春华)

> 挺起共产党人的精神脊梁
>   ——毛泽东延安题词的故事

为人民的音乐家冼星海同志致哀

——为冼星海题挽词（1945年11月14日）

冼星海，祖籍广东省广州市番禺区，1905年6月生于澳门一个贫苦船工的家庭，自幼丧父。1918年入岭南大学附中学习小提琴，1926年在北京大学音乐传习所、国立艺专音乐系学习，1928年进上海国立音专学习小提琴和钢琴。1929年到法国勤工俭学。1935年回国后，积极参加抗日救亡运动，先后创作了《保卫卢沟桥》《游击军》《到敌人后方去》《在太行山上》等大量战斗性的群众歌曲。1938年到延安，任鲁迅艺术学院音乐系的教员。在民族危亡的严重关头，冼星海坚定地站在民族斗争的前列，他确信中国共产党才是中华民族的中流砥柱。1939年6月，他加入了中国共产党。

1938年12月9日，延安各界在抗日军政大学第三队操场召开"一二·九"纪念大会。大会开始之前，毛泽东来到了会场，他缓缓走到正在教大家唱《一二·九纪念歌》的冼星海面前，和冼星海热情地握手，并拉他一起坐到主席台上。毛泽东问了冼星海的名字，然后表扬他说：你进步得很快，革命阵营需要知识分子，但知识分子必须和工农结合。音乐家往往要经历一个过程，才会变成为人民的音乐家。毛泽东的话深深地印在了冼星海的脑海里。

为了民族解放，"为抗战发出怒吼"，他纵笔谱写歌曲。他说："我的音乐，要献给祖国，献给劳动人民大众，为挽救民族危亡服务。"

在冼星海的创作中，数量最多、影响最广的是多种多样的群众歌

五、挽词、挽联、挽诗

曲,其中有正面表现中国人民的抗日斗争,采用号召性、战斗性的进行曲形式的《救国军歌》《青年进行曲》《保卫卢沟桥》和《到敌人后方去》;有具体展示人民战争壮美的战斗图景、将抒情性与鼓动性或描绘性与概括性结合在一起的《在太行山上》《游击军》和《反攻》;有表现工农群众的劳动生活、采用特定的劳动音调和节奏写成的《拉犁歌》《搬夫曲》和《路是我们开》;还有为抗战中的妇女、儿童写的《只怕不抵抗》《祖国的孩子们》和《三八妇女节歌》等等。在这些群众歌曲中,冼星海根据不同内容,创造出具有不同个性特征的音乐形象,生动地体现了人民群众丰富的内心世界。

《黄河大合唱》是冼星海影响最大的代表作,作于1939年3月。1939年他去看望病床上的青年诗人光未然,听其朗诵《黄河吟》,听其讲述黄河呼啸奔腾的壮丽景象,遂荡其共鸣,乐思如潮。经过6天紧张的工作,完成了《黄河大合唱》的创作,写就了这一时代的中华民族的音乐史诗。

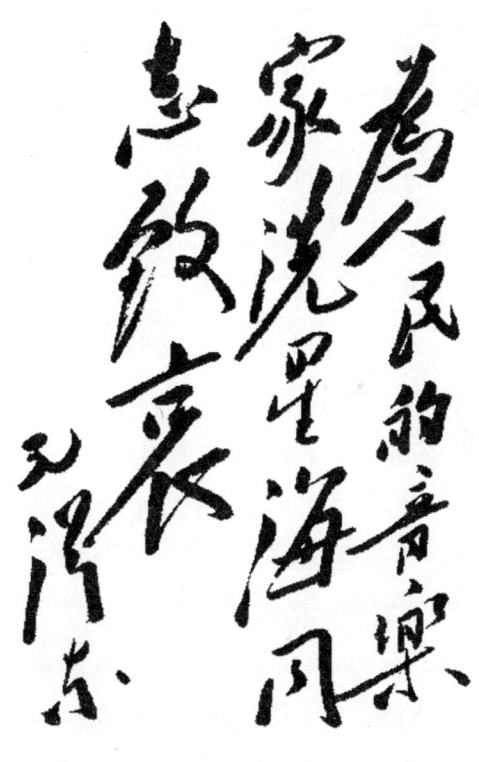

为冼星海题写挽词

《黄河大合唱》以黄河为背景,热情赞颂了中华民族不屈不挠、能够战胜任何艰难险阻的坚强意志和斗争精神以及悠久的文化历史,突出地表现了中国人民勤劳朴实、酷爱自由、胸怀宽广的崇高品德,愤怒地控诉了敌寇的入侵给黄河两岸人民所造成的深重

▶挺起共产党人的精神脊梁
——毛泽东延安题词的故事

灾难,最后以激昂的旋律,威武雄壮地奏出了中国人民在共产党领导下,为反抗日本帝国主义的侵略,为保卫黄河、保卫全中国而英勇战斗的时代最强音。整个作品自始至终都以扣人心弦的艺术感染力鼓舞人们为真理和正义而战斗,对未来和胜利充满着信心。《黄河大合唱》是一部反映中国人民为求民族解放、争取民族独立和民主自由而斗争的优秀作品,在艺术上也有很高的成就和独创性。

1939年5月11日,在庆祝鲁迅艺术学院成立一周年的晚会上,冼星海指挥大家演唱了《黄河大合唱》。雄壮的气势,起伏不定、时而哀怨、时而振奋的旋律,深深地感动了每一个人。《黄河大合唱》用气势磅礴的音乐,向全世界宣告:在中国,"风在吼,马在叫,黄河在咆哮,黄河在怒吼!"全中国人民"端起了土枪洋枪,挥动着大刀长矛,保卫家乡,保卫黄河,保卫华北,保卫全中国!"那气贯山河的旋律,长久地回响在神州大地,震撼着当时四万万同胞的心。《黄河大合唱》从此传遍了延安,传遍了中国,飞向了世界,此起彼伏,回响不绝,震撼人心,经久不衰。

《黄河大合唱》一问世,就迅速在中国大地上传唱。在抗日烽火的洗礼下,迅速成为中华儿女抗战救亡的精神号角,对抗日民族解放斗争起了巨大的鼓舞作用。

冼星海在音乐创作上的另一重要贡献,是开创了表现我国人民革命斗争并具有民族特点的大合唱创作。他创作的四部大合唱(即《黄河大合唱》《生产运动大合唱》《九一八大合唱》《牺盟大合唱》),在题材、内容的现实性和表现形式的民族化、群众化方面是相同的,但又根据不同的题材、内容,以不同的艺术手法进行处理,使各个作品具有不同特色。

作于1939年3月的《生产运动大合唱》,以载歌载舞和戏剧表演相结合的形式,通过"春耕""播种与参战""秋收突击"和"丰收"四个场面,表现解放区人民的生产劳动和抗战生活,音乐具有民间风味，合唱粗犷质朴，其中的《二月里来》和《酸枣刺》两个段落，常被作为独唱和童声合唱曲目，流传至今。

为纪念"九一八事变"八周年而作的《九一八大合唱》，是一部叙事性的大合唱，表现了人民群众在欢庆胜利时，回顾抗战历程，激励人民抗战到底的决心。《九一八大合唱》和《生产运动大合唱》的乐队伴奏，在对民族打击乐器和中国音乐风格的节奏运用上很有特色。

作于1940年3月的《牺盟大合唱》，是为山西牺牲救国同盟会的抗日决死队创作的一部群众歌曲联唱形式的大合唱，包括齐唱、独唱、轮唱、合唱等6个段落，具有鲜明的地方色彩。

1940年5月，中共中央决定派冼星海去苏联考察。冼星海接受了党组织的安排，离开延安赴苏联。这是他生活的最后五年。在此期间，他得以有较集中的精力对几部大型作品进一步修饰并最终完成。1941年6月，爆发了震惊世界的"苏德战争"。连年的兵火战乱，颠沛流离，生活无着，再加上缺医少药，体弱多病的冼星海于1945年10月30日在苏联病逝，年仅40岁。

噩耗传到延安，各界震动，毛泽东深为惋惜。同年11月14日，延安各界为冼星海举行了隆重的追悼会，毛泽东题写了挽词：

　　为人民的音乐家冼星海同志致哀

毛泽东

冼星海是我国现代音乐史上一位卓有成就的作曲家。在冼星海短暂的一生中，创作生活约10余年，共创作歌曲数百首（现存250余首）、大合唱4部、歌剧1部、交响曲2部、管弦乐组曲4部、狂想曲1部以及小提琴、钢琴等器乐独奏、重奏曲多首。冼星海与聂耳的音乐一起，构筑了中国音乐的骨架，他以澎湃的激情、鲜明的民族特色，写出了震惊中外乐坛的乐章。

（《毛泽东题词题字珍闻》　李新芝）

▶挺起共产党人的精神脊梁
　　——毛泽东延安题词的故事

英勇牺牲的烈士们千古，无上光荣
——为建立晋冀鲁豫烈士陵园题挽联（1945年）

1945年，晋冀鲁豫解放区军民为纪念在革命斗争和抗日战争中英勇献身的广大烈士，决定建立一座陵园。毛泽东应邀为晋冀鲁豫烈士陵园题词："英勇牺牲的烈士们千古，无上光荣。"

1945年10月4日，古城邯郸解放，邯郸市成为晋冀鲁豫边区首府。1946年3月，晋冀鲁豫边区参议会第一届二次会议通过在邯郸修建烈士陵园决议。1950年10月21日，中央人民政府决定为左权诸烈士举行"新中国历史上第一个国葬"及晋冀鲁豫烈士陵园落成典礼，《人民日报》刊登了"邯郸烈士陵园落成典礼暨左权烈士等移灵委员会"启事。

晋冀鲁豫烈士陵园分南北两院，总占地面积21.3万平方米。园区采用我国传统的主轴线布局，主要建筑分布在井字形轴线上。进入形似凯旋门式的园区大门，首先看到的是巍峨耸立的烈士纪念塔，塔上镌刻有毛泽东题的挽联"英勇牺牲的烈士们千古，无上光荣"，周恩来的题词"革命烈士永垂不朽"，刘少奇的题词"永垂不朽"，朱德的题词"你们活在我们的记忆中，我们活在你们的事业中"。

内设人民英雄纪念墓，是为纪念所有牺牲在晋冀鲁豫边区的革命烈士而修建的象征性纪念建筑，墓前东西两侧是主题为"八路军"和"民兵"的两组群雕。公墓西侧的陈列馆内容为《走向胜利——晋冀鲁豫边区革命史陈列》，分为四个部分：雄师进太行开创晋冀鲁豫；巩固求稳定战胜严重困难；壮大促发展夺取抗战胜利；军政民鼎力支援全国解放。以大量的历史文物、文献资料、图片资料及模型等展品，全面介绍了晋冀鲁豫边区的斗争历史。

▶挺起共产党人的精神脊梁
——毛泽东延安题词的故事

为人民而死　虽死犹荣

——为"四八"遇难烈士题词（1946年4月20日）

1946年4月8日，在重庆参加国共谈判和出席政治协商会议的中共中央委员王若飞、秦邦宪乘飞机回延安向党中央报告和请示工作，新四军军长叶挺，中共中央职工委员会书记邓发，贵州籍教育家黄齐生先生，八路军参谋李绍华、彭踊左以及随行人员魏万吉、赵登俊、黄晓庄、叶挺夫人李秀文及其子女二人，一同前往延安。

当天下午1点钟，毛泽东、朱德、任弼时、林伯渠等中央领导和王若飞、秦邦宪、叶挺、邓发的家属，在延安的老战友及部下陆续来到机场迎接他们的到来。

当时延安阴云密布，云雾朦胧，断断续续地下着毛毛细雨。飞机原定下午1点左右抵达延安，直到下午2点左右，仍没有看到飞机降落。直至下午4点多钟，人们才慢慢散去。

毛泽东、朱德心中非常不安，他们命人迅速向西安发电询问情况。5点钟电报回复：王若飞、秦邦宪等人乘坐的C47美式运输机未曾返航。人们心中越来越焦虑不安，到底发生了什么情况？原来，因天气不好，飞机无法在延安机场降落。途中由于气候恶劣，能见度极差，飞机与地面失去联系，迷失了方向，误向晋绥边区方向飞去，进入了山区。飞机为了寻找地面目标，飞得很低。下午2点左右，在山西省吕梁市兴县黑茶山，由于浓雾过大，飞机撞到了山峰上。同机人员13人及4名机组人员全部遇难。

▶ 五、
挽词、挽联、挽诗 /

消息传来，举国震惊。

王若飞、秦邦宪都是老一辈无产阶级革命家、中共中央委员。当时他们代表中国共产党在重庆和国民党进行和平谈判，在会议桌上和敌人进行着尖锐、复杂的政治斗争，由于国民党公然撕毁政治协商会议决议和《东北停战协议》，形势严峻，不得不冒着恶劣天气乘飞机回延安请示工作。

叶挺是我党著名军事家，中国人民解放军的创始人之一。他1924年加入中国共产党，1926年在北伐战争中，战功卓著，获得"北伐名将"的美誉，所部被誉为"铁军"。全民族抗战爆发后，叶挺任新四军军长，在"皖南事变"中，同国民党谈判时被扣押。在监狱里，他坚贞不屈，英勇地同国民党反动派进行斗争。1946年，在中共中央的严正交涉下，叶挺于3月4日被释放，此次随机飞返延安。

为"四八"遇难烈士题词

邓发是我党工人运动的领袖之一，领导过省港大罢工，参加过广州起义。时任中共中央职工委员会书记，此前他代表中国解放区职工，出席在法国巴黎举行的世界职工代表大会，刚回国不久，这次是回延安向党中央和解放区职工汇报工作的。

4月18日下午1点，两架专机在延安机场徐徐降落，"四八"烈士的灵柩从晋西北空运到延安，烈士们的灵堂就设在飞机场。机场上人山人海，人们怀着悲痛的心情向烈士致哀。

4月19日，延安各界群众3万余人举行了隆重的追悼大会，送灵群众队伍长达2000多米。

▶挺起共产党人的精神脊梁
　　　　——毛泽东延安题词的故事

　　4月20日,《解放日报》专门增加了《追悼"四八"遇难烈士特刊》。毛泽东题写了"为人民而死　虽死犹荣"的题词,并以沉痛的心情作了《向"四八"被难烈士致哀》的祭文,祭文说:

亲爱的战友们,不朽的英雄们:

　　数十年间,你们为人民事业做了轰轰烈烈的工作。今天,你们为人民事业而死,虽死犹荣!

　　你们的死是一个号召,它将加深中国人民对于中国共产党的认识,它将加强中国人民坚持和平、民主、团结事业的决心!

　　你们的死是一个号召,它号召全党党员和全国人民团结起来,为和平、民主、团结的新中国而奋斗到底!

　　全党党员和全国人民将继承你们的遗志,继续奋斗,直到胜利,绝不懈怠,绝不退缩!

(《毛泽东题词题字珍闻》　李新芝)

五、
挽词、挽联、挽诗 /

汇万众悲愤，一心一德反独裁

——为李公朴和闻一多题挽词

1946年7月15日，李公朴追悼大会在云南大学举行。为了安全，大会没有安排闻一多发言，但他毫不畏惧，拍案而起，慷慨激昂地发表了《最后一次演讲》，痛斥国民党扼杀民主运动的罪行。下午，他主持民主周刊社的记者招待会，揭露李公朴被暗杀的事实真相。散会后，在返家途中，突遭国民党特务伏击，身中十余弹，壮烈牺牲。7月17日，毛泽东和朱德联名致电西南联大请转闻一多家属，深表哀悼。电文说："惊悉一多先生遇害，至深哀悼。先生为民主而奋斗，不屈不挠，可敬可佩。今遭奸人毒手，全国志士必将继先生遗志，再接再厉，务使民主事业克底于成，特电致唁。"五天之内，爱国人士李公朴和闻一多先后遇害，毛泽东再写挽联"继两公精神，再接再厉争民主；汇万众悲愤，一心一德反独裁"。

▶挺起共产党人的精神脊梁
　　　——毛泽东延安题词的故事

忠心耿耿　为党为国

——为关向应题挽词

忠心耿耿　为党为国　向应同志不死

1946年7月28日

关向应，1902年出生于辽宁省金县一个满族农民家庭。他在青年时期就积极参加各种爱国活动，追求进步。1924年加入中国共产主义青年团，1925年在莫斯科东方大学学习期间加入中国共产党。他是我党、我军的一名卓越的政治工作领导者和优秀的指挥员。在20多年的革命生涯中，他出生入死，百折不挠。1945年，在党的第七次全国代表大会上当选为中共中央委员。他的伟大功绩、崇高精神和人格魅力，在党内外影响深远。

1925年，关向应从苏联回国后，先后担任共青团上海地方部委、区委领导等职。他关心群众，诚恳待人，深受周围同志的尊敬。1926年春，关向应调到山东工作，先后任共青团青岛市委书记、山东省委书记。1927年5月中旬，关向应赴武汉出席中国共产主义青年团第四次全国代表大会，当选为团中央委员、常委。1928年6月，关向应赴莫斯科出席中共六大，代表团中央向大会致祝贺词。党的六大后，关向应任中央委员、中央政治局候补委员、中央军委委员、共青团中央局书记等职。1930年六届三中全会后，关向应当选为中央政治局委员。

五、挽词、挽联、挽诗

1931年,关向应在上海组织工人罢工斗争时被捕。在狱中,他坚贞不屈,机智地同敌人进行斗争,表现了共产党人崇高的革命气节。

1931年11月,他被选为中华苏维埃共和国中央执行委员、中央革命军事委员会委员。

1932年年初,关向应来到湘鄂西革命根据地,开始了他一生中壮丽的军旅生涯。他同贺龙一起率部在襄河以北地区,向国民党军发起攻势作战,壮大了红军队伍,巩固和扩大了苏区。

1934年10月,贺龙、关向应率部与任弼时等率领的红六军团会师后,所部恢复红二军团番号,关向应任副政治委员,与贺龙、任弼时统一指挥红二、红六军团创建了湘鄂川黔革命根据地。

遵义会议后,关向应坚决拥护以毛泽东为核心的党中央的领导,对党的信念更加坚定,他满怀信心地说:"过去我们好像是在黑暗中摸索,往往是碰了壁,

为关向应题写挽词

吃了亏才把手缩回来,另找一个方向再摸。我们多么希望中央有一位正确的引路人啊!这回好了,从此我们可以在毛主席的直接领导下了。"长征途中,关向应始终坚定地和朱德、任弼时、贺龙、刘伯承等站在一起,旗帜鲜明地同张国焘分裂党、分裂红军的活动进行了坚决斗争,为维护以毛泽东为核心的中共中央的统一领导,起了重要作用。

1937年,全民族抗战爆发后,关向应担任八路军第一二○师政治委员,同师长贺龙一起率部开赴晋西北抗日前线,坚决贯彻独立自主

> 挺起共产党人的精神脊梁
> ——毛泽东延安题词的故事

的山地游击战的战略方针，坚持党的抗日民族统一战线政策，大力发动群众，广泛开展游击战争，建立抗日群众组织和抗日政权，迅速创建了晋西北抗日根据地。

1938年，他参与指挥了晋西北地区的反"扫荡"作战，建立了晋绥抗日根据地。晋绥抗日根据地是华北各抗日根据地通向陕甘宁边区的交通要道，是党中央的一道坚固的屏障，在整个抗日战争中发挥了巨大作用。1938年12月，根据毛泽东和中央军委的决定，关向应和贺龙率领一二〇师主力开赴冀中，协助冀中部队开展敌后平原游击战争。关向应一面协助贺龙指挥部队作战，一面学习晋察冀边区开展游击战争的先进经验，他结合冀中对敌斗争的实际，写出了《论坚持冀中平原的游击战争》一文，对巩固冀中抗日根据地，扩大抗日民族统一战线，增强抗日军民斗争的信心，开展平原游击战争，起了重要的指导作用。

1939年12月，他同贺龙率领一二〇师主力返回晋西北，领导军民进行反"扫荡"、反"蚕食"作战，巩固与扩大了晋绥抗日根据地。

由于长期戎马征战，关向应积劳成疾。但他始终忍受着病痛，以惊人的毅力，带病在艰险的战争环境中拼命工作，为了中华民族的解放事业奋斗不息。1940年年初，严重的肺结核病开始折磨他，白天咯血，夜晚发烧，身体越来越虚弱。党中央和毛泽东、朱德闻讯后十分关心，指示他回延安休养。可是，关向应始终挂念着晋绥抗日军民，回到延安没有几天，病情稍有好转后，他便重返前线工作。1941年秋，他在晋绥抗日前线由于过度劳累，肺病再次复发，在毛泽东、朱德等中央领导的多次催促之下，又返回延安治疗。

养病期间，他始终保持着革命乐观主义精神，每当毛泽东等中央领导来探望他时，他总是渴望更多地了解国内抗战局势的发展。他始终保持着艰苦朴素的优良作风，对党中央给予的较好生活待遇深感不安,他对身边的工作人员说:"经济要注意节约,革命是长期的。"他以惊人的毅力同疾病进行顽强的斗争,不管病情怎样恶化,他始终充满信心,盼望着自己能重返战场。他说:我要"熬过这个痛苦。我还要为党工作十年二十年,即使身体坏了,不能东奔西跑做军事工作,还能做些别的工作"。后来,病情发展,左手浮肿,但他依然乐观地说:"把左手锯掉了,不还有右手嘛!照样能为党工作。"日本战败投降后,关向应满怀信心地告诉战友:"我还准备打回东北老家去,我们将来在白山黑水间再会。"他在同病魔拼斗的四年多时间里,始终保持着革命乐观主义精神和彻底的唯物主义的无所畏惧的精神,他真正做到了只要一息尚存,就要为革命奋斗到底。

1945年4月24日,关向应的病情恶化,他在写给全党同志的告别信上说:"我在此临死弥留之际,谨向党的领袖,谨向党的七次代表大会,谨向全党同志紧握告别之手,切望全党同志无论在任何时候,都在毛泽东同志领导下奋斗前进!全党全军应该像一个人一样,紧密地团结在毛泽东同志领导的中央周围,相信我们的党和中国革命是一定要得到最后胜利的。"这充分表达了他对以毛泽东为核心的党中央、对革命事业的赤胆忠心和深厚感情。

1946年7月21日,关向应被病魔夺去了生命,年仅44岁。党和人民高度地评价了他短暂的一生。他的亲密战友贺龙写下了悼文《哭向应》,痛悼这位与他并肩战斗了15年的亲密战友。毛泽东为悼念这位好战友、我党我军的优秀指挥员,题写了挽词:

忠心耿耿　为党为国　向应同志不死

毛泽东

(《毛泽东题词题字珍闻》　李新芝)

▶挺起共产党人的精神脊梁
　　——毛泽东延安题词的故事

痛悼伟大的人民教育家

——为陶行知题挽词（1946年8月11日）

陶行知，1891年生于安徽省黄山市歙县。1909年入南京金陵大学文学院。1914年留学美国。1917年秋回国，先后任南京高等师范学校、东南大学教授及教育系主任等职。1923年，陶行知参加组织成立中华平民教育促进会总会，从事平民教育和教育改良运动。

陶行知原名文濬，因推崇明代唯心主义思想家王阳明的"知行合一、知行并进"学说，改名"知行"。1934年7月，他在自办的《生活教育》杂志上启用新名"行知"，认为"行是知之始，知是行之成"，且终生以此自勉。

在陶行知的理想中，始终把救国救民排在第一位，他坚持教育救国。他认为虽然中国人勤劳、勇敢，但是中国的知识分子人数太少，所以，他把一生的主要精力投入到平民教育中。

陶行知从美国学成归国之时，正值国内兴起五四新文化运动，他马上以极大热情投身教育改革，并决心改变只为上层统治者服务的办学方式，用平民教育为"中国教育寻觅曙光"。

为了实践理想，1926年，陶行知在南京小庄创建了一所乡村师范学校，自任校长，还改地名为"晓庄"，取日出而作之意。在这所驰名中外的晓庄师范，陶行知脱去西装，穿上草鞋，和师生一起开荒，一起建茅屋。他提出"生活即教育""社会即学校""教学做合一""在劳力上劳心"的理论，目的是要"发展学生的生活本领"。

五、
挽词、挽联、挽诗

全民族抗战期间,陶行知又在重庆创办了育才学校,把"生活教育"理论运用在培养"人才幼苗"的实践中。育才学校择优选拔有特殊才能的优秀儿童,并根据学生的兴趣和条件聘请大批专家学者担任教师。校内不仅教学生文化课,还努力与社会实践紧密结合。他还倡导学习"南泥湾精神",带领师生开荒 30 亩,建立了育才农场。

陶行知在投身平民教育时,也时刻关注社会上的政治运动。1930 年春,晓庄师范师生为抗议英商和记洋行工人被殴打,举行游行示威。蒋介石遂怒令关闭晓庄师范并通缉校长,陶行知被迫流亡日本。一年后,陶行知才回到上海,从此更立志反抗蒋介石的独裁统治。

面对外患日深和国内的黑暗统治,陶行知感到不能只坐在校园书斋。"一二·九"运动爆发后,他与宋庆龄、邹韬奋等著名人士发起成立了全国各界抗日救国联合会,积极开展抗日救国活动。1936 年 7

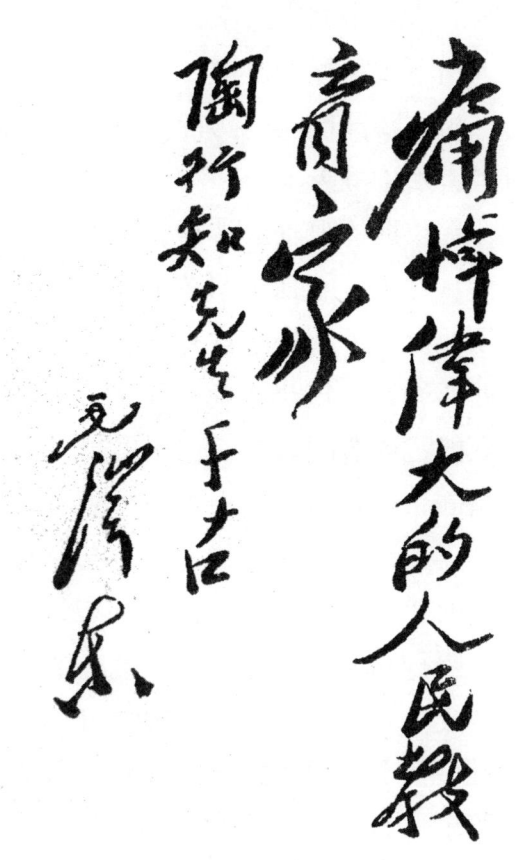

为陶行知题写挽词

月,他担任了救国会的"国民外交使节"出访欧亚非数国,争取各地华侨和国际友人支持中国的抗日斗争。途经香港时,他与沈钧儒、章乃器等联合发表《团结御侮宣言》,赞同中国共产党建立抗日民族统一战线的主张。这一宣言震动国内外,受到了中共中央和毛泽东的热

▶挺起共产党人的精神脊梁
　　——毛泽东延安题词的故事

情支持。出访期间,国内发生了国民党政府逮捕救国会领袖的"七君子事件",陶行知又一次被通缉。沈钧儒后来说:倘若陶行知留在国内,一定和我们在一起,"七君子之狱"就变成"八君子之狱"了。

　　从20世纪30年代中期开始,陶行知与中国共产党有了直接合作。在争取民主并为群众争取教育权利的长期奋斗中,陶行知阅读了许多马列著作和中共中央文件,在思想日益一致的基础上同周恩来等共产党人结下了深厚的友谊。

　　出访欧洲期间,陶行知曾三次拜谒马克思墓,并赋诗曰:"光明照万世,宏论醒天下"。

　　在长期的艰难跋涉中,陶行知逐步认识到,不改造旧中国黑暗的统治,就不可能真正繁荣中国的文化教育。因此,在20世纪40年代中期他发表了《民主教育之普及》等文章,揭露和抨击国民党推行的法西斯教育,提出了生活教育的四大方针,这就是民主的、科学的、大众的、创造的教育。这一思想,同毛泽东提出的新民主主义文化已是精髓相通。由于思想上的一致,他和许多知识分子一起不约而同地站到了人民革命力量的一边,与中国共产党并肩战斗,成为周恩来所赞誉的"无保留追随党的党外布尔什维克"。

　　陶行知大力推行战时教育,中国共产党对他的这一活动给予了有力的支持和极高的评价。1942年3月,陶行知创办的生活教育社延安分社举行十五周年社庆,徐特立等人亲自到会祝贺。当时延安还编印出版了《行知教育论文选集》,以为宣传学习之用。

　　抗战胜利后,陶行知作为民盟中央民主教育委员会的主任,与共产党密切合作,积极投入反内战、反独裁、争民主的斗争中,他在重庆创办的重庆社会大学成了民主人士的堡垒。

　　1945年,毛泽东在重庆谈判期间,曾多次与陶行知会晤,对他的为人和教育思想极为钦佩。陶行知对毛泽东也十分崇敬,"双十协议"

签订后,他亲自组织育才学校师生为毛泽东举行欢送会,毛泽东离重庆返回延安时,他作为民盟代表亲去机场送行。

1946年4月,陶行知来到上海,三个月后传来李公朴、闻一多被国民党特务暗杀的消息。陶行知闻讯异常激愤,到处演讲谴责。当社会上传说特务已把他列为下一个暗杀对象时,中共上海工委立即派人通知他转移,陶行知当即毅然表示:"我等着第三枪!"谁知,仅隔一日,陶行知在家中突发脑溢血病逝。

陶行知逝世当天,毛泽东与朱德联名发出唁电:"先生为人民教育家,为民族解放和社会改革事业奋斗不息。忽闻逝世,实为中国人民之巨大损失。"

周恩来在同日也高度评价了陶行知:"十年来,陶先生一直跟着毛泽东同志为代表的党的路线走,是一个无保留追随党的党外布尔什维克。""假使陶先生临终时能说话,我相信他必继韬奋之后请求入党。"次日上午,上海万国殡仪馆挤满了前来悼祭的群众。中共代表团的挽联是"中国人民教育旗手,民主运动巨星"。

8月11日,延安各界在中央大礼堂举行陶行知追悼会,毛泽东题写挽词:

痛悼伟大的人民教育家

陶行知先生千古

毛泽东

(《毛泽东题词题字珍闻》 张玉贞)

▶挺起共产党人的精神脊梁
　　——毛泽东延安题词的故事

工人阶级的英雄

——为朱宝庭题挽词（1947年1月）

1947年1月24日，朱宝庭在安塞陕甘宁边区医院因病不幸逝世，终年67岁。在追悼会上，刘少奇对他的一生评价道："朱宝庭同志在建党初期即表现了自觉自动坚决执行党的决议和尊重组织的模范党性，从不计较个人得失。"周恩来也高度总结说："他献身革命事业三十年如一日。"毛泽东写挽词"工人阶级的英雄"。

1880年，朱宝庭出生在浙江省宁波市镇海临江乡虹桥村。他家祖辈贫穷，父亲曾参加过太平天国起义队伍和1885年反抗法国侵略军的战斗。镇海被法军攻占后，他们全家逃出镇海。

朱宝庭10岁那年，进了家乡公善堂办的免费学堂读书。不久，因为搬家，他这个一生中唯一的求学机会也失去了。13岁那年，他在上海英商太古公司的一艘轮船上当侍工。1911年辛亥革命爆发时，朱宝庭在汕头的"绍兴"轮上当水手。

1918年上海成立了均安水手公所，有会员4000多人，朱宝庭被大家推举为负责人。1919年五四运动爆发后，朱宝庭以均安水手公所的名义，联络海员中另外两个群众组织，在6月5日一起罢工。那一天，所有停在码头上的轮船全罢工了，外国船上的中国海员也跟着罢工了。上海海员的罢工斗争，有力地声援了全国民众的反帝爱国运动。

1920年5月至7月，上海米价暴涨，海员工人无法维持生计，公推朱宝庭为代表，向上海中外27家轮船公司提出加薪要求。资本家害怕工人再次罢工，便在协议上签字答应工人要求。

中国共产党在上海创立后，作为早期共产党员，中国劳动组合书记部干事李启汉在海员工人中积极开展革命活动。在此期间他结识了均安水手公所负责人钱孝裕和朱宝庭。1922年，朱宝庭参与香港海员大罢工。

1922年4月，朱宝庭代表均安水手公所和李启汉一起前往广州参加第一次全国劳动大会。同年5月，朱宝庭经李启汉介绍在广州加入了中国共产党。会后，他和香港海员工会干事林伟民一起回到上海筹建海员工会上海支部。1926年5月，朱宝庭出席了在广州召开的第三次全国劳动大会。北伐战争开始后，中国共产党组织工农代表团奔赴前线慰问北伐革命军，朱宝庭也参加工农代表团随军到达武汉。

1927年武汉发生了"七一五"反革命政变，上级党组织指示朱宝庭马上离开武汉，他坐船到达九江，又转道到上海、香港、汕头。最后，在党组织的安排下，他在香港开了一家盐店、一个杂货铺。平时，他用生意赚来的钱充作党的经费，并联络海员，发展工会组织，联络掩护党员干部。1930年4月后，他先后到天津、塘沽、上海等地开展海员工作。1931年党中央又选派他到苏联莫斯科赤色职工国际工作。

1933年春，他回国后，党中央调配他到闽浙赣革命根据地当工会主席。1934年国民党军队占领了闽浙赣革命根据地，他经过一年多艰险的辗转突围，于1935年9月回到上海，投入了抗日救亡运动。当他在上海刚露面，杜月笙就马上派人来拉拢他，想利用他在海员工人中的威望，为流氓帮会干事，但遭到他一口拒绝。不久，他又遭叛徒出卖，被国民党法庭处以五年徒刑，关押在河泾监狱。在狱中，他积极参加地下党支部的工作，继续开展抗日宣传。1937年全民族抗战爆发，国共第二次合作，他终于获释出狱。

以后，他离开上海，在武汉参加工人的抗敌斗争。不久，党中央

▶挺起共产党人的精神脊梁
　　——毛泽东延安题词的故事

又调他到延安,担任中共中央职工运动委员会委员的职务。延安的同志都尊称他为朱老。党中央考虑到他为革命历尽磨难,年老体弱,就安排他去静心休养,然而他总闲不住,到安塞和桥儿沟等地工厂去作报告,讲革命故事,指导工厂劳动竞赛,充分体现了一名共产党员毕生献身革命事业的崇高精神。

(《上海党史研究》1997年第2期　陆米强)

▶ 五、
挽词、挽联、挽诗 /

生的伟大　死的光荣

——为刘胡兰题挽词（1947年3月26日）

毛泽东为女英雄题词，刘胡兰为第一人，而且先后两次为她题词，在毛泽东题词的历史中也绝无仅有。

刘胡兰，原名刘富兰，1932年10月8日出生于山西省吕梁市文水县云周西村的一个中农家庭。母亲早亡，父亲刘景谦续娶胡文秀为妻。胡文秀将刘富兰名中的"富"字改为自己的姓氏"胡"，从此更名刘胡兰。继母积极投身于妇救会工作，并非常支持刘胡兰参加革命。

刘胡兰8岁上村小学，10岁起参加儿童团。1945年10月，刘胡兰参加了中共文水县委举办的妇女干部训练班。学习了一个多月，回村后担任了村妇女救国会秘书。1946年5月，刘胡兰调任第五区"抗联"妇女干事；6月，成为中共预备党员，被调回云周西村领导当地的土改运动。

为刘胡兰题写挽词

1946年秋，国民党大举进攻解放区，文水县委决定留少数武工队坚持斗争，大批干部转移上山。当时，刘胡兰也接到转移通知，但她

▶挺起共产党人的精神脊梁
　　——毛泽东延安题词的故事

主动要求留下来坚持斗争。这位年仅14岁的女共产党员，在已成为敌占区的家乡往来奔走，秘密发动群众，配合武工队打击敌人。

云周西村的村长石佩怀，为阎锡山军派粮派款、递送情报，成为当地一害。1946年12月的一天，刘胡兰配合武工队员将其处死。阎锡山军恼羞成怒，决定实施报复行动。1947年1月12日，阎军突然袭击云周西村，刘胡兰因叛徒告密而被捕。

刘胡兰在威逼利诱面前不为所动。敌人见刘胡兰宁死不屈，将与刘胡兰一起被捕的人带到铡刀前，让刘胡兰眼看着敌人连铡了几个人。面对敌人的恐吓，刘胡兰大呼："怕死不当共产党。"并怒问一声："我咋个死法？"敌人喝叫"一个样"后，她自己坦然躺在刀座上，敌人把铡刀压了下去。刘胡兰壮烈牺牲，当时未满15岁。刘胡兰是已知的中国共产党女英烈中年龄最小的一个。

1947年2月，山西《晋绥日报》连续两天刊登消息报道了刘胡兰英勇就义的壮举，刘胡兰的名字在华北大地不胫而走。

1947年的一天，中共中央马恩列斯著作编译局顾问张仲实作为"延安各界慰劳团"副团长，从《晋绥日报》上读到刘胡兰英勇就义的消息，被深深地感动了。经调查证明刘胡兰英勇就义的经过完全属实后，慰劳团立即决定购买白洋布一匹、毛巾一打，前往云周西村慰劳刘胡兰家属。

一天，张仲实和晋中党委书记解学恭谈话。解学恭问张仲实"战区怎样进行党员教育？"张仲实说："刘胡兰英勇就义，不是很好的材料吗？"当时，解学恭未说什么。过了一两天，解学恭对张仲实说："你的意见很好，党委决定，要给刘胡兰墓前立一个石碑来纪念她，碑文请你写。"张仲实说："我怎么能写这样的碑文呢？等我回去后，请中央同志写吧！"

慰劳团工作结束后，张仲实回到中央办公所在地——瓦窑堡杨家园子，正好毛泽东、朱德、周恩来、任弼时当晚由延安来到这里。次日，张仲实就向任弼时汇报了慰劳团在战区的活动情况，还有刘胡兰英勇就义的经过及晋中党委要建纪念碑的意见等。最后，张仲实说："纪念刘胡兰一事，最好请毛主席写几句话或题写几个字，以示表彰。"任弼时说："我向毛主席汇报吧！"3月26日，毛泽东知道了这件事，很是感动，就挥笔题写了"生的伟大 死的光荣"八个大字。

1947年8月1日，中共中央晋绥分局决定破格（通常年满18岁方可转正）追认刘胡兰为中国共产党正式党员。不久，解放军攻克文水县城，杀害烈士的阎军连长许得胜、张全宝等先后被公审处决。

1957年1月9日，毛泽东为刘胡兰重写题词。因为1947年3月26日为刘胡兰的第一次题词，在战乱中丢失了。在纪念刘胡兰逝世十周年之际，共青团山西省委员会派人去北京恳请毛泽东为刘胡兰重写题词。毛泽东欣然同意，重新题写了"生的伟大 死的光荣。毛泽东题"三行大字，镌刻在云周西村刘胡兰纪念馆的汉白玉石碑上。

(《毛泽东题词题字珍闻》　陈辉)

▶挺起共产党人的精神脊梁
　　——毛泽东延安题词的故事

有云水襟怀，有松柏气节
——为续范亭题挽词

范亭同志千古
为民族解放，为阶级翻身，事业垂成，公胡遽死？！
有云水襟怀，有松柏气节，典型顿失，人尽含悲！
1947年9月12日

　　续范亭，名培模，1893年出生于山西崞县。早年加入同盟会。1911年担任山西革命军远征队队长，率部参加攻占大同的战役。1913年入保定陆军中学学习。1914年，因参与反袁倒阎活动，遭到袁的通缉和阎的迫害，离校赴陕西。1924年后，在冯玉祥组织的国民军中历任第三军第二混成支队参谋长、第六混成旅旅长，国民军联军军事政治学校校长，西安绥靖公署驻甘肃行署参谋长，陆军新编第一军参谋长，第一军中将总参议。1936年冬，在"西安事变"中，曾协助张学良、杨虎城做工作。1945年被选为解放区人民代表会议筹备委员会副主任委员。1947年9月12日，因病在山西临县逝世。

　　1940年年初成立晋西北军政民联合委员会，贺龙为主任委员，关向应、罗贵波、续范亭为常委。接着成立晋西北行政主任公署，续范亭被推选为行署主任。其后，晋西军区成立，经中共中央军委决定，贺龙为司令员，续范亭为副司令员。这年冬天，日寇向根据地开始冬季"大扫荡"。续范亭率领行署机关日夜行军，艰苦奋战，积劳成疾，胃病、肺病复发，终于病倒了。后来，根据党的决定，他到延安疗养。

五、挽词、挽联、挽诗

1947年8月底，续范亭在都督村休养，病情不断恶化。毛泽东和党中央的许多首长纷纷来信慰问，询问病情，并把解放战争的胜利捷报告诉他，希望他安心养病。晋绥党政军各方面，都派来了中西名医为他医治，均不见效。9月12日，续范亭与世长辞，终年57岁。

续范亭临终前，在写给党中央的遗书中申请加入中国共产党。9月13日，中共中央复电接受续范亭的要求，追认续范亭为中国共产党党员。同一天，晋绥边区行政公署发出通告，决定各机关停止娱乐一周致哀，并成立了续范亭治丧委员会，由贺龙、林伯渠、习仲勋、吴玉章、谢觉哉、王维舟、马明方、张稼夫、武新宇、周士弟、甘泗淇、陈漫远、赵林、罗贵波、陈希云等为委员。

9月26日，西北各界在临县都督村举行了追悼大会，由林伯渠主祭，杨明轩读祭文，谢觉哉报告了续范亭的生平，贺龙、吴玉章、赵寿山等讲了话。

10月18日，在临县庄严地举行了续范亭的葬礼，吴玉章主祭，并冒着大雨步行送灵。各机关的同志争着抬灵柩，送灵队伍长达数里。方圆几十里的群众，赶来参加到送灵的行列内。农民和退伍军人都纷纷路祭，他们都十分悲痛地低垂着头。到达墓园后，按当地的风俗习惯，一排排跪在续范亭的灵前。墓前放着毛泽东派专人从河西送来的花圈和挽联，上面写着：

范亭同志千古

为民族解放，为阶级翻身，事业垂成，公胡遽死？！
有云水襟怀，有松柏气节，典型顿失，人尽含悲！

毛泽东敬

毛泽东的挽词，高度概括地评价了续范亭的一生。

中华人民共和国成立后，山西省人民政府将续范亭的遗体安葬于太原南郊双塔烈士陵园。为纪念先烈，教育青年，还将原崞县中学改为范亭中学，在校中特设纪念堂，朱德为纪念堂亲笔题字，以志哀荣。

▶挺起共产党人的精神脊梁
　　　——毛泽东延安题词的故事

真正爱国的民主的开明绅士
——为李鼎铭题挽词

李鼎铭先生与其他许多和李先生一样的开明绅士,在中国人民民族民主斗争的困难时期,在日本帝国主义者进攻中国时期,在美帝国主义者援助蒋介石匪帮举行反革命内战时期,抱着正义感毅然和中国共产党合作,为人民民主事业作了许多有益的工作。一切反对帝国主义侵略,反对蒋介石独裁,赞助人民革命战争,同情消灭封建制度实现土地改革的真正爱国的民主的开明绅士,无论在过去与现在,都是中国民族革命统一战线的一分子。对于李鼎铭先生的逝世,表示我们的悼念之意。

1948年2月1日

李鼎铭,原名丰功,陕西省榆林市米脂人。1881年9月18日出生在桃花峁村的一个农民家庭。幼时在村里的私塾读书,后跟着舅父杜斗垣学习。舅父渊博的学识使李鼎铭深受感染。他读遍了诸子百家,并研究天文、地理、医学。1903年考取了秀才,后又考取了廪生。

李鼎铭的思想非常解放,辛亥革命后,他创办了米脂县第一所国民小学,力倡女子放足,男女同样。后来,李鼎铭担任了区长、公署民政科科长等职。他为官清正,刚正不阿,为老百姓办了不少实事,因不满官场腐败,他又回到了故里,钻研医学,坐堂行医。

"九一八事变"后,李鼎铭开始与中国共产党合作,走上了新的

> 五、
> 挽词、挽联、挽诗

道路。1941年在中共中央的号召下，陕甘宁边区实行"三三制"，李鼎铭作为地方开明绅士的代表，担任米脂县参议会议长、陕甘宁边区参议员。

1941年冬，边区召开了第二届参议会。毛泽东在会上发表演说，解释了中国共产党的方针、政策、路线。毛泽东开诚布公的演讲使李鼎铭深为敬佩并大受鼓舞，他将一个酝酿已久的提案交了上去，这就是被毛泽东采纳了的"精兵简政"提案。这一方法对于中国共产党克服当前困难，密切联系人民群众起了重要作用。

李鼎铭在当选为边区政府副主席后，举家迁到了延安，这样，他与毛泽东的接触便更频繁了。

他曾亲自用中药为毛泽东治病，当时人们对中医抱着怀疑态度，当毛泽东服用了李鼎铭所开的四服中药，关节疼痛彻底治愈后，人们才开始相信中药的疗效。毛泽东和李鼎铭还常常探讨医学上的一些问题。

在解放战争期间，由于国内阶级关系发生新的变化，中国共产党在农村的土地政策，由抗日时期的减租减息，改变为没收地主土地，分配给贫苦农民的政策。继1946年中共中央发布"五四指示"以后，1947年召开了全国土地工作会议，公布了《中国土地法大纲》。11月，中共中央西北局在绥德义合镇召开

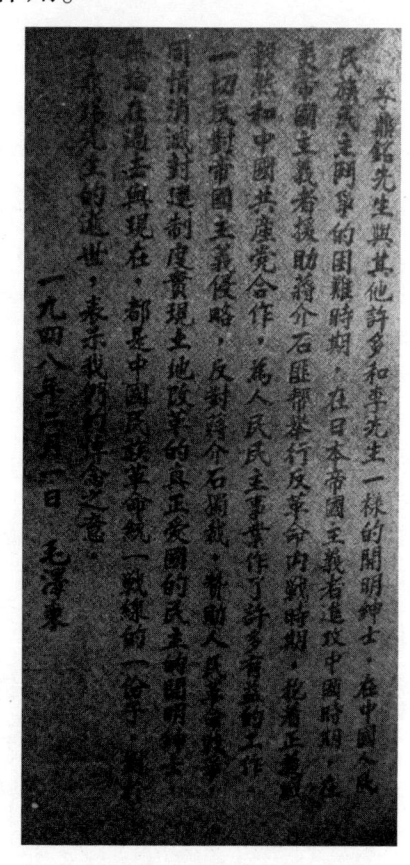

为李鼎铭题写挽词

▶挺起共产党人的精神脊梁
　　——毛泽东延安题词的故事

陕甘宁边区干部大会，传达贯彻全国土地工作会议精神，并做出了彻底完成边区土地改革和认真进行整党的决议。这时候，李鼎铭正重病在身，然而他对党的重大政策仍然十分关注，对《中国土地法大纲》的公布，极表赞同。他说："共产党发动群众彻底平分土地，审查干部和党员，这两项政策伟大极了，有了这两项政策，将保证共产党领导中国革命，必然胜利成功。"简短数语，完全表明了李鼎铭先生热诚拥护共产党、拥护党在民主革命时期的政策，并且坚信革命必然成功。这一席谈话，竟成为李鼎铭在生命垂危之际，给人们留下的最后遗言。

　　李鼎铭一向坚持爱国民主，尤其晚年留下拥护土地改革的临终遗言，高风亮节，可敬可佩，可喜可嘉，影响深远。对于更广泛地团结党外民主人士，把民族民主革命进行到底，起了十分积极的动员作用。边区参议会副议长安文钦说："李副主席赞同《中国土地法大纲》，彻底平分土地，消灭封建制度，我们要继承他的遗志，拥护土地改革。"

　　1947年12月9日，李鼎铭先生在陕甘宁边区政府临时驻地绥德义合镇，突患脑出血症。虽经边区政府邀请卫生院医生及李鼎铭的长子李振三等几次会诊，并由李振三亲自扎针，开方服用中药，但因病势严重，针药无效，终于12月11日上午6时，不幸与世长辞，享年66岁。

　　对于李鼎铭先生的逝世，陕甘宁边区人民无不沉痛哀悼。边区政府随即组成治丧委员会，并发出讣告。边区《群众日报》及《晋绥日报》，均详细介绍了李鼎铭生平事迹。1948年2月25日，陕甘宁边区政府在绥德城内疏属山广场举行了隆重的追悼大会，由边区政府主席林伯渠主祭，陪祭人有中共中央西北局书记习仲勋、联防司令部副司令员王维舟。参加追悼会的有边区各级党政机关领导人及干部群众100余人。中共中央、毛泽东、边区各级党政机关及其他解放区都送来了挽词，对李鼎铭的逝世表示沉痛的哀悼。中共中央的挽词写道：

"李鼎铭先生在陕甘宁边区政府工作中,作了许多有益于人民的贡献,人民对他的功绩,将永志不忘。"

毛泽东的挽词写道:

李鼎铭先生与其他许多和李先生一样的开明绅士,在中国人民民族民主斗争的困难时期,在日本帝国主义者进攻中国时期,在美帝国主义者援助蒋介石匪帮举行反革命内战时期,抱着正义感毅然和中国共产党合作,为人民民主事业作了许多有益的工作。一切反对帝国主义侵略,反对蒋介石独裁,赞助人民革命战争,同情消灭封建制度实现土地改革的真正爱国的民主的开明绅士,无论在过去与现在,都是中国民族革命统一战线的一分子。对于李鼎铭先生的逝世,表示我们的悼念之意。

一九四八年二月一日 毛泽东

在追悼大会上,陕甘宁边区政府主席林伯渠、中共中央西北局书记习仲勋、王维舟副司令员、杨明轩老教育家先后登台致词。他们高度评价和赞扬了李鼎铭老先生的爱国主义精神,以及他在民族民主革命事业中所作出的卓越贡献。追悼会上,李鼎铭手创的桃镇小学的校长李善英先生代表桃镇小学理事会提议,将桃镇小学易名为"鼎铭小学"。追悼会后,陕甘宁边区政府根据米脂县群众代表的提议,决定将李鼎铭先生生前手创的桃镇小学,命名为"桃镇鼎铭学校"以资纪念。同时决定在米脂县竖立纪念碑。纪念碑镌刻着林伯渠题写的"爱国典范"四个大字,背面记述了李鼎铭先生的生平简介及建设边区的丰功伟绩。

(《毛泽东题词题字珍闻》 李新芝)

六、节庆题词

☆ 全国工人阶级团结起来
☆ 天天向上
☆ 已有进步 更求进步
☆ 尊重护士 爱护护士
☆ 锻炼体魄 好打日本
☆ 中华民族解放万岁
……

> 六、
> 节庆题词/

全国工人阶级团结起来

——为"五一"劳动节题词

全国工人阶级团结起来,参加抗日民族统一战线,驱除日寇,建设新中国。

1938年5月1日

1938年5月1日,毛泽东为庆祝"五一"节题词:"全国工人阶级团结起来,参加抗日民族统一战线,驱除日寇,建设新中国。"

"五一"国际劳动节,又称国际劳动节、劳动节。节日源于美国芝加哥城的工人大罢工,为纪念这次工人运动,1889年的第二国际成立大会上宣布将每年的5月1日定为国际劳动节。

1920年5月1日,北京、上海、广州、九江、唐山等各工业城市的工人群众举行了声势浩大的游行、集会。李大钊在《新青年》上发表了《"五一"运动史》,介绍"五一"国际劳动节的来历和美法等国工人纪念"五一"的活动,号召中国工人把这年的"五一"作为觉醒的日期。陈独秀也为庆祝这个节日发表了《上海厚生纱厂湖南女工问题》一文,揭露资本家剥削工人剩余价值的真相。陈独秀又在上海船务栈房工界联合会作了《劳苦者的觉悟》的演说,阐明了"劳动创造世界""做工的人最有用最贵重"的观点。在北京,一些青年外出宣传,散发《五月一日劳工宣言》,唤起工人为反对剥削、争取自身权利而斗争。这是中国首次纪念"五一"国际劳动节的活动,也是中国

▶ **挺起共产党人的精神脊梁**
　　　　——毛泽东延安题词的故事

历史上的第一个"五一"国际劳动节。

中华人民共和国成立后,中央人民政府政务院于1949年12月作出决定,将5月1日确定为劳动节。1989年后,国务院基本上每五年表彰一次全国劳动模范和先进工作者。

▶ 六、
节庆题词/

儿童节题词

天天向上

1940年4月4日

好生保育儿童

1941年4月4日

儿童们团结起来　学习做新中国的新主人

1942年4月

　　在延安时期，毛泽东三次为"四四"儿童节题词。

　　新中国成立前，革命根据地仍然是沿袭多年的4月4日纪念儿童节。1940年4月4日儿童节到来时，毛泽东特地题词"天天向上"。当年4月12日在延安出版的《新中华报》上发表了毛泽东的这个题词。1941年4月4日，毛泽东为延安纪念第十届儿童节题词"好生保育儿童"，并于4月13日发表在《新中华报》上。1942年4月，当一年一度的儿童节到来时，毛泽东又挥笔为《解放日报》题词"儿童们团结起来　学习做新中国的新主人"。三次题词，体现了毛泽东对少年儿童的殷切期望，表达了毛泽东对儿童教育事业发展的支持和关心。

为延安纪念第十届儿童节题词（1941年）

▶挺起共产党人的精神脊梁
——毛泽东延安题词的故事

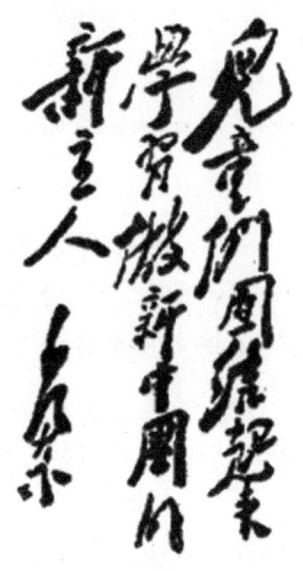

在《解放日报》上为儿童节题词（1942年）

为《边区儿童》创刊号题词。1938年6月，为了孩子们在战争环境中能茁壮成长，陕甘宁边区政府创办了《边区儿童》。这虽然是一份石印的4开小报，却引起了领袖的极大关注，毛泽东亲笔为这份儿童小报的创刊题词："儿童们起来，学习做一个自由解放的中国国民，学习从日本帝国主义压迫下争取自由解放的方法，把自己变成新时代的主人翁。"鼓励孩子们好好学习，将来为民族的独立、人民的解放作出贡献。

为延安儿童保育院题词。全民族抗战初期，为了确保抗日根据地的孩子们健康成长起来，陕甘宁边区政府于1938年10月建立了"陕甘宁边区儿童保育院"，简称延安保育院，院址设在延安的柳林村，毛泽东特地为保育院的成立题词两幅，即"好好的保育儿童""为教育后代而努力"。要求保育院的全体人员为培育革命的后代而尽心、尽力、尽责。

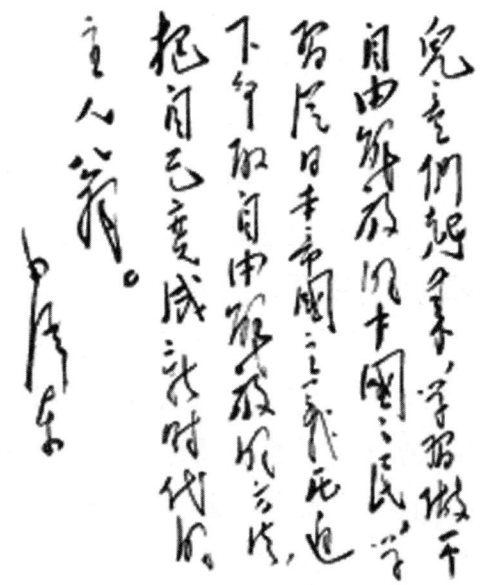

为《边区儿童》题词（1938年6月）

六、节庆题词

好：为保育儿童

为保育院的成立题词（1938年）

延安中央托儿所改为"洛杉矶托儿所"，丑子冈任所长。托儿所开始只有七个孩子，后来增加到几十个，大多数是我党领导同志和烈士的孩子，如毛泽东的女儿李敏、李维汉的儿子李铁映、左权的女儿左太北、刘伯承的儿子刘太行等，都曾在这里生活过。1946年11月，托儿所撤离延安前，毛泽东特地去看望孩子们，丑子冈所长请毛泽东临别时给孩子们题几个字。毛泽东接过笔，略沉思了一会儿，俯身题写了"已有进步　更求进步"八个大字。

为洛杉矶托儿所题词。1942年，为了感谢美国洛杉矶市的华侨及美国人民对延安保育工作的支持，由傅连暲建议、经毛泽东批准，将

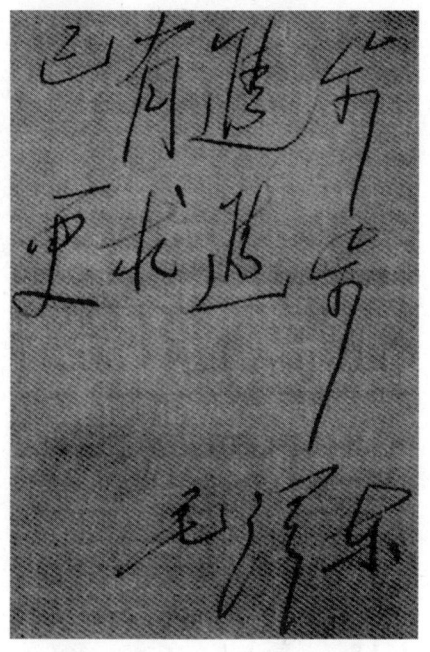

给孩子们题词（1946年11月）

（《新湘评论》2009年第6期　周方苗）

▶挺起共产党人的精神脊梁
　　——毛泽东延安题词的故事

天天向上

——为"四四"儿童节题词

史洛明当年在延安中央青委工作,他回忆了毛泽东为"四四"儿童节题词的经过:

1940年4月前,我在延安中央青委(团中央)做少年儿童工作。4月4日是那个年代的中国儿童节,在延安的孩子们、儿童团要开庆祝会,会前我去毛主席家,对主席说:"4月4日过儿童节了,我们想买些文具之类的礼物送给孩子们。"那天主席正忙着,听到我这么说就喊:"江青,你来招呼一下我的小客人吧!"江青走到主席面前,把我引到好像是卧室的窑洞里(里面有床,床上铺着洁白的床单),她把靠窗子的长方桌抽屉打开,抽屉里零零散散地放着一些钱币。我拿出十几元钱就关上了抽屉,江青问:"你为什么不多拿点?"我笑着说:"还是留些给主席买烟吃吧!"拿着钱出来,我看看主席还正忙着,就匆匆告辞了。

在延安时,我们很穷,学习用品是很难得的。为了节日里给小学生们

为庆祝儿童节题词(1940年)

送点学习用品,当时我也到吴玉章、王明等中央领导家募过捐,他们当时都住在延安杨家岭那条沟的窑洞里。

4月4日儿童节过后,我又到主席家,记得还带着项英的女儿、高岗的儿子。那时,他们比我还小,只有八九岁的样子。他们给毛主席戴上红领巾,敬个礼谢谢毛主席,就跳跳蹦蹦地下山了。那天,毛主席正好有空,就叫住我,"别走,坐下谈谈"。他像招待客人那样让我坐在他的小圆桌边,还给我倒了一杯水,同我聊家常。主席问:"你是哪里人?多大年岁?父亲干什么的?怎样到延安来的……"我对主席说:我叫史洛明,安徽人,17岁。父亲是老同盟会会员,辛亥革命后,他是第一任安徽省的财政厅长,现是安徽省议长、国民参政员。他主张抗日,同情共产党。我的三哥、四哥都是共产党员。三哥史伟,北大学生,1937年年底牺牲在山东抗日前线。他牺牲得很英勇,当时武汉的《新华日报》发表过题为《千万人中的一个》的长篇报道,报道他的英雄事迹。四哥史洛文,现在延安中央青委工作,北平"一二·九"学生运动时,他是北平中国大学的学生会主席,1936年年底奉中央的命令撤回到延安。我在哥哥的影响下,1938年2月千辛万苦地跑到延安来,找八路军,找共产党,现在也是共产党员了……

主席入神地听着我这孩子气的叙述,不时微笑着点点头。只有在我谈到我父亲时插上一句:"快告诉柯庆施,我们的统战部门要了解你父亲的情况并帮助他。"(当时柯庆施同志在延安负责统战工作)

快吃饭了,我要告辞。主席急忙说:"别走,就在我这里吃午饭吧!"说着,走进他的书房。不一会儿出来,手里拿着一张上面写着"天天向上"的白纸给我,题字下署名"毛泽东"。

我拿着主席这个题字,饭也没顾得上吃,就飞跑回单位,对同志们嚷着:"看,主席给我题字啦!"正好当天《新中华报》的记者叶澜同志来采访我们。叶澜同志对我说:"小鬼!把这题字交给我,这是毛

▶挺起共产党人的精神脊梁
　　　　——毛泽东延安题词的故事

主席给儿童节的最好的礼物,我要把它登在《新中华报》上。"我就把这题字交给叶澜同志了,记得当时的《新中华报》登了主席的这个题字,还附上一篇简短的儿童节日的报道。

　　　　　　　　　　　　(《毛泽东题词题字珍闻》　张玉贞)

目前中国青年的唯一任务就是打胜日本帝国主义

——为"五四"青年节题词（1940年）

　　为了调动广大民众的抗日热情，唤起民众，特别是青年一代，1939年5月4日，延安各界青年集会纪念"五四"运动二十周年，在大会上确定5月4日为"中国青年节"，毛泽东发表了著名的讲演《青年运动的方向》，认为现在定了5月4日为中国青年节这是很对的，毛泽东指出："'五四'至今已有二十年，今年才在全国定为青年节，这件事含着一个重要的意义。就是说，它表示我们中国反对帝国主义和封建主义的人民民主革命，快要进入一个转变点了……这一个转变，现在还没有来，现在我们还没有胜利，但是胜利是可以争取到来的。抗日战争就要努力达到这个由失败到胜利的转变点"，"规定'五四'为青年节就表示了这一点。我们正向胜利的路上前进，只要全国人民一齐努力，中国革命一定要在抗日过程中得到胜利"。毛泽东在讲话中还

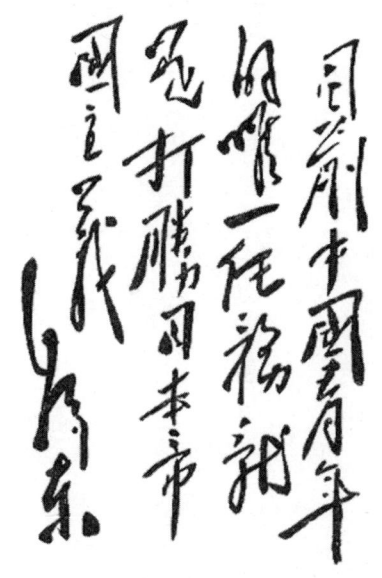

为"五四"青年节题词

就当时革命的目标、革命的性质、革命的依靠力量以及中国青年努力的方向等对中国革命具有重要战略意义的问题，借助"五四"青年节

▶挺起共产党人的精神脊梁
　　　　——毛泽东延安题词的故事

确定之际提出来，激发广大青年的抗战热情，增强青年的信心和勇气，统一青年的抗战思想。后来"五四"青年节就演变成具有符号象征的意义，1940年，毛泽东还为"五四"青年节题词：

　　目前中国青年的唯一任务就是打胜日本帝国主义

　　　　　　　　　　　　　　　　　　　　　　毛泽东

> 六、
> 节庆题词 /

尊重护士　爱护护士

——为护士节题词

　　1939年5月12日，新四军前、后方医院和军民共2000人联合举行了护士节纪念大会，新四军政治部主任袁国平在会上作了题为《科学事业应服务于革命事业》的报告。会后演出了《血手》《日本护士》两个节目。1941年5月12日，成立了中华护士学会延安分会，并召开了延安地区首次护士代表大会。会前，毛泽东接见了护士代表沈元晖（延安分会首任理事长），并欣然提笔，为护士题词"护士工作有很大的政治重要性"。当沈元晖将题词展现在护士们面前时，会场上爆发出雷鸣般的掌声。

　　1941年5月，《抗敌三日刊》发表题为《护士节与我们的护士》一文，肯定了护士的政治作用与社会地位。新四军卫生部在盐城举行了国际护士节纪念大会，刘少奇和陈毅参加会议，勉励医护人员发扬革命的人道主义精神，全心全意为伤员服务。陈毅指出："要充分发挥护士工作的作用"。1942年5月，毛泽东再次为护士题

为护士题词（1941年）

▶挺起共产党人的精神脊梁
　　　　——毛泽东延安题词的故事

词"尊重护士　爱护护士"。5月12日,在延安召开了庆祝国际护士节大会,李富春在会上作了重要讲话,强调了护理工作是抗战建国工作不可缺少的组成部分。

为护士题词（1942年）

(《当代护士》1997年第5期　孙明德)

锻炼体魄　好打日本

——为体育节题词（1942年9月9日）

中国的半殖民地半封建的社会使人民灾难深重，民不聊生，致使中国人在体魄上无法自强，甚至被列强称为"东亚病夫"，中国体育运动得不到振兴。面对历史和现状，毛泽东思绪难平，以笔名"二十八画生"在1917年4月的《新青年》第三卷第二号上发表了《体育之研究》，集中地展现了毛泽东反复申述过的"身心并完"思想。毛泽东着重强调了体育的社会功能和目的，"动以营生也，此浅言之也；动以卫国也，此大言之也"。这是一篇开现代体育理论之先河的现代体育教育史上的奠基之作。

毛泽东在青年时代就认识到，不能仅限于个人的锻炼，他推崇的是经世致用学派代表人物颜习斋的"一身动则一身强""一国动则一国强"的观点，他看到的是国人参与体育锻炼的重要性，于是，他拿起体育的理论武器，向国人吹响运动的号角。

毛泽东在战争年代提出加强训练，锻炼好身体才能打敌人。在中央苏区时，毛泽东曾提倡红军部队以大队为单位，充实士兵的娱乐工作，搞捉迷藏、踢足球、武术等，以简单而实效的娱乐、体育活动来提高战斗力。1936年，在陕北的窑洞里，毛泽东向斯诺谈了自己在湖南一师期间的体格锻炼和意志磨砺："我们也热心于体育锻炼。在寒假当中，我们徒步穿野越林，爬山绕城，渡江过河。遇见下雨，我们就脱掉衬衣让雨淋，说这是雨浴。烈日当空，我们也脱掉衬衣，说是日

> 挺起共产党人的精神脊梁
> ——毛泽东延安题词的故事

光浴。春风吹来的时候,我们高声叫嚷,说这是叫做'风浴'的体育新项目。在已经下霜的日子,我们就露天睡觉,甚至到了十一月份,我们还在寒冷的河里游泳。这一切都是在'体格锻炼'的名义下进行的。这对于增强我的体格大概很有帮助,我后来在华南多次往返行军中,从江西到西北的长征中,特别需要这样的体格。"在延安时期,任弼时就感慨地说:"毛泽东同志有这样强健的身体,真是我们党的一大幸运。"

1942年9月9日,毛泽东在延安举行的首届体育节时写下了"锻炼体魄　好打日本"。这都说明毛泽东有着非常明确的体育目的。

(人民网2015年8月25日　何立波)

▶六、
节庆题词/

中华民族解放万岁

——为记者节题词（1946年9月1日）

在中央档案馆编纂、中国档案出版社出版发行的《毛泽东书法墨迹精选》第288、289通页上，有毛泽东浓墨题写的"中华民族解放万岁"，下署"为记者节题　毛泽东"，上面没有标注日期。据新华出版社出版的《毛泽东新闻思想研究》载，题写时间是"1946年9月1日"。

在朱德纪念馆里，珍藏着朱德的一幅墨宝："拿着笔杆，配合枪杆　朱德"。旁边记载，这是朱德为记者节的题词，时间是"1946年9月1日"。

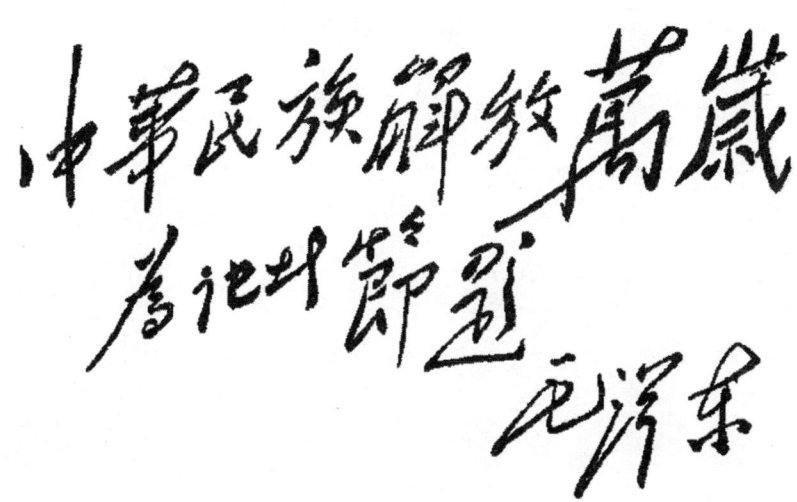

为记者节题词

可见，当时毛泽东和朱德是同时为记者节题词的。他们也是新中国成立后有据可查的仅有的为记者节题词的两位党和国家领导人。

　　需要说明的是，现在我国的记者节是每年的11月8日，毛泽东为什么会在9月1日为记者节题词呢？原因是，从1934年到1949年长达16年的时间里，我国的记者节就是9月1日。据载，1933年1月，国民党当局残忍杀害了江苏镇江《江声日报》主笔刘煜生。当时，全国新闻界群情激愤，发起了声势浩大的抗议活动，要求"开放言路、保障人权"。南京国民政府被迫于1933年9月1日发布了《切实保护新闻从业人员》的通令。为庆祝胜利，自1934年起，9月1日被新闻界倡议确定为记者节。

　　2000年8月1日，国务院正式批复中国记协，同意11月8日（中国记协的前身中国青年新闻记者学会成立日）为中国记者节。从此，新中国的新闻工作者有了自己的节日。

（《党史文苑》2012年第9期　汪志新）

后 记

为深化延安精神学习，巩固"不忘初心、牢记使命"主题教育成果，助力党史工作高质量发展，中共陕西省委党史研究室组织编纂了《挺起共产党人的精神脊梁——毛泽东延安题词的故事》。

本书编纂工作在中共陕西省委党史研究室室委会的具体领导下进行。陕西省委副秘书长、省委党史研究室主任高新民多次听取编写情况的汇报，审定了编纂大纲，对史料征集和陈述内容提出了建议，并从质量、标准、进度等方面对编纂工作提出明确要求；省委党史研究室副主任梁月兰、任惠林、刘玉平从内容到形式提出了许多意见，刘玉平审读了全部书稿；省委党史研究室丁仕显、汤彦宜、王杨、牛金鹏给予协助。本书编纂完成后，根据《图书、期刊、音像制品、电子出版物重大选题备案办法》要求，在国家新闻出版署进行备案，中央党史和文献研究院第七研究部专家进行了审核，提出了许多具体而中肯的意见，在此一并表示感谢。

本书资料主要来源于中央档案馆编的《毛泽东题词墨迹选》、李新芝、张玉贞编的《毛泽东题词题字珍闻》，少量资料来源于《中共党史资料》《党史博采》《解放军报》等报刊或人民网、中国共产党新闻网等网站，均已注明出处。没有注明出处的，根据中共党史人物研究会编的《中共党史人物传》等相关资料编写而成。编辑过程中,我们基本保持了作者的原文风貌,但对部分史实和文字进行了必要的订正、改动,在此谨向这些文章的作者、编者以及出版者致以衷心的谢意。

本书由省委党史研究室研究三处郭文具体承担编纂工作。由于编者水平所限,书中疏漏之处在所难免,敬请读者批评指正。

编　者

2020 年 1 月

扫码阅读全书